POR QUÉ
LOS RICOS
SE VUELVEN
MÁS RICOS

POR QUÉ
LOS RICOS
SE VUELVEN
MÁS RICOS

¿Qué es realmente la educación financiera?

ROBERT T. KIYOSAKI

Con la colaboración de Tom Wheelwright, CPA

AGUILAR

Por qué los ricos se vuelven más ricos

Título original: *Why The Rich Are Getting Richer*

Primera edición: febrero de 2018

Copyright © 2017 by Robert T. Kiyosaki and Tom Wheelwright, CPA.

This edition published by arrangement with Rich Dad Operating Company, LLC.
Esta edición es publicada en acuerdo con Rich Dad Company, LLC.

D. R. © 2017, derechos de edición mundiales en lengua castellana:
Penguin Random House Grupo Editorial, S.A. de C.V.
Blvd. Miguel de Cervantes Saavedra núm. 301, 1er piso,
colonia Granada, delegación Miguel Hidalgo, C.P. 11520,
Ciudad de México
D. R. © 2017, derechos de esta edición en lengua castellana:
Penguin Random House Grupo Editorial USA, LLC.
8950 SW 74th Ct. Suite 2010
Miami, FL 33156

D. R. © Alejandra Ramos, por la traducción

CASHFLOW, Rich Dad y CASHFLOW Quadrant son marcas registradas de CASHFLOW Technologies, Inc.

ISBN: 978-1-947783-12-6
Impreso en Estados Unidos – *Printed in USA*

Penguin
Random House
Grupo Editorial

Dedicatoria

Este libro está dedicado a los estudiantes y a los profesores del Colegio St. Andrew, la Escuela Diocesana para Señoritas y la Universidad Rhodes en Grahamstown, Sudáfrica.

En julio de 2016 viajé a Sudáfrica con Tom Wheelwright, CPA y asesor fiscal de Padre Rico. Nuestro objetivo era compartir nuestras enseñanzas con un fabuloso grupo de gente joven, maestros y empresarios.

El evento nos cambió la vida a Tom y a mí.

Este libro queremos dedicarlo a ellos, a los estudiantes, los maestros y los empresarios que están profundamente comprometidos con la educación en África y el mundo.

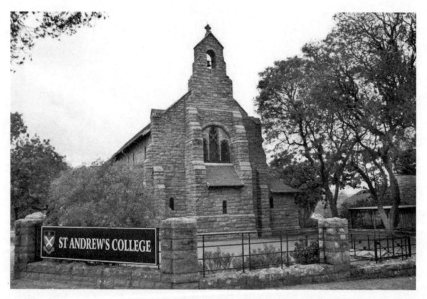

El Colegio de St. Andrew fue fundado en 1855 en Grahamstown, Sudáfrica.

Al final de este libro encontrarás 10 videolecciones:

RDTV
Educación financiera real

Despierta a tu genio financiero
en 10 lecciones televisivas para ti.

"El problema de la desigualdad en la riqueza y el ingreso es el gran dilema moral de nuestro tiempo."

Senador Bernie Sanders, Socialista (D) Vermont, y candidato presidencial democrático 2016.

Dos puntos de vista... dos soluciones.

Bernie Sanders
SENADOR DE ESTADOS UNIDOS

Donald Trump
PRESIDENTE DE ESTADOS UNIDOS

La creciente brecha entre los ricos y todos los demás forma parte de una crisis moral y es una bomba de tiempo social.

Bernie Sanders cree en *regalarle pescado a la gente*;

Donald Trump y yo creemos en *enseñarle a pescar*.

A pesar de no estar de acuerdo con Bernie Sanders en el aspecto político, concordamos en los principios.

Nuestras diferencias radican en la solución a este creciente problema.

Si tú crees en *regalarle pescado a la gente*, entonces este libro no es para ti.

Si crees en *enseñarle a la gente a pescar*, tal vez esta lectura te parezca interesante.

Para educadores y padres...

No necesitas dinero para volverte rico.

La Universidad de Stanford está de acuerdo con mi Padre rico, no con mi padre pobre.

A los nueve años aprendí lo que la profesora Tina Seelig de la Universidad Stanford hubiera querido saber ¡a los veinte!

Profesores universitarios y padres: lean este libro por favor.

Este volumen apoya los métodos de enseñanza de Padre rico para aquellos estudiantes que desean convertirse en empresarios.

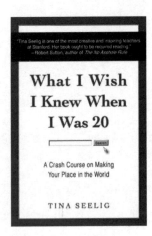

Antes de que comiences a usar este libro…

Algunas palabras respecto a las Secciones adicionales

En la parte anterior y la parte posterior de este libro
encontrarás Secciones adicionales.

Las incluimos para complementar y reforzar
la importancia de sus mensajes.

Ya todos conocemos la definición clásica de la locura:
"…hacer lo mismo una y otra vez,
con la esperanza de obtener resultados diferentes."

Incluimos estas Secciones adicionales para animarte a leer
y comprender el contenido del libro, y para que empieces a
cambiar… ahora.

¿Consejo obsoleto?

"Ve a la escuela, consigue un empleo, gana dinero, sal de deudas e invierte a largo plazo en el mercado de valores."

Por qué "ir a la escuela" es una idea obsoleta.
¿Qué te enseñan en la escuela acerca del dinero?

Capitalismo, comunismo y educación

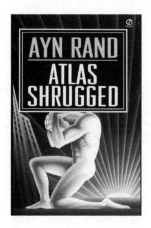 

¿Qué te enseñaron en la escuela acerca del dinero?

La mayoría de la gente responde: "No mucho." Si acaso aprendieron algo, fue: "Ve a la escuela, consigue un empleo, ahorra dinero, compra una casa, sal de deudas e invierte a largo plazo en el mercado de valores." Tal vez estos consejos funcionaban de maravilla en la Era industrial, pero ahora que vivimos en la Era de la información, se han vuelto obsoletos.

La globalización implicó el fin de los empleos bien pagados para los obreros. Los empleos se fueron a China, India, México...

La llegada de los robots implicará el fin de los empleos bien pagados para los oficinistas.

La llegada de los robots

Si bien en la actualidad los empleos ya no se están yendo al extranjero, los robots y la inteligencia artificial han comenzado a reemplazar a los trabajadores. Incluso los médicos, los abogados y los contadores con una sólida preparación académica están en la mira de los robots. Adidas acaba de anunciar que va a empezar a manufacturar zapatos deportivos en Alemania y Estados Unidos, en lugar de hacerlo en China o Vietnam. Foxconn, el principal fabricante de Apple, acaba de anunciar que ordenará un millón de robots para reemplazar a tres millones de trabajadores.

Los estudiantes dejan la escuela en todo el mundo; muchos de ellos están sumergidos en una fuerte deuda estudiantil, que es la más onerosa de todas, y para colmo, no encuentran ese empleo mítico que les permita amortizar su deuda.

Los robots, en cambio, no necesitan cheque de nómina ni aumentos de sueldo; trabajan más horas, no necesitan vacaciones, tiempo libre, prestaciones médicas ni planes de jubilación.

Los ahorradores son perdedores

Hace mucho tiempo, en la década de los setenta, una persona con un millón de dólares ahorrado, ganaba 15% de interés, o sea, 150 000 dólares al año. En aquel entonces, una persona podía vivir perfectamente con esta cantidad al año. Hoy en día, un millón te puede dar 1.5% de interés, o sea, 15 000 dólares al año: una cantidad que no tiene nada que ver con lo que se necesita para llevar una vida de millonario. Actualmente, los ahorradores son los grandes perdedores.

Tu casa no es un activo

En 2008 el mercado inmobiliario sufrió un colapso y las hipotecas sobre propiedades alcanzaron un precio mayor al precio de reventa de las propiedades mismas. Fue entonces que aproximadamente 10 millones de propietarios aprendieron, por la experiencia que vivieron en carne propia, que su casa no era un activo.

Las McMansiones que alguna vez fueron el orgullo de la generación *baby boomer*, ahora son como las casas para perro de los bienes raíces. Los *millennials*, es decir, los hijos y los nietos de los *boomers*, no pueden darse el lujo de comprar el "mayor activo" de sus abuelos, y la verdad es que tampoco desean hacerlo.

Conforme los impuestos sobre los bienes raíces van en aumento, los precios de las McMansiones continúan cayendo. En lo que se refiere a hogares, pequeño y eficiente es mejor que desmesurado y ofensivo.

Los precios de las casas también están relacionados con los empleos. Los robots, por ejemplo, no necesitan un hogar porque viven en la oficina las veinticuatro horas del día, los siete días de la semana.

Feliz cumpleaños

Hace veinte años, el 8 de abril de 1997, publiqué por mi propia cuenta *Padre Rico, Padre Pobre*. Fue precisamente el día de mi cumpleaños número cincuenta. Lo edité yo solo porque todos los editores que trabajaban en las grandes editoriales eran como mi Padre pobre: académicos con una preparación sólida que no sabían nada de la educación financiera.

Las lecciones de mi Padre rico acerca de la educación financiera contradecían las creencias académicas que tenían los editores respecto al dinero, y creo que todos sabemos lo reconfortantes que pueden ser nuestras creencias aunque sean obsoletas.

Hoy, a veinte años de distancia, las enseñanzas de mi Padre rico respecto al dinero son todavía más reales y perturbadoras que cuando vieron luz por primera vez. Los ahorradores de hoy pierden aún más porque las tasas de interés están cayendo por debajo de cero en muchos países, y porque los robots siguen reemplazando a los trabajadores. A pesar de todo esto, los padres continúan aconsejándoles a sus hijos lo mismo de siempre: "Ve a la escuela, consigue un empleo y ahorra dinero."

Economía no es lo mismo que educación financiera

Para defenderse y justificar su falta de educación financiera, la gente con inclinaciones académicas suele contestar con arrogancia: "Estudié economía en la escuela", o "la escuela de mi hijo cuenta con un excelente programa de economía". Algunos más, a los que les gusta mencionar a gente importante de vez en cuando, te hablarán de economistas famosos como John Maynard Keynes, Milton Friedman, Ludwig von Mises o Friederich Hayek. Las teorías de estos economistas, sin embargo, tal vez significaban algo importante hace cincuenta años, pero actualmente tienen varias grietas y están a punto de desmoronarse.

Filósofos de la economía

En lugar de escuchar a los economistas de la academia, yo prefiero saber qué dijeron dos influyentes filósofos sobre este mismo tema: Karl Marx, autor de *El manifiesto comunista*, y Ayn Rand, autora de *La rebelión de Atlas*.

Ayn Rand

Ayn Rand nació en San Petesburgo, Rusia, en 1905, y fue testigo de la Revolución rusa en su adolescencia. Los bolcheviques se apoderaron del negocio de su padre y de todo por lo que había trabajado. En 1926, Rand emigró a la ciudad de Nueva York. Dado que experimentó en carne propia el comunismo y el capitalismo, sus opiniones respecto a ambos sistemas económicos son formidables. Rand criticó a los economistas y a los académicos de occidente que vivían en burbujas teóricas: "Tiene la libertad de evadir la realidad… pero no de eludir el abismo que se niega a ver."

Se dice que los héroes de Rand se oponen a los "parásitos", a los "saqueadores" y a los "gorrones" que exigen los beneficios del trabajo de los héroes. Los parásitos, los saqueadores y los gorrones proponen una tasa fiscal alta, mucho trabajo, posesión del gobierno, gasto del gobierno, y planeamiento, regulación y redistribución gubernamental.

Rand describe como saqueadores a los burócratas y a los funcionarios del gobierno que confiscan las ganancias de otros a través de la amenaza implícita de la fuerza, es decir, "a punta de pistola". Utilizan el poder para arrebatarle sus propiedades a la gente que las "produjo" o las "ganó".

De acuerdo con la descripción de Rand, los gorrones son aquellos incapaces de generar valor por sí mismos. Como no pueden producir nada, estafan a otros, a los productores, y les quitan sus ganancias a nombre de los pobres. Utilizan a los necesitados como excusa para robarle a la gente que sí genera ganancias, y se llenan los bolsillos. Le guardan resentimiento a la gente talentosa, parlotean acerca de los "derechos morales de la gente", y con eso le permiten al gobierno apoderarse de los bienes.

Como ya sabes, el mundo está lleno de gorrones, saqueadores y parásitos incapaces de crear, y que se hacen pasar por "benefactores con superioridad moral e intelectual".

Tal como el título lo sugiere, *La rebelión de Atlas* formula la siguiente pregunta: ¿Qué sucedería si los productores simplemente se rebelaran, dejaran de producir y de contribuir, y se escondieran?

La rebelión de Atlas se publicó en 1957 e inicialmente recibió ataques y críticas. No obstante, conforme pasó el tiempo, se convirtió en un clásico y la gente empezó a decir cosas como: "Después de la Biblia, *La rebelión de Atlas* es el libro más importante que he leído en la vida."

Karl Marx

Karl Marx nació en 1818 en Prusia, actualmente Alemania. Se le conoce por ser un socialista y revolucionario, por influir en muchos de los revolucionarios modernos como Vladimir Lenin, Mao Tsetung, Fidel Castro, Hugo Chávez y el Che Guevara.

Ésta es una de sus citas más famosas: "Dejemos que las clases dominantes tiemblen ante una revolución comunista. El proletariado no tiene nada que perder, excepto sus cadenas. Tienen el mundo entero por ganar. Trabajadores de todas las naciones, ¡únanse!"

Las opiniones socialistas de Marx eran tan perturbadoras que lo obligaron a abandonar su lugar de residencia e irse a Inglaterra. En Londres consiguió un empleo como articulista de *The New York Tribune*, y ahí encontró a una audiencia receptiva dentro de Estados

Unidos. Comenzó a escribir acerca de la esclavitud, así como de la lucha y la conciencia de clase.

Lucha de clases

En términos excesivamente simplificados, Marx definió la lucha de clases como un conflicto entre la aristocracia, la burguesía y el proletariado. Éstas son las definiciones de cada clase:

ARISTOCRACIA: Clase dominante que hereda riqueza, privilegios y títulos. En esencia, es la monarquía.

BURGUESÍA: Adjetivo relacionado con la clase media. Si alguien te dice: "¡Oh, qué burgués!", probablemente lo hace a manera de insulto y quiere decir que la que te preocupa es la clase media y compartes su cerrazón mental. Marx se refería a los burgueses como la gente preocupada por las posesiones materiales que carecía de fuerza y ambición. Gente que se sentía cómoda con estar cómoda.

PROLETARIADO: a. Gente que gana un salario y que no posee ni capital ni medios de producción; b. Gente que vende su trabajo para ganarse la vida; c. La clase más pobre entre la gente trabajadora.

Aristócratas

Durante la Era agrícola, los reyes, las reinas y la aristocracia eran los poseedores de las tierras. La palabra en inglés *peasant* (campesino), proviene de las palabras francesas *pays* y *sants*, que se refieren a la gente que trabajaba la tierra, pero que no la poseía. En tanto que el término en inglés *real state*, en español significa estado real.

En la Era industrial, la aristocracia la conformaban los gigantes como Henry Ford, John D. Rockefeller y JP Morgan. Ford producía los automóviles, Rockefeller la gasolina y Morgan el dinero.

En la Era de la información, la nueva aristocracia la conforman los genios de la tecnología que controlan los bienes raíces cibernéticos. Me refiero a gente como Steve Jobs, cofundador de Apple, Jeff Bezos de Amazon y Sergey Brin y Larry Page de Google.

En la Era agrícola a los ricos les llamaban aristócratas, ahora se les conoce como capitalistas.

"Ve a la escuela y consigue un empleo"

Cuando un padre le dice a su hijo: "Ve a la escuela y consigue un empleo", le está aconsejando que se convierta en parte del proletariado, es decir que venda su trabajo a cambio de dinero. Recuerda que los empleados no son dueños de la producción.

Si el niño encuentra un empleo bien pagado, se une a la burguesía y se convierte en una persona de clase media que se contenta con baratijas materiales como una educación universitaria, una casa y un automóvil. Será un adulto que estará cómodo con estar cómodo y que tratará de estar siempre a la altura de los vecinos de enfrente. A este tipo de personas le gusta pasar manejando junto a los barrios bajos, las unidades habitacionales de interés social y las moradas del proletariado, y no tener que detenerse. Se aseguran de que sus hijos no vayan a la escuela con "esos niños". La mayoría de los burgueses tienen empleos bien pagados; muchos son especialistas autoempleados como doctores y abogados, o empresarios, dueños de negocios pequeños. Sin embargo, no poseen ni los bienes raíces ni la producción. Es gente que trabaja a cambio de dinero.

Los ricos no trabajan por dinero

La lección #1 de *Padre Rico, Padre Pobre* es: "Los ricos no trabajan por dinero." Sin embargo, cuando pregunto "¿Cuál es la primera lección de Padre rico?", la mayoría de la gente no lo recuerda. Creo que esto se debe a que a todos nos programaron para "ir a la escuela y buscar un empleo". A la gente no la entrenaron para convertirse en propietaria de la producción. En otras palabras, nuestro sistema educativo prepara a los estudiantes para que formen parte del proletariado y de la burguesía en lugar de que se conviertan en capitalistas, o sea, en la gente que posee la tierra, los negocios y el capital.

Con razón hay millones de personas que, al igual que mi Padre pobre —quien era un hombre con una educación académica sólida y un burócrata—, dependen de que el gobierno les provea empleos, cheques de nómina y pensiones. Son gente que, por desgracia, es incapaz de ayudarse a sí misma.

En 1970, mi padre, que era un hombre muy bueno, se postuló para el cargo de vicegobernador del Estado de Hawái. Su contendiente no sólo era su jefe, también era un demócrata y tenía el cargo de gobernador. A pesar de que mi padre contaba con un doctorado, perdió la elección y el gobernador le juró que jamás volvería a trabajar en el gobierno estatal. Papá murió siendo pobre y desempleado. Él quería trabajar pero le fue imposible conseguir un empleo. Era un hombre preparadísimo que no poseía ningún elemento de producción; un maestro que les enseñaba a miles de otras personas a hacer lo mismo que él.

Por todo esto, no me sorprende que tengamos una guerra de clases en erupción en las calles de Estados Unidos y de todo el mundo.

Por esto no me sorprende que durante su campaña para la presidencia de Estados Unidos, el senador Bernie Sanders haya afirmado: "Hay algo increíblemente mal cuando 10% en la cima posee casi tanta riqueza como 90% en la base."

Dicho llanamente, nuestra crisis financiera global comienza en las escuelas. Estados Unidos gasta miles de millones de dólares en educar a los maestros, y a pesar de ello, la brecha entre los ricos y los pobres cada vez se ensancha más.

Karl Marx escribió:

"El proletariado no tiene nada que perder, excepto sus cadenas. Tienen el mundo entero por ganar. Trabajadores de todas las naciones, ¡únanse!"

Ayn Rand afirmó:

"Tiene la libertad de evadir la realidad… pero no de eludir el abismo que se niega a ver."

La próxima vez que escuches a alguien decirle a un niño: "Ve a la escuela y consigue un empleo", piensa en lo que te he dicho.

Originalmente escrito para la revista *Jetset*

Por qué la "seguridad en el empleo" es una idea obsoleta.

La globalización implicó el fin de los empleos para los obreros.
La llegada de los robots implicará el fin de los empleos para los oficinistas.

"La desigualdad en el ingreso se ha disparado a niveles que no se veían desde 1929, y cada vez es más evidente que los incrementos en la productividad que llenaron los bolsillos de los trabajadores en la década de los cincuenta, ahora permanecen casi totalmente en las manos de los dueños de negocios y de los inversionistas."

—Martin Ford, *El auge de los robots*

Por qué "invertir a largo plazo en el mercado de valores" es un consejo obsoleto.

"Lo más amenazante son los ataques de virus durmientes implantados en las profundidades de los sistemas operativos del mercado de valores."

"En 2010 se descubrió un virus de este tipo. Fue plantado por la inteligencia rusa en el interior del sistema operativo del mercado NASDAQ.
El virus fue inhabilitado
Nadie sabe cuántos virus digitales no descubiertos continúan acechando."

"Los virus pueden borrar las cuentas de los clientes sin dejar rastro. Si se les usa con propósitos malignos pueden provocar una inundación incontrolable de órdenes de venta de acciones que están en posesión de mucha gente, como las de Apple o Amazon."

—James Rickards, *The Road to Ruin*

La muerte de la democracia

SEGURIDAD SOCIAL
La gente pagó toda su vida para terminar viviendo con unos miserables 14 000 dólares al año.

PRESTACIONES DEL CONGRESO
Asistencia médica gratuita, pensión descomunal, 67 vacaciones pagadas, licencia ilimitada por enfermedad...

"Una democracia siempre es de naturaleza temporal;
no puede existir como una forma permanente de gobierno.
Una democracia continuará existiendo
Hasta que los votantes descubran
que ellos mismos pueden votar
para darse generosos regalos
comprados con dinero del erario."

"A partir de ese momento, la mayoría siempre vota por los candidatos que prometen la mayor cantidad de beneficios sacados del erario público, lo que da como resultado que todas las democracias terminen colapsando debido a su política fiscal laxa. A esto invariablemente le sigue una dictadura."

Desde el principio de la historia, la edad promedio de las grandes civilizaciones del mundo ha sido de cerca de 200 años. Durante ese tiempo, las naciones siempre atravesaron la siguiente secuencia:

- De la esclavitud a la fe espiritual
- De la fe espiritual al gran valor
- Del valor a la libertad
- De la libertad a la abundancia
- De la abundancia al egoísmo
- Del egoísmo a la apatía
- De la apatía a la dependencia
- De la dependencia a la esclavitud de nuevo

The Cult of Competency (1943)
—Henning Webb Prentis, Jr.
Presidente de la Asociación Nacional de Fabricantes

¿Qué es realmente la educación financiera?

Como la educación financiera es una materia inmensa e incluye mucho más de lo que se puede cubrir en cualquier libro, voy a seguir la tradición de Padre rico y mantendré las cosas súper simples.

La verdadera educación financiera se puede dividir en dos partes: alfabetismo financiero e IQ financiero.

1: Alfabetismo financiero — es la habilidad de leer y entender el lenguaje del dinero.

En *Padre Rico, Padre Pobre* vimos que dos de las palabras más importantes del ámbito del dinero son: activo y pasivo. Como se mencionó en dicho libro, la gente se mete en problemas financieros porque les llama activos a sus pasivos. Creen, por ejemplo, que su casa y su automóvil son activos, cuando en realidad son pasivos.

Las palabras más importantes del dinero: Flujo de efectivo

Las palabras más importantes del lenguaje del dinero son: flujo de efectivo. Como se describió en *Padre Rico, Padre Pobre*, los activos hacen que el dinero vaya a tu bolsillo, en tanto que los pasivos sacan dinero del mismo.

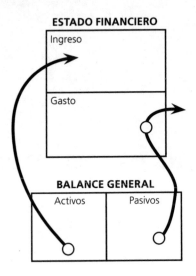

ESTADO FINANCIERO

Ingreso

Gasto

BALANCE GENERAL

Activos | Pasivos

2: IQ financiero — Es la capacidad de resolver problemas financieros.

Hace poco, gracias a los datos de una encuesta se descubrió que la familia estadounidense promedio no se puede dar el lujo de contar con 400 dólares adicionales para una emergencia. Esto significa que el estadounidense promedio tiene un IQ financiero de menos de 400 dólares.

Una persona millonaria como Donald Trump tiene un IQ financiero de millones de dólares. Como ciudadano, si tuviera un gasto inesperado de 25 millones de dólares, sólo tendría que llenar un cheque personal. ¿Qué tan grande sería la cantidad en el cheque de Bernie Sanders?

¿Qué tan grande es tu IQ? ¿Qué tanto podrías pagar de forma inesperada si tuvieras que hacerlo?

El IQ financiero más alto

Una de las razones por las que los empresarios ricos son cada vez más ricos, es porque tienen un IQ financiero extremadamente alto. En este libro descubrirás la forma en que la gente muy adinerada e inteligente compra pasivos con la deuda (que para la mayoría de la gente, es un pasivo). También te explicaré la forma en que la gente con un IQ financiero muy alto usa los dólares que normalmente se le pagan al gobierno, para adquirir sus propios activos.

Si *Padre Rico, Padre Pobre*, fue la primaria, entonces este libro *Por qué los ricos se vuelven más ricos*, es el equivalente a la universidad.

RDTV

Como un complemento para este libro, RDTV te ofrece 10 lecciones de educación financiera. RDTV funciona de una manera muy similar a las Ted Talks. Aquí aprenderás a incrementar tu alfabetismo y tu IQ financiero. Aprenderás la forma en que los ricos aprovechan la deuda y los impuestos para volverse más ricos, y será como si sólo estuvieras viendo televisión.

Todos los millonarios
son diferentes

Mucha gente aspira a convertirse en millonaria, sin embargo, todos los millonarios son diferentes. Algunos, por ejemplo, son más ricos que otros.

En el artículo "Severe Inequality Is Incompatible With the American Dream", de Alana Semuels, el Atlantic.com reportó que un estudio reciente cuantificó la experiencia que los *millennial* llevan viviendo varios años.

El papel exhibe las cifras de lo que muchos han vivido en carne propia durante años: conforme pasan las décadas, el sueño americano, o la capacidad de subir por la escalera económica y lograr más de lo que consiguieron nuestros padres, es cada vez menos posible.

La gente que nació en la década de los cuarenta tenía 92% de oportunidad de ganar más de lo que ganaron sus padres a los treinta años de edad. En cambio, para la gente que nació en los ochenta, las oportunidades fueron sólo de 50-50.

De acuerdo con los autores, hay dos razones por las que la gente que actualmente tiene treinta y tantos años la pasa peor que sus padres. La primera es que la expansión del producto interno bruto ha disminuido desde los cincuenta, tiempo en que el crecimiento solía ser de 5% cada trimestre. Esto significa que el pastel económico crece a una tasa más lenta que antes, y por lo tanto, hay menos dinero para repartir. La segunda es que la distribución de ese crecimiento es más desigual, y quienes están en la cima acumulan más beneficios. Los que se encuentran al fondo, en cambio, no pueden obtener una tajada tan generosa como antes.

Sus sueldos no crecen, así que están estancados en el mismo nivel que sus padres, si no es que en uno inferior.

La gente en la mitad inferior de la distribución del ingreso está ganando en promedio 16 000 dólares al año, en tanto que el ingreso antes de impuestos promedio del 1% de los adultos en la cima, es de cerca de 1.3 millones.

Dicho de otra manera, vivimos en una sociedad en la que la mayoría de los pobres permanecen pobres y los ricos, ricos. El sueño americano ha muerto, especialmente si te empeñas en ir a la escuela y buscar un empleo. La verdadera educación financiera le puede ofrecer a una persona más ambiciosa, distintas formas de volverse millonaria, incluso en la economía actual.

Los distintos tipos de millonarios

Hay distintos tipos de millonarios. Éstos son algunos de ellos:

1. *Los del empleo de un millón de dólares al año.* Las probabilidades de que un recién graduado consiga en el Estados Unidos corporativo un trabajo que le pague un millón de dólares al año, son casi nulas. Incluso si es egresado de Harvard o de Stanford. En la mayoría de los casos, subir por la escalera hasta la cima, toma años. Una persona con un salario de un millón de dólares, tendrá un valor neto aproximado de 600 000.

2. *La estrella deportiva convertida en millonario.* Si eres un atleta sobresaliente y eres empleado de un equipo profesional, tienes la oportunidad de llegar a percibir un salario de un millón de dólares durante algunos años. Sin embargo, 65% de los atletas profesionales terminan en bancarrota cinco años después de su retiro. Un salario de un millón de dólares le permitiría a un jugador profesional de futbol sin educación financiera alcanzar un valor neto de aproximadamente 400 000 dólares.

3. *La estrella de cine o de rock convertida en millonario.* Una vez más, las probabilidades están en contra. El futuro de este tipo de gente está en manos de sus admiradores. Si no cuenta con educación financiera, la estrella de rock también tendría un valor neto de entre 300 000 y 400 000 dólares después de impuestos.

4. *El empresario millonario.* Las probabilidades son las mismas. Después de calcular el tiempo total de trabajo y las compensaciones, los dueños de muchos negocios pequeños ganan menos que sus empleados. Si no cuenta con educación financiera, el millón de dólares le dará al empresario un valor neto de unos 300 000 dólares.

Educación financiera

La educación financiera real puede emparejar el campo de juego. El camino de todas maneras será difícil porque ganar un millón de dólares no es sencillo, sin embargo, una verdadera educación financiera le puede ofrecer a todo mundo mayor control sobre su futuro económico. Dicho de otra forma, una educación financiera real pone tu futuro en tus manos.

Yo soy esa persona. Yo tenía pocas probabilidades de ser Director ejecutivo y ganar un salario de un millón de dólares, de subir por la escalera corporativa hacia el éxito, o de convertirme en deportista importante, en estrella de cine, en cantante o en un empresario famoso. Sin embargo, gracias a la educación financiera que me dio mi Padre rico pude asumir el control de mi destino.

Cuando era niño, mi Padre rico también me animó a perseguir mis sueños y a convertirme en millonario. Me explicó que había distintos tipos de millonarios y varias formas de convertirse en uno.

1. *¿Quieres ser un empleado con un salario de un millón de dólares?* El problema con el salario de un millón de dólares son los impuestos. Aproximadamente, 40% es para el gobierno.

2. *¿Quieres convertirte en un millonario de valor neto?* Eso significa que tomas el valor de todos tus bienes personales como tu casa, tu automóvil, tus ahorros y tu pensión, y luego, a esos activos les restas tus pasivos. La mayoría de la gente que afirma ser millonaria, lo es, pero sólo en valor neto, y muchos de los millonarios de este tipo reciben salarios de menos de 150 000 dólares al año.

3. *¿Quieres ser un millonario de ganancias de capital?* Eso significa que vendes activos por un millón de dólares en ganancias de capital, las cuales están sujetas a los impuestos correspondientes. El gran problema de los millones por ganancias de capital es precisamente los impuestos. Los impuestos de este tipo representan aproximadamente entre 10 y 20% del ingreso. La mayor dificultad es que el millonario por ganancias de capital tiene que reducir su valor neto porque se ve forzado a vender sus activos para obtener dinero.

4. *¿Quieres ser un millonario de flujo de efectivo?* Ésta es la gente que recibe un millón de dólares o más, gracias al flujo de efectivo proveniente de activos que existen sin necesidad de vender nada. Los millonarios de flujo de efectivo son los que tienen el mayor control sobre los impuestos y sobre su futuro.

5. *¿Quieres ser uno de esos afortunados que se casan con alguien rico, que heredan dinero o que ganan la lotería y se vuelven millonarios?* A ti, te digo: "Que tengas buena suerte." El precio de casarse por dinero puede ser muy alto, tal vez tengas que entregar tu alma, así que, ¿cuánto crees que ésta valga?

El sueño americano está muerto

Para la mayoría de la gente, el sueño americano está muerto. Especialmente para quienes creen en ir a la escuela, conseguir un empleo, ahorrar dinero e invertir a largo plazo en un plan de retiro.

Por otra parte, el sueño de convertirse en millonario está vivito y coleando. Pero sólo si inviertes en una educación financiera real, tema central de este libro.

Cuando yo era niño y jugaba Monopoly con mi Padre rico, sabía que quería convertirme en un millonario de flujo de efectivo. Sabía que cuatro casas verdes me permitirían obtener un hotel rojo, y que eso aumentaría mi flujo de efectivo y mi valor neto. Ser millonario de flujo de efectivo me permite usar dinero y pagar menos impuestos de manera legal y sin vender activos, lo cual disminuiría mi valor neto.

¿Tú qué quieres hacer? ¿Qué tipo de millonario quieres ser?

Índice

¿Por qué elegí a Tom Wheelwright?

Si eres empleado, tal vez no necesites un título de CPA (Contador público). De hecho, los contadores pueden hacer muy poco por los empleados o por sus impuestos. Hay contadores inteligentes, contadores estúpidos, contadores valiosos y contadores temerosos. Tom no sólo es inteligente, también es valioso. Si quieres ser rico necesitas un contador como él.

Tom Wheelwright empezó su carrera en el mundo de la contabilidad cuando era un jovencito y trabajaba como empleado de cuentas por pagar en el negocio de impresión de su padre. Cuando terminó la preparatoria, Tom realizó una misión para la Iglesia Mormona en París, Francia. Ahí adquirió habilidades de liderazgo y llevó durante nueve meses la contabilidad de 175 misionarios en el norte de Francia como secretario financiero del presidente de la misión.

Después de eso, asistió a la Universidad de Utah y se graduó en la licenciatura como contador con francés como asignatura secundaria. Trabajó para dos despachos de contabilidad: en uno llevaba los libros y en el otro preparaba las declaraciones de impuestos. Tom asistió a la Universidad de Texas en Austin, en donde realizó la maestría en Contabilidad profesional y una especialización en Materia fiscal. Mientras estudiaba también trabajó para un despacho local de contadores públicos en donde preparaba declaraciones.

Tras graduarse de la Universidad de Texas, empezó su carrera en Ernst & Whinney, uno de los despachos pertenecientes al grupo Big Eight, en Salt Lake City, Utah. Dos años después lo invitaron a unirse al Departamento Fiscal Nacional, en Washington, D.C. Ahí trabajó durante tres años en el área de Impuestos Nacionales, en donde diseñaba e impartía cursos a los miles de contadores del despacho en todo Estados Unidos. También manejaba complejos problemas fiscales para los clientes de las ramas empresarial, de bienes raíces, y de gas y petróleo.

Tom salió de Impuestos Nacionales para hacer una rotación y llegó a la oficina de Phoenix, en donde estuvo a cargo de los impuestos sobre bienes raíces. Dos años después se unió a Pinnacle West Capital Corporation, que entonces era una empresa de la lista Fortune 500. Ahí trabajó como asesor fiscal de planta. Cuatro años después se unió a Price Waterhouse, otro despacho contable internacional. En Price Waterhouse fue director de servicios fiscales estatales y locales, en la oficina de Phoenix.

Tras un breve tiempo en Price Waterhouse, Tom decidió abrir su propio negocio. Empezó con dos clientes, pero en menos de cinco años su despacho contable era uno de los cincuenta más importantes de Phoenix. Desde entonces, ProVision ha crecido hasta ser parte de los veinte despachos más importantes de Arizona. ProVision maneja complejos asuntos fiscales de clientes en los cincuenta estados y en más de treinta países de todo el mundo. Tom ha diseñado innovadoras estrategias fiscales para reducir de forma rutinaria los impuestos de los clientes de ProVision de 10 a 40%, o más. Asimismo, Tom es un orador consumado y escribe para *The Tax Adviser*, *The Journal of Partnership Taxation* y *Accounting Today*. Es autor del bestseller *Riqueza libre de impuestos*.

Prefacio

Por qué los colapsos económicos enriquecen aún más a Robert y a Kim

Conocí a Robert y a Kim Kiyosaki en enero de 2002. Un mes antes, Ann, mi pareja, y yo, habíamos adquirido un despacho de contabilidad del que ellos eran clientes. En aquel entonces yo no sabía mucho sobre los Kiyosaki. George, un amigo mío, me había enviado en noviembre de 2001 una notificación de que acababa de unirse a The Rich Dad Company como Director de finanzas. Otra amiga y clienta del despacho, que también se llamaba Kim, me habló de ellos. Sin embargo, no fue sino hasta que realmente conocí a Robert y a Kim con el paso de los años, que en verdad comencé a entender su genialidad. No se trataba de una pareja común que escribió casualmente un bestseller, eran dos personas que practicaban todo lo que predicaban. Los Kiyosaki no enseñaban a partir de un libro sino de sus lecciones de vida. Ellos en verdad habían aprendido por qué los ricos se volvían más ricos y cómo unirse a las filas de los millonarios y los famosos sin perder el camino ni la noción de quiénes eran.

La magia de Robert y Kim Kiyosaki no radica en que saben algo que nadie más sabe ni en que son los únicos que se han vuelto ricos y famosos enseñándole a la gente cómo hacer dinero. La magia de Robert y Kim Kiyosaki radica en que son ejemplos legítimos de lo que enseñan. Todo lo que aparece en este libro se basa en la manera en que ellos viven. Lo sé porque he sido su contador desde hace quince años. Los he visto ganar dinero, y también perderlo. Pero nunca los he visto hacer algo en lo que no crean ni enseñar algo que no hayan puesto en práctica ellos mismos.

Esta autenticidad, este compromiso con quienes son, es lo que a mí, como a muchos más, me atrae de la marca Kiyosaki. He viajado por todo el mundo con ellos. Hemos estado juntos en Europa, Asia, África, Australia, Sudamérica; por todo Estados Unidos y Canadá. Hemos dado conferencias para públicos en Estonia, Polonia, Moscú, Kiev, Sydney, Melbourne, Johannesburgo, Almaty, Bishkek, Helsinki, Londres, Tokio y Shanghái. Los he visto hablar con gran amabilidad con cada persona que los detiene en la calle para tomarse una fotografía o para pedirles un autógrafo. Recuerdo a un joven en el control de la frontera en Kiev, que le pidió un autógrafo a Robert. Además del autógrafo, el joven se llevó una *selfie*. Recuerdo a la mujer en Moscú que lo detuvo en la calle y le dijo que estaría en su evento en Roma, y también recuerdo el sincero interés que él mostró mientras ella le contaba sobre sí misma.

Este libro es la culminación de la historia de Robert y Kim. Es, en verdad, una historia de éxito que muy poca gente ha igualado, e increíblemente mágica por su sencillez. A Robert le enseñaron algunos conceptos básicos de las finanzas, y luego él y Kim los practicaron diligentemente y tuvieron muchísimo éxito. Es una historia de comprar por poco y vender por mucho. Es una historia de educación, de estar preparado para cuando los mercados colapsen. Es una historia de persistencia ante una gran oposición, y de compromiso con una verdad sobre la que nadie más estaba dispuesto a hablar.

La historia de Robert y Kim empezó el día que tuvieron su primera cita. Él le preguntó a ella qué quería de la vida y a ella le sorprendió un poco que la cuestionara de una manera tan profunda la primera vez que salían juntos. No obstante, lo pensó bien y le dijo que quería tener su propio negocio. No quería ser una empleada porque ya había probado esa ruta y no había tenido éxito. Kim pensaba que le iría mucho mejor como empresaria. En aquel entonces no tenía idea de cuán profético resultaría su deseo.

Luego, cuando celebraron su primer aniversario, bueno, creo que en realidad era el cumpleaños de ella, Robert le dio un regalo muy inusual. No le ofreció un diamante ni un brazalete: la inscribió en un curso de contabilidad. Robert creía que si Kim quería tener éxito en su negocio, más le valía aprender contabilidad. Ay, ¡cómo desearía que más de mis clientes y clientas les regalaran a sus cónyuges cursos de contabilidad!

Robert y Kim iniciaron una travesía para aprender acerca del dinero. Él ya había aprendido bastante del padre de su amigo, un hombre a quien llama Padre rico. También aprendió mucho de R. Buckminster Fuller, su mentor. No obstante, donde más aprendió fue en la escuela de la vida: la de los golpes más duros. Su primer negocio fue como fabricante de carteras para surfistas y tuvo mucho éxito en poco tiempo, sin embargo, así como vino el éxito, también se fue. En su segundo negocio fabricó y distribuyó camisetas y gorras de beisbol para eventos de rock; en él tuvo todavía más éxito, y el fracaso fue aún más grande, ya que dejó a Robert con una deuda de 800 000 dólares para cuando conoció a Kim. ¡Así que nos queda claro que ella no se casó con él por su dinero!

De acuerdo con mi experiencia, todos los empresarios que han tenido gran éxito, también han sufrido grandes fracasos. Steve Jobs fracasó y también lo despidieron de su propia empresa. En algún momento Donald Trump llegó a deber 800 millones de dólares y no tenía ni idea de cómo salir del problema. La experiencia del fracaso les dio a estos empresarios la educación y la fuerza necesaria para seguir adelante.

Para Robert y para Kim, la experiencia y la educación han resultado invaluables. Para 1989 y 1990, cuando se produjo el gran descalabro financiero de finales del siglo xx, ellos ya estaban preparados. Habían estudiado bienes raíces y contabilidad, y también habían aprendido las lecciones del negocio, así que cuando los ahorros y los préstamos en Estados Unidos quedaron patas para arriba, ellos estaban listos para actuar.

Y eso fue lo que hicieron. Compraron bienes raíces a cambio de unos cuantos centavos, y en unos años sus ingresos por bienes raíces llegaron a exceder sus gastos. Nadie habría dicho que eran ricos, pero al menos ya eran libres en el aspecto financiero. La pareja recibía un ingreso pasivo de cerca de 10 000 dólares al mes, y sus gastos eran solamente de 3 000 dólares. Entonces decidieron que deberían enseñarles a otros a hacer lo mismo.

Así pues, en su casita en Bisbee, Arizona, diseñaron un juego de mesa para enseñar las lecciones sobre el dinero que ellos ya habían aprendido. Le llamaron CASHFLOW 101. Sabían que para vender el juego tendrían que diseñar un folleto, así que Robert se dio a la tarea de escribirlo. Mientras estaba escribiendo las bases de lo que había aprendido gracias a su Padre rico y a las lecciones de la vida, descubrió que no sería posible decir todo en un folleto de ocho páginas. Entonces el folleto se convirtió en un libro de 132 páginas al que tituló: *Padre Rico, Padre Pobre*.

La segunda vez que Robert y Kim capitalizaron gracias a un descalabro económico, fue cuando apareció *Padre Rico, Padre Pobre* en 1997. Nadie quería publicar el libro, así que tuvieron que hacerlo ellos. El libro alcanzó el éxito cuando varias empresas de *marketing* en redes lo adoptaron como una herramienta para promover negocios que se podían hacer desde casa. Sin embargo, no fue sino hasta abril de 2000, cuando Oprah Winfrey invitó a Robert a su programa, que el libro realmente despegó.

Esto sucedió justo después del colapso dot-com, es decir, en el momento perfecto. *Padre Rico, Padre Pobre* se mantuvo en la cima de los bestseller de la lista de *The New York Times* durante más de seis años. Robert y Kim habían logrado establecer una conexión con el público en Estados Unidos y en todo el mundo. Mucha gente perdió los ahorros de toda su vida, pero Robert y Kim les ofrecieron a esas personas una alternativa que incluía la posibilidad de asumir el control de su vida, su dinero y su futuro.

Robert y Kim pudieron sentarse en las gradas y sólo cobrar sus regalías de *Padre Rico, Padre Pobre*, pero se negaron a hacerlo porque esa indiferencia habría violado los principios y la misión de propagar el alfabetismo financiero en el mundo. Por eso escribieron más libros, impartieron más seminarios y dieron más entrevistas. Por eso compartieron generosamente todo lo que habían aprendido.

En 2002 Robert escribió *La profecía de Padre Rico.* En ese libro predijo que para 2016 se produciría un importante colapso, y que le seguiría uno un poco menos intenso. En 2005 apareció en CNN y predijo el inminente colapso de los bienes raíces. Luego, en 2008 y 2009, el mercado de los bienes raíces y el de valores cayeron en picada, justo como él había dicho.

Robert habría podido llamar a CNN y decir: "Se los dije", pero en lugar de eso, él y Kim se pusieron a trabajar y aprovecharon la crisis, justo como les habían enseñado a millones de personas más a hacerlo. Compraron bienes raíces por millones de dólares mientras el mercado seguía a la baja, y ahora poseen miles de propiedades como departamentos, hoteles y campos de golf. Y todo porque pusieron en práctica lo que predicaban y porque estaban preparados para el descalabro y para las oportunidades que se les presentaron.

Este libro es sobre colapsos y descalabros, sobre cómo prepararse para enfrentarlos, cómo identificarlos y cómo beneficiarse de ellos. Por supuesto, nadie quiere que los mercados se desplomen porque eso resulta devastador para la gente pobre y la que carece de educación financiera, sin embargo, nadie puede evitar que suceda. Los colapsos se producen porque los gobiernos sostienen a los mercados, y suceden por razones que están fuera del control de cualquier persona. Ni siquiera un presidente puede evitar un colapso financiero.

No obstante, tu respuesta ante el descalabro inminente y tu preparación para recibirlo, será lo que determine en mayor medida cómo será tu futuro financiero en los años venideros. Tú decides. ¿Te vas a preparar a través de la educación financiera que encontrarás en este libro? ¿Estarás listo para actuar de la manera adecuada y para beneficiarte de las próximas crisis económicas? Porque sólo quienes lo hagan estarán a salvo de sus efectos. Los colapsos devastan a la mayoría de la gente, pero algunos cuantos se convertirán en multimillonarios. ¿De qué lado quieres estar tú?

—Tom Wheelwright, CPA y asesor de Padre Rico,
autor del bestseller *Riqueza libre de impuestos*,
fundador de ProVision PLC

Introducción

Hace mucho, mucho tiempo… lo único que tenía que hacer una persona era ir a la escuela, conseguir un empleo, trabajar arduamente, ahorrar dinero, comprar una casa, salir de deudas, invertir a largo plazo en la bolsa de valores y vivir feliz para siempre.

El cuento de hadas se acabó

Este cuento de hadas es uno de los principales culpables de la creciente brecha entre los ricos, los pobres y la clase media. Dicho llanamente, la gente que sigue estas instrucciones cae en el abismo entre los ricos y los pobres. La gente que todavía cree en este cuento, es la que se encuentra en problemas financieros hoy en día.

Hace veinte años

Padre Rico, Padre Pobre se publicó por primera vez en 1997. Lo publiqué solo porque ninguno de los editores a los que contacté sabía de qué hablaba yo. Sin embargo, creo que hace veinte años, la mayoría de las lecciones de mi Padre rico parecía no tener sentido. *Padre Rico, Padre Pobre* se escribió hace veinte años como una advertencia sobre la crisis económica que estaba por venir y que seguimos viviendo hoy en día. Hace veinte años me vapulearon por atreverme a decir: "Tu casa no es un activo", y "los ahorradores son perdedores", pero las cosas han cambiado.

Seguramente recuerdas que hace veinte años, en 1997, el mercado de valores se encontraba en auge y había muchos empleos. El libro más popular era *El millonario de la puerta de al lado*, el cual había sido publicado en 1996 y era una historia sobre la gente que se creía el cuento de hadas: "Ve a la escuela, consigue un empleo, ahorra dinero, sal de deudas y vive feliz para siempre." En pocas palabras, en 1996 era sencillo volverse rico y casi todo mundo lo estaba haciendo.

El millonario de la puerta de al lado tenía una educación universitaria y un buen empleo; manejaba un auto conservador, poseía una casa cuyo valor iba en aumento, y tenía dinero en la bolsa de valores a través de un plan pensionario o un plan personal de retiro. La vida era buena y era sencillo convertirse en millonario. El sueño americano era una realidad.

La advertencia

En 1996, Alan Greenspan, presidente del Banco de la Reserva Federal, nos advirtió que había una "exuberancia irracional", lo que significaba que la gente estaba viviendo en un mundo de ebriedad y delirio, y creía que ser rico era fácil.

En 1997 se publicó *Padre Rico, Padre Pobre*, un libro que estaba en la cara opuesta de la moneda de *El millonario de la puerta de al lado*. Mi Padre rico no creía en la seguridad del empleo, ni en ahorrar dinero, ni en vivir por debajo de tus posibilidades, ni en tener un auto económico, ni en salir de deudas, y mucho menos, en invertir a largo plazo en la bolsa de valores.

El mundo cambió

Luego, en el año 2000, estalló la burbuja dot-com y el 9/11 nos dejó claro que el terrorismo mundial no estaba lejos de nuestra casa; más adelante, la burbuja del mercado de bienes raíces estalló en 2007, y los bancos más importantes del país se desplomaron en 2008. Las tasas de interés cayeron por debajo de cero y los ahorradores se convirtieron en perdedores. El precio del petróleo también se vino abajo, lo que ocasionó que las economías que se apoyaban en este recurso empezaran a tambalearse, y la Guerra contra el terrorismo se intensificó. La Unión Europea se vio bajo mucha presión cuando Grecia, Italia y España tuvieron fuertes problemas económicos. La bolsa de valores alcanzó nuevas alturas y los ricos se hicieron aún más ricos, sin embargo, la clase media y la clase trabajadora empobrecieron aún más. Actualmente el mundo atraviesa la crisis económica más difícil de la historia.

Veinte años después

Hoy en día hay muchos millonarios que están desempleados y a punto de perder su casa en la "subasta de la puerta de al lado".

La gente joven sigue yendo a la escuela, graduándose (en muchos casos bajo el terrible peso de la deuda de su préstamo para estudiantes), y teniendo problemas para encontrar ese mítico empleo bien pagado. Hoy en día, la deuda en Estados Unidos por préstamos a estudiantes es de 1.2 billones, es decir, sobrepasa la deuda de las tarjetas de crédito. Por eso muchos estudiantes y graduados universitarios siguen viviendo en casa de sus padres.

Mucha gente joven con preparación académica logra encontrar empleos, pero éstos están por debajo de sus capacidades. El hecho de que los jóvenes no puedan obtener ni experiencia en los negocios ni un empleo significativo, real, valioso y desafiante, es otra bomba de tiempo que estallará en el futuro.

Los ahorradores son perdedores

Los ahorradores de hoy son perdedores. Las tasas de interés de los ahorros han llegado a sus niveles más bajos en la historia, y de hecho, en Japón, Suecia y la Eurozona, son negativas.

Las pensiones están en peligro

La mayoría de los planes de retiro, privados y públicos, opera con un rendimiento de 7.5% sobre los ahorros del pensionado. El sistema de retiro de los empleados públicos de California (CalPERS), es el plan de pensiones más grande en Estados Unidos y opera con una rentabilidad sobre fondos propios de menos de 2%, lo que significa que millones de dólares pertenecientes a las pensiones de los empleados del gobierno están bajo el agua.

Los programas Seguridad Social y Medicare, por ejemplo, están en números rojos. ¿Acaso veo en el horizonte otro rescate masivo por parte de los contribuyentes?

Los robots vienen en camino

Para empeorar las cosas, los robots vienen en camino. En su libro, *El auge de los robots: La tecnología y la amenaza de un futuro sin empleo,* Martin Ford explica por qué el cuento de hadas de ir a la escuela y conseguir un empleo seguro es ilusorio. Lo más probable es que aunque seas médico, un robot pueda remplazarte… hoy, no mañana.

Los países más ricos del mundo están sumergidos en una competencia de desarrollo de robots y tecnología que reemplacen a los seres humanos. No sólo es posible que los empleados de McDonald's se queden pronto sin trabajo, también el futuro de los periodistas, maestros y otros profesionistas como abogados, médicos y contadores, se encuentra en riesgo. Martin Ford no escribió respecto a los empleos que se van al extranjero, a países con salarios bajos, escribió acerca de cómo los robots pueden reemplazar a los humanos. Ford afirma que Estados Unidos ya puede competir en fabricación con los países con mano de obra barata. Por desgracia, nuestro país competirá haciendo uso de robots, no de seres humanos. El mensaje es claro: el desempleo masivo ya está aquí.

El nuevo presidente

En 2016 Donald Trump fue elegido presidente de Estados Unidos y su triunfo fue abrumador. Por un lado hay millones de personas que tienen miedo de él y de sus acciones, por el otro, también hay millones que votaron por él porque conocen la problemática de las ciudades en decadencia y del creciente desempleo. A mí me parece que representa un cambio y el cambio siempre es necesario.

Donald y yo somos amigos y coescribimos dos libros. A pesar de que me sentí avergonzado por sus insensibles e improvisados comentarios respecto a las mujeres, las cuestiones raciales y la religión, debo decir que el hombre a quien yo he tratado es un hombre decente, un buen padre y un excelente líder.

Sus tres hijos mayores son jóvenes extraordinarios. Kim y yo asistimos a sus bodas. Su equipo de trabajo lo conforman mujeres poderosas, decididas y articuladas que han laborado con él durante décadas. Melania, su esposa, es elegante, hermosa y, además, siempre dice lo que piensa. Por si fuera poco, habla cinco idiomas. Mi esposa, Kim, respeta a Donald Trump por la forma en que trata a las mujeres.

Donald Trump y yo empezamos a coescribir libros porque a ambos nos preocupa el primer renglón del cuento: "Ve a la escuela." Elegimos escribir juntos porque ambos somos educadores, los dos tuvimos padres ricos y también nos preocupa la calidad actual de la educación en Estados Unidos. Creemos que la educación financiera real tiene que estar disponible para todos los estudiantes.

La tarea que le espera al presidente Trump es muy difícil porque tanto Estados Unidos como el mundo, están en problemas. Él también sabe que el cuento de hadas se acabó.

¿Por qué este libro?

Este libro se escribió para ser la versión universitaria de *Padre Rico, Padre Pobre*. Para explicar lo que es la educación financiera real, y las razones por las que los ricos son cada vez más ricos. La diferencia entre los ricos, los pobres y la clase media yace en la educación, pero por desgracia, no en la educación que se ofrece en las escuelas.

La verdadera educación financiera debe incluir un poco de historia. Esta crisis no se dio así nada más, esta crisis se ha estado gestando durante más de un siglo: desde 1913, año en que fueron creados el Sistema de la Reserva Federal y el sistema tributario de Estados Unidos. En este libro podrás leer una breve historia de la crisis, y cuando entiendas los sucesos históricos que condujeron a ella, también entenderás por qué *El millonario de la puerta de al lado*, es decir, todos aquellos que siguen creyendo en el cuento de hadas, se encuentran en fuertes problemas. El millonario de la puerta de al lado se parece mucho a mi Padre pobre.

Durante años a nadie le importó que las fábricas se estuvieran yendo del país. Durante años a nadie le importó que los empleos que alguna vez estuvieron bien pagados, también se fueran a otro lado. Durante años a nadie le importó que los pueblos de Estados Unidos murieran. Durante años, la élite financiera, política y académica, vivió bien, alejada de esas zonas de nuestro país que desfallecían. El senador Bernie Sanders lo comprendió y por eso estuvo a punto de vencer a Hilary Clinton en las elecciones primarias. Donald Trump también lo entiende y por eso hoy es presidente de Estados Unidos.

¿Quién te salvará?

Me preocupa que mucha gente crea que Donald Trump va a salvarla. Puede que sea un buen hombre, pero no es Supermán. Dudo que pueda salvar a alguien, a menos de que ese alguien esté dispuesto, antes que nada, a salvarse solo.

Donald Trump y yo trabajamos juntos porque no creemos en *regalarle pescado a la gente,* como Bernie Sanders y muchos otros. Donald Trump y yo creemos en *enseñarle a la gente a pescar.* Hace veinte años, en 1997, escribí *Padre Rico, Padre Pobre,* mi primer libro. El objetivo era enseñarle a la gente a pescar.

Advertencia #1: Educación real

Por qué los ricos se vuelven más ricos es la versión avanzada de *Padre Rico, Padre Pobre,* o sea, el equivalente de la universidad Padre Rico. Si no has leído *Padre Rico, Padre Pobre,* te sugiero que lo hagas antes de abordar este libro que, en realidad, es para los estudiantes graduados de Padre Rico que ya están familiarizados con los principios y las lecciones del primer volumen. Como sucede con todos los libros de la serie, me he esforzado por explicar las cosas de manera simple. Este libro es sencillo, pero lo que hacen los ricos, no lo es.

La Regla 90/10 del dinero

Hay una regla conocida como la Regla 90/10 del dinero, la cual afirma que 10% de la gente gana 90% del dinero. Este libro y *Padre Rico, Padre Pobre* abordan este concepto.

La buena noticia es que, con una educación financiera real, casi todos pueden formar parte del 10% que gana 90% del dinero. En este libro averiguarás por qué no se necesita una costosa educación universitaria en una escuela prestigiosa para ser parte de ese 10%. De hecho, mucha de la gente más rica del planeta nunca terminó la universidad. Entre ellos encontramos a Steve Jobs, Mark Zuckerberg y Walt Disney.

El desafío es decidir. ¿Tienes el espíritu, la determinación y la motivación para hacerte de una educación financiera real? Si eres de los que abandonan sus proyectos, si no quieres trabajar mucho o si no estás dispuesto a estudiar, entonces este libro no es para ti.

Si eres del tipo de persona que cree que la vida debería ser fácil y que el gobierno debería hacerse cargo de ti, entonces definitivamente este libro no es para ti.

El punto es que este libro es sobre educación financiera real, la educación que no te ofrecen en la escuela.

Advertencia #2: Impuestos

En 2012 el presidente Barack Obama venció por muchas razones al gobernador Mitt Romney, candidato republicano. Los impuestos fueron una de esas razones. Barack Obama reveló que había pagado 30% en impuestos, en tanto que Mitt Romney pagó menos de 14% sobre un ingreso de más de 20 millones de dólares.

Donald Trump nunca reveló la información sobre sus declaraciones de impuestos, y eso volvió locos a sus opositores. Si fue inteligente o taimado, bueno, eso depende de cuál sea tu perspectiva respecto a los impuestos.

Buena parte de este libro habla de los impuestos. Si a ti te encanta tener que pagarlos y te gustaría darle todavía más al fisco, entonces este libro no es para ti. Si quieres aprender la forma en que Mitt Romney y Donald Trump ganan millones y pagan muy poco por concepto de impuestos, entonces continúa leyendo.

Los impuestos son justos

Mucha gente cree que los impuestos son algo injusto. Lo que en realidad es injusto es la falta de educación financiera real que le ayudaría a la gente a entender mejor este sistema. El hecho es que las leyes fiscales se aplican de igual manera para todos, es decir, ¡cualquiera puede pagar menos impuestos... si cuenta con educación financiera real que le permita aprovechar la ley fiscal en beneficio propio!

Como los impuestos son un tema candente y controversial, le pedí a Tom Wheelwright, mi asesor personal, que me ayudara. Él fue mi autoridad en el tema en este libro. Tom es el contador público más inteligente, lúcido y diligente que he conocido. Una de las razones por las que los ricos son cada vez más ricos, es porque contratan a asesores como Tom.

El problema es que un asesor como Tom Wheelwright tiene un campo de acción hasta cierto punto limitado. Si en verdad quieres ganar millones y pagar menos, o incluso no pagar nada de impuestos, tienes que hacer lo que hacen los ricos porque Tom no puede ayudarle al millonario de al lado.

Lecciones de Tom en materia fiscal

Los impuestos son una recompensa para la gente que cuenta con educación financiera.

Los impuestos no fueron diseñados para castigar a la gente sino para premiar a quienes hacen lo que el gobierno quiere que hagan. Pero para saber lo que él quiere, necesitas educación financiera y un plan de acción. Este libro te brindará información sobre la manera en que el gobierno premia a quienes están dispuestos a obedecer sus políticas. Si deseas más información sobre las recompensas fiscales que puedes obtener por contar con educación financiera, te invito a que conozcas mi libro *Riqueza libre de impuestos*, el cual es parte de la serie Asesores de Padre Rico.

También puedes visitar la página TaxFreeWealthAdvisor.com.

Advertencia #3: No puedes hacer eso

"Aquí no puedes hacer eso." Tom Wheelwright y los otros asesores de Padre Rico viajan por todo el mundo para impartir las lecciones de este libro.

Adonde quiera que vamos, incluso en ciudades de Estados Unidos, siempre hay gente que levanta la mano y dice: "Aquí no puedes hacer eso." En la mayoría de los casos se trata de gente como el millonario de la puerta de al lado; con frecuencia es un doctor, un abogado, un contador o incluso un asesor financiero.

En algún momento durante tu lectura es probable que también digas "Aquí no se puede hacer eso", pero la razón por la que tú y la demás gente dicen "no se puede", es porque carecen de educación financiera real.

A menudo, Tom Wheelwright invita a otro contador del país en donde nos encontramos de visita para que suba al escenario con nosotros y verifique que lo que enseñamos sí se puede hacer ahí. Aún así, la gente insiste: "Aquí no se puede hacer eso."

El hecho es que ellos no pueden. Si no se cuenta con la educación financiera real que se describe en este libro, nadie puede hacer lo que los ricos. No importa si se trata de doctores, profesionistas con maestría, abogados o incluso contadores.

El siguiente diagrama explica quiénes no pueden hacer lo que nosotros sí.

Quienes dicen: "Aquí no se puede hacer eso", suelen ser E, empleados; y A, autoempleados o dueños de negocios pequeños, como doctores o abogados; agentes de bienes raíces, diseñadores de páginas de internet y estilistas.

Si revisas otra vez este diagrama tal vez te puedas dar una idea de por qué la gente dice: "Aquí no se puede hacer eso"… y por qué algunas personas sí lo hacen.

El cuadrante D es el de la gente que es dueña de negocios grandes, de 500 empleados o más; y el cuadrante I representa a los inversionistas profesionales.

La mayoría de los E y los A invierten como el millonario de la puerta de al lado. Invierten al menudeo en acciones, bonos, fondos mutualistas y fondos negociados en bolsa (ETF). Los inversionistas profesionales son gente que diseña sus propias inversiones o que invierte en cantidades al mayoreo. La gente que dice: "Aquí no se puede hacer eso", son E y A que sólo invierten en activos de papel.

Este libro describe lo que realmente saben y hacen las personas de los cuadrantes D e I. Tú también puedes hacerlo, pero sólo si estás dispuesto a invertir en una educación financiera real; y si lo haces, serás uno de los pocos que realmente sepan por qué los ricos se vuelven más ricos.

Cómo unirse al Club 90/10

Si estás dispuesto a hacer lo necesario para entrar a los cuadrantes D e I, entonces podrás unirte al Club 90/10, en el que 10% gana 90% del dinero.

Sin embargo, si no estás listo para unirte a las filas de este exclusivo club, puedes formar parte de la multitud que siempre dice: "Aquí no puedes hacer eso", a pesar de que sí puedes hacerlo.

La mayoría de la gente dice: "Aquí no puedes hacer eso", porque es más fácil echarse para atrás y poner en duda la posibilidad de realmente hacerlo… que hacerlo. Este libro es para cualquier persona rica o pobre, con preparación académica o sin ella, que quiera enfrentar el desafío.

Robert no es republicano ni demócrata.
Es un votante independiente y un defensor de la educación financiera.

La misión de The Rich Dad Company es:
Aumentar el bienestar financiero de la humanidad.

Por qué los ricos se vuelven más ricos

Introducción a la primera parte

La otra cara
de la moneda

Todas las monedas tienen tres lados: cara, cruz y canto.

La inteligencia está en el canto de la moneda y en la capacidad para ver los otros dos lados.

La primera parte de este libro se enfoca en la cara de la moneda de los ricos.

Ahí descubrirás por qué los impuestos empobrecen aún más a los pobres y a la clase media, pero por otra parte, esas mismas leyes fiscales les sirven a los ricos para volverse más ricos.

Sucede lo mismo con la deuda. La deuda empobrece a los pobres y a la clase media, pero a los ricos les ayuda a acrecentar sus fortunas.

Después de leer la primera parte te será posible pararte en el canto de la moneda, apreciar ambos puntos de vista y decidir cuál es el mejor para ti.

Capítulo uno

¿Qué debo hacer con mi dinero?

Padre pobre:
"El dinero no me interesa."
Padre rico:
"Si a ti no te interesa el dinero,
siempre hay alguien más a quien sí le interesa."

A menudo me preguntan: "Tengo 10 000 dólares. ¿Qué debo hacer con mi dinero?"

Ya perdí la cuenta de cuánta gente me ha hecho esta pregunta en muchas ciudades del mundo. Todos buscan esa pastilla mágica, la respuesta fácil, y aunque la cantidad de dinero puede variar entre 1 000 dólares y 2.5 millones, la pregunta siempre es la misma: ¿Qué debo hacer con mi dinero?

Normalmente respondo: "Por favor no le anuncies a todo el mundo que *no tienes idea de cómo funciona el dinero*. Si no sabes qué hacer con él, hay millones de personas que podrán decírtelo, y en muchos casos su sugerencia será: *Dámelo a mí*."

La visión estrecha

Lo que hagas con tu dinero siempre será la visión estrecha, el paso final, la última pieza de tu rompecabezas financiero.

Este libro es acerca de la visión amplia. Es un intento por ver todo el panorama, el rompecabezas completo. Luego podrás decidir cuáles piezas son las mejores para ti.

Padre rico solía decir: "Hay muchas puertas al paraíso financiero."

La clase media y los pobres... son cada vez más pobres

El mundo está imprimiendo dinero. Nuestro dinero es tóxico. Nuestro dinero es volátil y está causando inestabilidad en la economía mundial. Entre más tóxico es el dinero creado, más se ensancha la brecha entre los ricos, los pobres y la clase media.

Otra de las razones por las que los ricos son cada vez más ricos es porque los pobres y la clase media se enfocan en la visión estrecha. A la mayoría de la gente le han enseñado que debe trabajar duro, pagar impuestos, ahorrar dinero, comprar una casa, salir de deudas e invertir en la bolsa de valores.

Sin embargo, éstos son pasos para la versión estrecha. Son los mismos pasos que te dan la mayoría de los padres, maestros y expertos financieros.

Unas palabras de Warren

Cuando habla de los asesores financieros, Warren Buffett, uno de los hombres más ricos, y tal vez uno de los inversionistas más inteligentes del mundo, nos dice: "Wall Street es el único lugar en el que la gente va en un Rolls Royce a pedirle consejos financieros a la gente que viaja en metro."

Padre rico lo dijo de esta forma: "La gente de la clase media tiene problemas financieros porque les pide consejos a vendedores, no a gente rica."

Un vendedor tiene que vender para alimentar a su familia, es decir, necesita dinero. Si no vende, no come. Por eso es una tontería anunciarle a la gente: "Tengo 10 000 dólares y soy un idiota financieramente hablando. Díganme qué hacer."

Warren Buffett dijo: "Nunca le preguntes a un vendedor de seguros si cree que necesitas más pólizas porque la respuesta siempre será *Sí*."

Buffett sabe de lo que habla. Es poseedor de una de las compañías de seguros para automóviles más grandes de Estados Unidos: GEICO. Buffett es un hombre muy rico que contrata a vendedores para que vendan por él.

Si le preguntas a la gente que vende cuanta educación financiera tiene, la respuesta será "no mucha". Pregúntales cuántos libros han leído respecto al tema del dinero y seguramente te responderán lo mismo: "no muchos". Por último, pregúntales si son ricos. Pregúntales si pueden dejar de trabajar y seguir alimentando a su familia.

El hombre contra el mono

Hace muchos años hubo un concurso entre un mono y varios profesionales de la bolsa de valores. El mono elegía las acciones lanzando dardos a una diana que tenía los nombres de las empresas como blancos. Antes de elegir una acción, los profesionales de la bolsa usaban su educación, entrenamiento y capacidades intelectuales para analizar los valores de cada empresa.

El mono ganó.

Perdedores bien pagados

El 12 de marzo de 2015, en CNN *Money* se publicó un artículo que afirmaba: "Un impactante 86% de los gerentes activos de los fondos de gran capitalización no pudo alcanzar sus propios puntos de referencia."

Los expertos bien pagados y con educación académica, no pudieron vencer al mercado. El artículo continúa: "Y no, tampoco se trató de un incidente excepcional. En los últimos cinco años, casi 89% de esos gerentes de fondos tuvo un desempeño por debajo del esperado respecto a sus marcas, y 82% hizo lo mismo en la última década, dijo S&P."

Dicho de otra manera, si un mono sólo hubiera elegido al azar el fondo del índice S&P 500, habría vencido a 90% de los expertos durante cinco años, y a 80%, en diez. La lección que te quiero enseñar es que, si un mono pudo vencer a los expertos que ganan salarios astronómicos… tú también puedes hacerlo.

El S&P 500

El hecho de que un mono pueda vencer a S&P 500 no quiere decir que esta empresa esté haciendo dinero. Tanto el mono como S&P pierden. Como podrás ver en la gráfica que se presenta a continuación, S&P también tuvo sus altibajos.

Gráfica histórica del índice 500 de Standard & Poor del 4 de enero de 1960 al 30 de diciembre de 2016

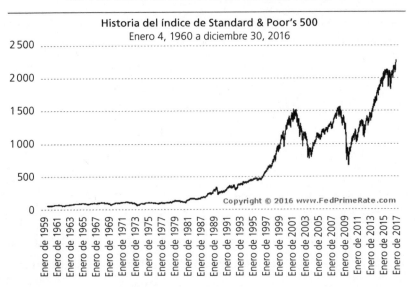

Fuente: FedPrimeRate.com S&P 500 Index History

¿Entonces para qué invertir a largo plazo? ¿Por qué perder dinero cuando los mercados colapsen? La diversificación no te protegerá de perder dinero. El de S&P es un grupo extremadamente diversificado de 500 acciones.

Warren Buffet

Ni siquiera Berkshire Hathaway, la empresa de Warren Buffet, salió mucho mejor librada que el índice S&P 500 después de que comenzaron los colapsos en el año 2000.

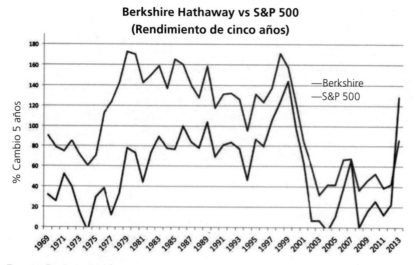

Fuente: Business Insider

Me pregunto qué sucederá cuando se presente la nueva caída.

> *P: ¿Estás diciendo que Warren Buffet no venció a S&P 500? ¿Estás diciendo que él también perdió dinero?*
>
> R: Sólo mira la gráfica.

> *P: ¿Entonces quién invierte con él?*
>
> R: La gente que se pregunta: "¿Qué debería hacer con mi dinero?"

> *P: ¿Qué hay de la gente que pierde dinero? ¿No te sientes mal por ella?*

R: Por supuesto. ¿Por qué crees que enseño, escribo libros y diseño juegos financieros? Yo ya he estado en bancarrota, he perdido dinero, por eso sé lo que se siente.

Si Warren Buffett puede perder dinero, ¿no te parece que es buena idea invertir en tu educación financiera antes de entregarle tu dinero a los expertos?

Después de todo, si un mono puede vencerlos, ¿por qué no hacerlo tú?

Capítulo dos

Por qué los ahorradores son perdedores

Padre pobre:
"Ahorrar dinero es inteligente."
Padre rico:
"Los ahorradores son perdedores."

La fecha oficial del inicio de la crisis financiera que enfrentamos actualmente es 15 de agosto de 1971.

El 15 de agosto de 1971 el presidente Richard Nixon *derogó el patrón oro, llegando así al fin de la convertibilidad del dólar en oro.*

¡Es la economía, estúpido![1]

La fecha oficial en que *Estados Unidos empezó a imprimir dinero* es 15 de agosto de 1971.

La fecha oficial en que *los ricos empezaron a volverse más ricos* y la clase media y los pobres, más pobres, es 15 de agosto de 1971.

La fecha oficial en que *los ahorradores se volvieron* perdedores es 15 de agosto de 1971.

La advertencia

El 8 de abril de 1997 *Padre Rico, Padre Pobre* fue lanzado oficialmente al mercado. Tuve que publicarlo por mi cuenta porque todos los editores que visitamos lo rechazaron. Algunos dijeron: "Usted no sabe de qué está hablando."

Los editores no estaban de acuerdo con muchas de las lecciones respecto al dinero de mi Padre rico, particularmente con la lección #1: "Los ricos no trabajan por dinero."

La lección #1 de Padre rico es la piedra angular de su educación financiera.

Hay muchas razones por las que los ricos no trabajan por dinero; los impuestos son una de ellas. Padre rico solía decir: "La gente que trabaja por dinero es la que paga los porcentajes más altos de impuestos".

La razón principal es porque, a partir de 1971, el dólar estadounidense dejó de ser dinero y se convirtió en una divisa por decreto.

> P: *¿Qué es una divisa por decreto?*
>
> R: Una divisa por decreto es dinero sin valor, dinero que no está respaldado por nada excepto un decreto gubernamental.

---

[1] "¡Es la economía, estúpido" (*It's the economy, stupid*) fue una frase de James Carville usada para la campaña presidencial del demócrata Bill Clinton durante las elecciones de 1992 en Estados Unidos, donde también competía el republicano George Bush. La frase se popularizó y se usa para enfatizar sobre algún tema crucial.

P: *¿Qué es un decreto gubernamental?*

R: En pocas palabras, el gobierno crea leyes y dice que un pedazo de papel es dinero, moneda de curso legal. Por ejemplo, la gente tiene que pagar sus impuestos en la divisa por decreto de un país, o sea que no puedes pagarlos con oro ni con pollos.

P: *¿Qué tiene de malo la divisa por decreto?*

R: Los gobiernos suelen gastar más de lo que recolectan por concepto de impuestos. Hacen promesas que no siempre pueden cumplir, por eso imprimen divisas por decreto para pagar sus deudas, lo que hace que dicha divisa valga cada vez menos.

P: *Entonces tengo que trabajar más... ¿y la vida se vuelve más cara?*

R: Precisamente.

P: *¿Las divisas por decreto han perdido su valor?*

R: Tarde o temprano todas pierden su valor porque los burócratas del gobierno no saben cómo generar dinero, sólo saben cómo gastarlo.

El filósofo francés Voltaire (1694-1778) dijo: "Tarde o temprano el dinero de papel vuelve a su valor intrínseco: cero."

Cuando el dólar estadounidense estaba respaldado por el oro, era difícil imprimir dinero, pero en cuanto se derogó el patrón oro, las imprentas empezaron a trabajar sin descanso y los ahorradores se convirtieron en perdedores.

El dinero es tóxico

El dólar estadounidense se volvió tóxico a partir de 1971. En 1971 el dólar estadounidense se convirtió en deuda, en un pagaré de los contribuyentes de nuestro país. Mientras los contribuyentes no se quejaron, las imprentas siguieron funcionando. Imprimir dinero tóxico era como darle alcohol a un marinero borracho porque el alcohol hace que el alcohólico se sienta bien. Sucede lo mismo con el dinero, incluso si éste es tóxico.

Durante veintinueve años, de 1971 a 2000, el mundo se la pasó festejando. Desafortunadamente, se acabó la fiesta.

La fiesta de treinta años

En la gráfica que se presenta a continuación, se explica la historia de la fiesta de treinta años.

120 años del Dow

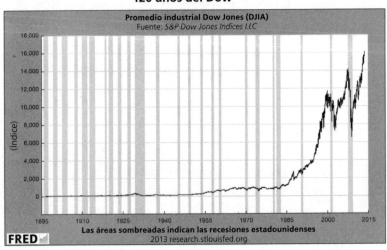

Fuente: FRED-Federal Reserve Economic Data

Como puedes ver en la gráfica, la fiesta empezó a decaer aproximadamente en el año 2000, es decir, a principios del siglo XXI.

Tres colapsos monumentales

En los primeros 10 años de este siglo el mundo sufrió tres colapsos descomunales.

En primer lugar, el colapso dot-com en 2000, luego el colapso del mercado de bienes raíces en 2007, y finalmente, el colapso de la bolsa de valores en 2008.

Cada vez que los mercados se desplomaron, las imprentas comenzaron a trabajar a toda velocidad y se imprimió más dinero con la esperanza de que la economía mundial no se desmoronara.

P: *¿Entonces el auge que hubo entre 1971 y 2000 fue provocado por dinero impreso?*

R: Así es.

P: *¿Y ahora se acabó la fiesta?*

R: Sí.

P: *¿Pero siguen imprimiendo dinero con la esperanza de que eso salve a la economía?*

R: Así es. Por eso los ahorradores son perdedores.

Hoy en día las tasas de interés para los ahorros se encuentran cerca o debajo del 0%. Te repito: los ahorradores son perdedores.

Los bancos tienen mucho dinero ahora pero, irónicamente, la gente es cada vez más pobre. Esto se debe a que nuestro dinero es tóxico. El dinero es lo que está empobreciendo a la gente. La gente que trabaja por dinero y luego lo ahorra, se está enfermando.

Por qué los ahorradores son perdedores

En 1976, una persona podía ahorrar dinero y volverse rica.

Por ejemplo:

En 1976, un millón de dólares en ahorros × 15% de interés te daba 150 000 anuales. En 1976, uno podía vivir muy bien con 150 000 dólares al año.

Pero las cosas han cambiado.

Actualmente, un millón de dólares en ahorros × 2% de interés te da 20 000 anuales.

Así ha bajado el valor del dinero.

Toma en cuenta que 2% de interés es una tasa alta en nuestros días.

Ahora analicemos las tasas de interés en relación a la inflación. Si la inflación es de 5%, cada año que pasa estás perdiendo 3% de tu dinero. La inflación existe porque los gobiernos continúan imprimiendo billetes.

Añade este dato a la mezcla: en 30% del mundo, las tasas de interés están por debajo de 0.

> P: *¿Los bancos me van a cobrar por guardar mi dinero?*
>
> R: Sí, eso es lo que significan las tasas de interés negativas.
>
> P: *¿Por qué querría alguien ahorrar dinero si el banco le va a cobrar por guardarlo?*
>
> R: No lo sé, yo tampoco le encuentro sentido.

Una de las razones por las que los ricos se están enriqueciendo es porque les encanta la deuda. Los ricos saben cómo usarla para generar más dinero.

Las tasas bajas de interés me dicen: "Por favor ven y pide dinero prestado. Lo tenemos en oferta."

La profecía de Padre rico

En 2002 se publicó *La profecía de Padre Rico*. Padre rico predijo que aproximadamente en 2016 se produciría el colapso financiero más grande de toda la historia.

También predijo que habría varios colapsos importantes antes del más grande que ubicó alrededor de 2016.

> P: *¿Esos colapsos sucedieron en 2000, 2007 y 2008?*
>
> R: Sí.

> P: *¿Cómo pudo ser tan preciso en sus predicciones?*
>
> R: Hubo muchas razones. La principal es que no es la primera vez que los gobiernos imprimen dinero para pagar sus deudas.

Lecciones de la historia

Los chinos fueron los primeros en imprimir dinero.

La primera vez que se propagó el uso del papel moneda fue durante la gestión de la Dinastía Tang (618-907 d.C.), en China. Esta práctica llegó a India, Persia y Japón, pero no duró mucho tiempo porque el comercio se detuvo en cuanto la gente dejó de aceptar papel moneda.

P: *¿Por qué la gente dejó de aceptar el primer papel moneda?*
R: Porque los gobiernos siempre imprimen demasiado dinero. Los gobiernos están haciendo lo mismo en nuestros días.

En buena medida, el Imperio romano se derrumbó porque empezó a cobrarles impuestos a los granjeros para pagar sus guerras. En cuanto la recolección fiscal dejó de cubrir los gastos bélicos, los emperadores romanos devaluaron sus monedas. Ésa fue su manera de imprimir dinero.

P: *¿Qué significa devaluar?*
R: Significa que tomaron metales preciosos como el oro y la plata y los mezclaron con metales ordinarios como el níquel y el cobre. Así devaluaron sus monedas y, poco después, la gente dejó de confiar en su valor.

Estados Unidos hizo lo mismo en 1964, por eso ahora nuestras monedas de "plata" tienen una coloración cobriza en el borde.

Estados Unidos imprime dinero

George Washington imprimió la moneda llamada "continental" para pagar la Guerra de la Revolución. Los soldados dejaron de luchar en cuanto el valor del continental bajó a cero. Hasta la fecha se sigue usando la expresión: "No vale ni un continental."

Durante la Guerra Civil el sur imprimió dinero para luchar contra el norte. El dólar confederado perdió todo su valor en muy poco tiempo.

P: *¿Entonces Padre rico basó su profecía en la historia?*
R: Sí, y en otros factores también. La verdadera educación financiera debe incluir historia porque esta materia te permite ver el futuro con claridad.

El gran Yogi Berra de los Yankees de New York dijo alguna vez: "Es un *déjà vu* de nuevo."

Hoy en día nuestro dinero se vuelve cada vez más tóxico porque los gobiernos de todo el mundo están imprimiendo dinero.

P: ¿Por qué están imprimiendo dinero?

R: Para evitar que sus economías se desplomen.

Vuelve a revisar la gráfica de 120 años del Dow.

120 años del Dow

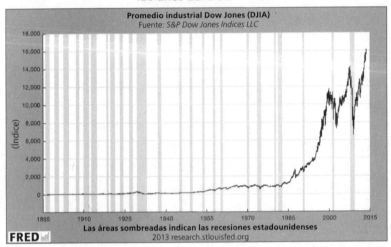

Fuente: FRED-Federal Reserve Economic Data

Como podrás ver, a partir de 1971, el año en que Nixon derogó el patrón dólar, la economía despegó.

El dinero impreso infló a Estados Unidos y al mundo entero hasta convertirlos en una burbuja, y esta burbuja empezó a tener fugas en 2000. Para evitar un desplome, el gobierno imprimió más dinero.

En 2007 la burbuja empezó a estallar de nuevo debido al colapso del mercado de bienes raíces, y luego, en 2008, los bancos se desplomaron. Durante todo este proceso las imprentas siguieron funcionando.

P: ¿Y ahora es posible que la economía mundial colapse?

R: Sí. Después de 2008 el Banco de la Reserva Federal y el Departamento del Tesoro de Estados Unidos comenzaron la oleada más fuerte de impresión de dinero en la historia universal. A este suceso se le llamó: expansión cuantitativa.

Esto es lo que sucede con la divisa por decreto cuando los gobiernos imprimen dinero.

¡La mayor oleada de impresión de dinero de todos los tiempos!
(Expansión de la base monetaria realizada por la Fed)

Fuente: MarketWatch

El dólar estadounidense perdió casi 90% de su valor entre 1913, el año en que se fundó el Banco de la Reserva Nacional y 1971, el año en que Nixon derogó el patrón oro y le puso fin a la convertibilidad del dólar en este metal.

Entre 1971 y 2016 el dólar perdió otro 90% de su valor.

P: *¿Entonces nuestro dinero es la verdadera razón por la que los ricos son cada vez más ricos mientras los pobres y la clase media tienen menos y menos?*

R: Sí. Hay cuatro razones principales para que exista la brecha:

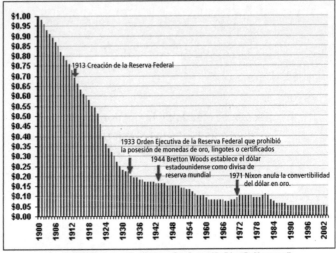

Fuente: Financial Sense

1. *Globalización.* Los empleos se van a países con salarios más bajos. Como los ricos son los dueños de las fábricas, cada vez que contratan empleados a los que les pagan salarios más bajos, su riqueza crece aún más.

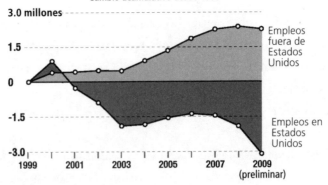

Fuente: *The Wall Street Journal*

2. *Tecnología.* Si una persona que trabaja por dinero quiere un aumento salarial, un ingeniero enfocado en asuntos empresariales creará un robot, un artefacto de IA (Inteligencia Artificial) o un programa de computación para reemplazar al trabajador. Los robots no necesitan prestaciones ni tiempo libre, y trabajan 24 horas al día, los 7 días de la semana.

Actualmente menos hogares ganan ingresos correspondientes a la clase media.

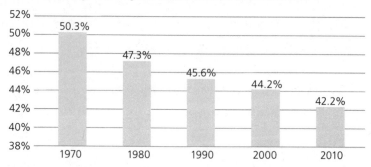

3 Además de que los ingresos de la clase media se estancaron, el número de hogares que ganan este tipo de ingresos ha ido en declive desde los setenta. La porción de hogares estadounidenses que ganaban entre 50 y 150% del ingreso medio, era 50.3% en 1970 y descendió a 42.2% para 2010.

Porcentaje de hogares con ingresos anuales dentro del 50% de la media

Fuente: Alan Krueger, "The Rise and Consequences of Inequality". Discurso en Center for American Progress, Washington, D.C., enero 12, 2012.

Fuente: Alan Krueger

3. *Financialización.* Es la ciencia de imprimir dinero. Las siguientes definiciones te serán útiles:

Financialización es un proceso en el que las élites, las instituciones y los mercados financieros consiguen mayor influencia en la política económica y en los resultados económicos. La financialización es el proceso en que las instituciones y los mercados financieros crecen en tamaño e influencia.

A la financialización se le conoce como ingeniería financiera. Los ingenieros financieros más inteligentes están construyendo monstruos como el de Frankenstein. A estos monstruos se les conoce como derivados. Entre los monstruos del doctor Frankenstein se encuentran las hipotecas *subprime*, las cuales les fueron vendidas a personas que no podían darse el lujo de alcanzar "El sueño americano". Estos ingenieros financieros rediseñaron estas hipotecas tóxicas, hicieron que las calificaran como *prime*, y se las vendieron al mundo como "activos".

Warren Buffett ha dicho que los derivados son: "Armas financieras de destrucción masiva." Él seguramente sabe cuán letales son, ya que Moody's, su empresa, bendijo estos activos tóxicos y los calificó como *prime*.

En 2007 se activaron las armas de destrucción masiva y la economía global estuvo a punto de colapsar por completo. Los contribuyentes rescataron a los banqueros, y éstos, en lugar de ir a la cárcel, recibieron bonos.

4. *Cleptocracia*. El capitalismo de los ladrones. Probablemente recuerdas esta caricatura que apareció en las primeras páginas del libro:

Hay varias definiciones de cleptocracia:

1) Un gobierno o Estado en el que, quienes están en el poder, explotan los recursos nacionales y roban; gobierno de uno o más ladrones.

2) Una sociedad cuyos líderes se enriquecen y se empoderan robándonos, a todos los demás.

Hoy en día, hay una cleptocracia desenfrenada en Estados Unidos y en todo el mundo. La corrupción se encuentra por todos lados: en el gobierno, los deportes, la educación, los negocios, incluso en la religión. Actualmente hay mucha gente que cree que el *D.C.* de Washington, D.C. son las siglas de *Distrito de la Corrupción*.

La financialización no se puede llevar a cabo sin la cleptocracia.

5. *El auge de los* baby boomers. Los *baby boomers* (nacidos entre 1946 y 1964) provocó buena parte del auge financiero de 1971 a 2000. Desafortunadamente, ya no son bebés, ahora son "ciudadanos mayores" y sus días de gastos al límite han llegado a su fin. Ahora sus McMansiones están a la venta.

Dicen por ahí que "demografía es destino". Buena parte de la *Profecía de Padre Rico* se basa en la demografía de los *baby boomers*. El mayor punto de ganancia y los años de gasto de esta generación ya se quedaron atrás. Ahora los *baby boomers* van a vivir más tiempo, a actuar como si fueran más jóvenes, y a sacudir la economía global hasta 2050. Muchos van a tomar de la economía mucho más de lo que le brindarán. Hay 75 millones de *baby boomers* estadounidenses.

La siguiente generación de cuidado será la de los *millennials* (1981-1997). Para 2036 habrá 81.1 millones de personas pertenecientes a esta generación en Estados Unidos.

Lo viejo y lo nuevo

El Mundo de Occidente es viejo y el Nuevo Mundo es joven. El Nuevo Mundo lo conforman los mercados emergentes como el de India, Vietnam, Medio Oriente, Sudamérica, África y Europa del Este.

El Nuevo Mundo es el mundo de los *millennials*, la gente que sabe de tecnología y que nació en el cibermundo.

De la misma manera en que los *baby boomers* sacudieron al mundo, los *millennials* del Nuevo Mundo ya empezaron a hacer estragos. El terrorismo, las fuertes migraciones humanas, Uber, AirBnB y las guerras cibernéticas son tan sólo el principio de los cambios.

El fin del crecimiento

Si escuchas a los expertos financieros notarás que siempre hablan de "crecimiento". La palabra crecimiento hace que los corazones palpiten con más fuerza. La palabra crecimiento emociona a la gente: "Crecimiento de la economía", "crecimiento de la riqueza". Después del descalabro económico de 2008 los expertos siguieron hablando de "brotes verdes". Esto significa que están en busca de crecimiento fresco.

120 años del Dow

Fuente: FRED-Federal Reserve Economic Data

Observa nuevamente la gráfica de los 120 años de Dow. Fíjate en el punto bajo en 2008.

Los ahorradores realmente se convirtieron en perdedores en 2008, el año en que el Banco de la Reserva Federal de Estados Unidos dio inicio a su mayor operación de impresión de dinero en la historia de mundo. La impresión, desgraciadamente, no ha terminado.

Una advertencia a los ahorradores...
de parte de Buffett

En septiembre de 2010, Warren Buffett les advirtió lo siguiente a los ahorradores: "Lo único que les puedo decir es que lo peor que pueden hacer es invertir en efectivo. Todos dicen que el efectivo manda y ese tipo de cosas, pero con el tiempo, el efectivo va a valer menos."

Nuestros líderes todavía tienen la esperanza de ver más retoños verdes, más crecimiento. Esperan imprimir más dinero que salve a la economía.

Con frecuencia se escuchan citas de Lord Rothschild, miembro de la poderosa dinastía de banqueros Rothschild: "Éste es el más grande experimento en la historia monetaria del mundo."

La familia Rothschild sabe de estas cosas, ya que ellos establecieron el sistema bancario global moderno en la década de 1760, en Alemania.

> P: *¿Nuestros políticos pueden salvarnos?*
> R: No. El problema no es político. A Mayer Amschel Rothschild (1744-1812), fundador del Banco Rothschild, se le atribuye la siguiente frase: "Denme el control del dinero de una nación y no me importará quién haga las leyes."

> P: *¿Entonces no hay gran diferencia si los republicanos o los demócratas asumen el control de Washington? ¿Los ricos controlan el mundo?*

R: Correcto. No olvides la regla de oro: "El que tiene el oro es el que hace las reglas."

Padre rico me enseñó a jugar con las reglas de los ricos. Si quieres saber más de las reglas del dinero con que juegan ellos, continúa leyendo.

Capítulo tres

Por qué los impuestos enriquecen aún más a los ricos... de forma legal

Padre pobre:
"Pagar impuestos es un acto patriótico."
Padre rico:
"No pagar impuestos es un acto patriótico."

En la elección presidencial de 2012 el presidente Obama le dijo al mundo que él pagaba 30% en impuestos por ingresos.

Su oponente, el gobernador Mitt Romney, declaró que él pagaba 13%.

Los impuestos fueron otro de los clavos en el féretro de Mitt Romney durante su campaña por la presidencia de Estados Unidos. Millones de personas se sintieron ofendidas. Millones de personas lo llamaron estafador y embustero. Millones de personas votaron por Obama porque sintieron una conexión con el candidato demócrata, porque pensaron "Obama es como yo".

La palabra "ignorancia" no significa estupidez. "Ignorancia" proviene del verbo "ignorar", e ignorar algo significa que una persona no sabe algo de forma activa.

Éstas son algunas definiciones según el diccionario Merriam-Webster's:

IGNORANCIA: Carente de conocimiento
IGNORAR: Negarse a estar enterado

La mayoría de la gente sabe que los impuestos representan su mayor gasto. Sin embargo, casi todos eligen ignorar el tema fiscal. Eligen ser ignorantes, y luego se enojan con personas como Romney, que saben cómo hacer dinero y pagar menos impuestos... de manera legal.

Si la gente no cuenta con educación financiera, está destinada a ser ignorante respecto a los temas fiscales. Muchas de estas personas votan por los políticos que prometen "cobrarles impuestos a los ricos", y luego se preguntan por qué ellas le pagan cada vez más al fisco. El problema no son los impuestos sino el gasto.

Los impuestos son una de las razones por las que hay desigualdad en la riqueza y el ingreso. En pocas palabras, los ricos saben cómo hacer más dinero y pagar menos impuestos que los pobres y la clase media, y lo hacen de manera legal. Los ricos no siempre son más inteligentes, sólo prefieren dejar de ser ignorantes.

Impuestos sobre impuestos

Además del que se cobra sobre el ingreso, hay otros tipos de impuestos. Existen los impuestos sobre los impuestos. Se estima que por cada dólar que gasta una persona, 80% va directa o indirectamente a algún tipo de impuesto, es decir, de vuelta al gobierno.

Por ejemplo, si pagas un dólar por gasolina, además de que ese dólar ya es neto después de impuestos —o sea que ya pagaste impuestos por él—, la mayor parte del dinero que pagues por la gasolina se irá a otros niveles fiscales. La empresa petrolera recibirá muy poco del dólar que usaste para comprar la gasolina. Luego, la empresa petrolera pagará impuestos sobre esa diminuta parte de tu dólar. ¡Hablando de centavitos!

Creo que mucha gente está de acuerdo en que la carencia de educación financiera resulta evidente en nuestros líderes políticos. La mayoría son empleados como mi Padre pobre, gente que sabe cómo gastar el dinero, pero no tiene idea de cómo generarlo. Los líderes que son ignorantes en el aspecto financiero son los actores principales de la crisis global que vivimos.

UNA BREVE LECCIÓN DE HISTORIA

1773: La fiesta del té de Boston

Este acontecimiento fue una revuelta fiscal, fue la chispa que encendió la Guerra de Revolución. En 1773, no pagar impuestos era un acto patriótico.

Excepto por algunas circunstancias y enfrentamientos, como la Guerra Civil, entre 1773 y 1943 en Estados Unidos realmente no se pagaron impuestos, o en todo caso, se pagaron muy pocos. No pagar impuestos fue entonces un acto patriótico que le permitió florecer a nuestro país.

1943: La Ley de Pago de Impuestos Actual

La Segunda Guerra Mundial fue costosa. El gobierno necesitaba dinero para luchar en ella. La Ley de Pago de Impuestos Actual se aprobó como un "impuesto temporal".

La importancia de esta ley radica en que ésa fue la primera vez que se le permitió al gobierno retirar los impuestos directamente de los cheques de nómina antes de que se les pagara a los trabajadores. ¡Qué manera de robarnos! Ésta es una más de las razones por las que los ricos no trabajan por dinero.

Después de 1943, el gobierno continuó tomando más y más dinero de los cheques de nómina de los empleados. Recuerdo que a principios de la década de los sesenta abrí el sobre que contenía mi primer cheque de nómina y me pregunté adónde se habría ido mi dinero.

El problema es que la Ley de Pago de Impuestos Actual no fue temporal sino permanente. Ahora el gobierno tiene una aspiradora legal con la que succiona el dinero y lo saca de tu cartera.

Los impuestos acortan las guerras

Si lo que realmente queremos es la paz mundial, entonces usemos los impuestos de los contribuyentes para pagar por la guerra. Permíteme explicar por qué digo esto. En 1961, durante su discurso de despedida a la nación, el presidente Dwight D. Eisenhower, otrora Jefe de las Fuerzas Aliadas en Europa, le advirtió al mundo respecto al creciente poder del complejo industrial militar.

Desde entonces, Estados Unidos ha estado en guerra.

> P: *¿Por qué ha estado en guerra Estados Unidos todo este tiempo?*
>
> R: Porque la guerra es rentable. La guerra genera empleos y hace que la gente se vuelva rica.

La última guerra

Eisenhower era un general de la armada con 6 condecoraciones y conocía de primera mano los horrores de la guerra. Él fue el último presidente que libró una con los dólares de los contribuyentes.

> P: *¿Por qué sugieres que se usen dólares de los contribuyentes para librar las guerras?*
>
> R: Porque los contribuyentes exigieron que la guerra terminara pronto. Eisenhower sabía que no les molestaba el conflicto bélico en sí, pero odiaban pagarle más al gobierno, por eso los impuestos jugaron un papel fundamental en el fin de la Guerra de Corea.

> P: *¿Cómo pagamos por las guerras en la actualidad?*
>
> R: Estados Unidos no paga las guerras con impuestos sino con deuda, así que, tarde o temprano, las generaciones

futuras tendrán que pagar los impuestos de las guerras de hoy.

P: *¿Por eso Nixon anuló la convertibilidad del dólar en oro en 1971? ¿Estados Unidos estaba gastando demasiado dinero en la Guerra de Vietnam?*

R: Ésa fue una de las razones. El complejo industrial militar estaba gastando dinero en una guerra que no podíamos ganar. Lo sé porque estuve ahí. Tal vez la guerra es estúpida, pero también es rentable.

Los pobres y la clase media envían a sus hijos y a sus hijas a librar las guerras, mientras los ricos son cada vez más ricos. Me temo que vivimos en una guerra del terror que tal vez nunca acabe. Los ricos de ambos bandos son cada vez más ricos mientras mucha gente inocente muere.

P: *¿Entonces pagar impuestos puede ser, o no ser, un acto patriótico?*

R: Sí. Todo depende de tu punto de vista… y de tu educación financiera.

Petrodólares

En 1974, el presidente Nixon firmó un acuerdo con la familia real de Arabia Saudita. El acuerdo decía que, a partir de ese momento, todo el petróleo del mundo tendría que ser comerciado en dólares estadounidenses. Entonces nuestra divisa se convirtió en el Petrodólar.

P: *¿Por qué hicieron eso?*

R: Porque después de 1971, año en que Nixon rompió su promesa con el mundo de que al dólar estadounidense lo respaldaría el oro, la hegemonía de Estados Unidos, es decir, el poder e influencia que tenía nuestra moneda, se vio amenazada. Al forzar al mundo entero a comprar y vender el petróleo en dólares, Estados Unidos y su moneda recobraron su estatus a nivel internacional.

Recuerda que el petróleo es el alma de la economía mundial. El petróleo remplazó al oro como dinero. Las naciones que controlaban el petróleo empezaron a dominar el mundo. La Segunda Guerra Mundial fue un asunto de petróleo. Japón atacó a Estados Unidos porque nosotros los dejamos fuera del negocio. Vietnam también fue un asunto de petróleo: Estados Unidos no quería que Vietnam se lo vendiera a China directamente.

En 1999 apareció el euro y amenazó el poder del dólar. En 2000, Saddam Hussein declaró que empezaría a venderle el petróleo iraquí a Europa en euros, no en dólares. Como respuesta al 9/11, Estados Unidos agredió a Irak a pesar de que la mayoría de los terroristas identificados durante el ataque a las Torres Gemelas eran de Arabia Saudita.

¿Le habrá sucedido lo mismo a Muamar el Gadafi, líder de Libia, la nación africana con las mayores reservas petroleras del mundo? En 2011, Gaddafi les propuso a las naciones africanas y musulmanas unirse y crear una nueva divisa respaldada por oro: el dinar. El dinar sería usado para comprar y vender petróleo, y excluiría al dólar estadounidense. Si su plan hubiera funcionado, habría interrumpido el poder del sistema central bancario mundial. Gaddafi murió ese mismo año.

Hoy en día, ISIS y las otras redes terroristas están causando problemas en todo el mundo.

P: *¿Por qué es importante la historia del petróleo?*

R: Por los impuestos. Algunos de mis estímulos fiscales más importantes los he obtenido invirtiendo en petróleo estadounidense.

P: *¿Quieres decir que hay que invertir en empresas petroleras como Chevron o Exxon?*

R: No. Ésas son inversiones para inversionistas pasivos. Yo soy un inversionista profesional.

P: *¿Entonces los inversionistas pasivos no reciben los mismos estímulos fiscales que los inversionistas profesionales?*

R: Correcto. Las reglas fiscales son distintas. Continúa leyendo y aprenderás más al respecto. Si quieres ser un inversionista profesional, te recomiendo que busques asesoría adecuada.

P: *¿Invertir en petróleo y recibir grandes estímulos fiscales es un acto patriótico o no?*

R: No importa lo que yo piense. ¿Tú qué opinas?

Lecciones de Tom en materia fiscal

Estímulos fiscales para el desarrollo petrolero

Cada país decide qué es lo más importante para su economía. En los sesenta, Estados Unidos decidió que la dependencia del petróleo era esencial para la nuestra. Para estimular la exploración y la perforación petrolera en el país, el Congreso de Estados Unidos presentó dos estímulos fiscales dirigidos a quienes invirtieran en esos rubros. El primer estímulo les permite a los inversionistas deducir 100% de su inversión para perforar nuevos pozos, y cerca del 80% se deduce en el primer o los primeros dos años de desarrollo. A estos gastos se les llama costos intangibles por perforación. El segundo estímulo fiscal les permite a los inversionistas reportar sólo 85% de sus ingresos por concepto de perforación. A este estímulo se le llama porcentaje de agotamiento. Estos dos estímulos fiscales juntos representan un incentivo para que los contribuyentes inviertan en proyectos de desarrollo de gas y petróleo, y para que de esa manera se conviertan en socios del gobierno de Estados Unidos en todas las actividades de exploración y perforación.

No todos los contadores son iguales

Las contribuciones de Tom Wheelwright a este libro son valiosas e importantes. Tom es el contador y estratega fiscal más inteligente que he encontrado, y créeme que he conocido a muchos.

Algunos contadores son realmente estúpidos. Hace varios años, cuando apenas empezaba en los negocios, le pregunté a un contador muy respetado: "¿Qué puedo hacer para pagar menos impuestos?" Su respuesta fue: "Haz menos dinero."

Otro contador, salido de un connotado despacho contable, me dijo: "Tienes demasiados bienes raíces. Te sugiero venderlos e invertir tu dinero en acciones, bonos y fondos mutualistas."

Eso me lo dijo en 2006. Si hubiera seguido sus consejos, la crisis de 2008 me habría aniquilado.

Definiciones del diccionario Webster

El diccionario Merriam-Webster define la palabra "estúpido" de la siguiente manera:

1) lento mentalmente
2) dado a tomar decisiones poco inteligentes

Entre los sinónimos de "estúpido" se incluyen: torpe, lerdo y tonto.

Sé que yo soy estúpido en algunos aspectos. Sé que he tomado decisiones torpes porque todos lo hemos hecho. En lo que se refiere a los impuestos, soy bastante tonto. Por eso les pagué a esos expertos en materia fiscal para que me aconsejaran.

Si no fuera por mi Padre rico y porque no dejo de trabajar en mi educación financiera, tal vez habría seguido sus estúpidos consejos.

Ésta es otra de las razones por las que los ricos cada vez tienen más. Porque tienen asesores más inteligentes que la gente pobre y la gente de la clase media.

> P: *¿Cómo puedo diferenciar entre un asesor inteligente y uno estúpido?*
>
> R: Primero tienes que ser más inteligente tú. Si no puedes distinguir los consejos malos de los buenos, harás cualquier cosa que te digan.

Para ser justo debo decir que, un asesor como un contador, sólo me puede dar consejos que vayan de acuerdo con mi nivel de educación y mi experiencia. Por ejemplo, si no puedo manejar un auto, entones tomar lecciones para correr autos de carreras no me servirá de nada. Primero tengo que aprender a manejar.

Mejores consejos fiscales

Tom Wheelwright ha sido mi asesor personal durante muchos años. Él me ha guiado a través del circuito de carreras de la vida y los negocios. Nos ha hecho millonarios a Kim y a mí, y nos ha ahorrado millones de dólares en impuestos. Él ha sido uno de nuestros mejores maestros.

Lo que quiero decir con esto, es que tuve que prepararme para Tom porque él no me podría haber guiado si yo no hubiera hecho primero la labor que me correspondía.

Le pedí a Tom que escribiera el libro *Riqueza libre de impuestos* para que tú supieras qué era lo que tenías que hacer y cómo te podrías preparar para el mundo de los ricos.

> P: *¿Estás diciendo que aunque yo tenga una carrera universitaria y un buen empleo, Tom no puede ayudarme?*
>
> R: Exactamente. De hecho, si eres un empleado, no hay mucho que pueda hacer por ti. Lo único que necesitas es un servicio de preparación de declaraciones de impuestos como el que ofrece H&R Block.

Lecciones de Tom en materia fiscal

Los grandes asesores tienen una educación financiera excelente

Si contamos con una mejor educación financiera, el riesgo disminuye y los resultados mejoran. Esta ley también es aplicable a los asesores. Si tu asesor fiscal sabe muy poco, el riesgo de que te hagan una auditoría o de que tengas que pagar demasiados impuestos aumentará considerablemente. Si tu asesor sabe mucho sobre derecho fiscal, disminuirá el riesgo que corres de ser auditado, así como el porcentaje de impuestos que tendrás que pagar.

Mucha gente me pregunta si soy conservador o agresivo. Creo que soy el asesor más conservador que se haya visto porque todos los días invierto mucho tiempo en estudiar la ley fiscal. Míralo de esta manera:

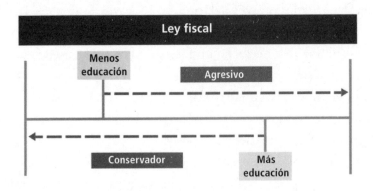

¿Quién paga el porcentaje más alto de impuestos?

A continuación verás el Cuadrante del flujo de dinero o *CASHFLOW*. El libro *El cuadrante del flujo de dinero* fue el segundo de la serie Padre Rico.

E quiere decir empleado.

A quiere decir autoempleado, dueño de negocio pequeño o especialista como doctor, abogado, corredor de bienes raíces o superestrella deportiva.

D quiere decir dueño de negocio grande, de 500 empleados o más.

I quiere decir inversionista. Aquí me refiero a inversionista activo no a inversionista pasivo.

El cuadrante también nos cuenta la historia sobre quién paga más y quién paga menos impuestos.

PORCENTAJE DE IMPUESTOS PAGADOS POR CADA CUADRANTE

P: *Entonces a partir de la Ley de Pago de Impuestos actual de 1943, ¿todos los que trabajan por dinero empezaron a pagar el porcentaje más alto de impuestos?*

R: Así es. Por eso la regla #1 es: Los ricos no trabajan por dinero.

P: *¿Los inversionistas profesionales pagan menos impuestos?*

R: Sí.

P: *Yo soy inversionista, tengo un plan de retiro, invierto a través de mi agencia de pensiones y tengo un modesto portafolio de acciones, bonos, fondos mutualistas y fondos negociados en bolsa. También tengo declaraciones de impuestos, fui militar y tengo mi pensión. ¿Formo parte del cuadrante I?*

R: No. En todo caso, eres un inversionista pasivo. Los inversionistas profesionales son algo diferente. Piénsalo de esta manera: Tiger Woods es uno de los golfistas más importantes de la historia. Aunque yo, Robert Kiyosaki, usara sus palos de golf y me vistiera con su camisa y sus zapatos, de todas formas nunca sería un golfista profesional como Tiger Woods.

Dicho de otra manera, lo importante de la inversión profesional no es la inversión sino el inversionista. Además, la cantidad de educación financiera que se necesita para vivir en el cuadrante I es enorme.

P: *¿Crees que yo pueda hacerlo?*

R: Eso depende de ti. Sólo tú puedes responder esa pregunta.

Lecciones de Tom en materia fiscal

Consumidores vs Productores

Piensa en los cuadrantes E, A, D e I, en términos de consumo y producción. La gente del cuadrante E produce lo que pueda sola y consume una cantidad igual. La gente del cuadrante A produce un poquito más que la de E (si tiene empleados, claro), y consume un poquito menos de lo que produce. La de los cuadrantes D e I, en cambio, produce mucho más de lo que consume. En el cuadrante D se crean cientos o miles de empleos, y en el cuadrante I se produce energía, alimentos y viviendas, pero de todas formas, la gente en dichos cuadrantes sólo consume la misma cantidad que la gente de E o A. El gobierno motiva y premia estas actividades por medio de estímulos fiscales porque los productores mueven la economía y generan los alimentos, el combustible y la vivienda que requieren los demás ciudadanos para tener vidas productivas y felices.

Los cuadrantes D e I

En los cuatro cuadrantes hay gente rica. Hay muchos empleados y autoempleados especialistas como doctores, abogados, estrellas deportivas y artistas, que también son ricos. En los cuadrantes E y A hay gente rica y hay gente pobre.

La gente más rica del mundo vive en el cuadrante I. Ahí no hay pobres. La cantidad de riqueza que posee puede variar, pero nadie tiene poco.

P: *¿Entonces por qué pagan menos impuestos si son ricos?*

R: Eso se debe a la regla de oro: "El que tiene el oro es el que hace las reglas."

P: *¿Tú juegas bajo las reglas del cuadrante I?*

R: Así es, y tú también podrías hacerlo porque las reglas no discriminan.

P: *¿Las reglas del cuadrante E son distintas?*

R: Muy distintas.

P: *¿Cuánto tiempo te tomó llegar al cuadrante I?*

R: Me tomó bastante tiempo. Nada se logra de la noche a la mañana.

En 1973 regresé de Vietnam y mi Padre pobre me sugirió que me volviera a inscribir en la escuela, que estudiara una maestría y que viviera en el cuadrante E. Mi Padre rico me sugirió tomar un curso de inversión en bienes raíces para algún día mudarme al cuadrante I.

P: *¿Qué hiciste?*

R: Hice ambas cosas. Durante el día volaba para la Marina y por las noches empecé a estudiar una maestría. También tomé el curso de tres días de inversión en bienes raíces.

P: *¿Qué sucedió luego?*

R: Seis meses después dejé el programa de maestría.

P: *¿Por qué?*

R: Hubo muchas razones. Los maestros fueron una de ellas. No tenían experiencia en el mundo real, sólo eran profesionales dando cursos de negocios.

El instructor del curso de bienes raíces era una persona real, un inversionista legítimo que me inspiró a aprender. Los maestros de la maestría eran aburridos. El instructor de bienes raíces me enseñó sobre el cuadrante I. Los maestros de la maestría me enseñaron sobre el cuadrante E. Seis meses después me fui porque ya sabía a dónde quería ir. Quería llegar a vivir algún día como inversionista profesional del cuadrante I.

El curso de bienes raíces de tres días que tomé hace más de cuarenta años me costó 385 dólares que, en ese entonces, representaban la mitad de mi ingreso mensual como piloto de la Marina. El curso no me dio respuestas, sólo me permitió saber qué tendría que aprender, qué tendría que hacer en cuanto acabara la clase. Hasta la fecha sigo estudiando.

P: *¿Qué recibiste a cambio de esos 385 dólares?*

R: Millones. Lo más importante es que aprendí a usar la deuda y los impuestos para volverme rico.

P: *¿La deuda y los impuestos te volvieron rico?*

R: Sí, la misma deuda y los mismos impuestos que empobrecen a la mayoría de la gente. La deuda y los impuestos ayudan a la gente con educación financiera a volverse más rica. El conocimiento que obtuve en ese curso de 385 dólares ha sido invaluable.

P: *¿Debería yo volver a la escuela?*

R: El tipo de escuela a la que vayas dependerá del cuadrante en que quieras vivir. Yo quería vivir en el cuadrante I, el mismo en el que vive la gente más rica del mundo. En cuanto terminé el curso de tres días de bienes raíces, continué aprendiendo y tomando clases. A mí me encanta aprender en el cuadrante I.

P: *¿Crees que la gente debería estudiar un programa de maestría?*

R: Por supuesto, especialmente hoy en día. Los programas de maestría ofrecen una base sólida para todos los cuadrantes. En cuanto te gradúas puedes decidir en qué cuadrante quieres vivir. Recuerda que la profesión no determina el cuadrante. Un doctor, por ejemplo, puede ser empleado del cuadrante E, un doctor con consulta privada en el cuadrante A puede construir un hospital en el cuadrante D, y convertirse en inversionista profesional en el cuadrante I.

Lo que varía es la mentalidad, las habilidades y la educación financiera. Si quieres vivir en los cuadrantes D e I, debes aprender a usar la deuda y los impuestos para volverte más rico.

P: *¿Entonces el curso de tres días sobre bienes raíces fue lo que te permitió entrar al cuadrante I?*

R: Sí, pero creo que no puedo dejar de hacer énfasis en lo siguiente: ese curso de tres días fue sólo el comienzo. Mi instructor me inspiró a aprender más y a continuar estudiando. Luego tomé cursos de intercambio de acciones, intercambio de divisas extranjeras, intercambio de opciones, inversión en oro y plata, planeamiento financiero, deuda, impuestos. También aprendí a reunir capitales y tomé otros cursos de bienes raíces a distintos niveles que iban desde la compra de pequeñas viviendas hasta el desarrollo de propiedades. Me fascina aprender en el cuadrante I.

Si ya viste el programa de televisión *Shark Tank*, entonces ya sabes lo que hace la gente real en el cuadrante I. Analiza inversiones, negocios, bienes raíces o *start-ups*, y luego decide si vale la pena respaldar financieramente el producto y al empresario.

P: *¿Eso es lo que hace la gente del cuadrante I?*

R: Sí, y tiene una gran vida. Te aseguro que es mejor que trabajar.

P: ¿Cuánto tiempo te tomó llegar al cuadrante I?

R: Yo tenía 47 años y Kim tenía 37 cuando nos hicimos libres financieramente hablando. Hubo muchos obstáculos en el camino, de hecho, Kim y yo nos quedamos sin casa por algún tiempo. Durante ese proceso no solamente alcanzamos riqueza y libertad, también adquirimos educación, conocimiento, sabiduría y experiencia, e hicimos amigos que piensan igual que nosotros.

P: ¿Cuánto tiempo me tomará a mí?

R: Eso depende de ti. He conocido a bastante gente que nació para vivir en el cuadrante I. Ése no era mi caso, por eso me tomó algún tiempo. Kim, en cambio, tiene un talento nato. Le encanta la vida que lleva ahí.

Los impuestos son incentivos

Lo que quiero decir es que la gente de las zonas E y A del Cuadrante del flujo de dinero es la que paga los porcentajes más altos de impuestos. Tom no puede hacer gran cosa por ellos a menos de que primero estén dispuestos a invertir en su educación financiera.

Muchos contadores, abogados y doctores exitosos nos han dicho a Tom y a mí: "Aquí no puedes hacer eso." No importa en qué lugar del mundo me encuentre, siempre habrá un experto que levante la mano y diga: "Aquí no puedes hacer eso, es ilegal."

El problema es que esos expertos están encerrados en la mentalidad de su cuadrante. Para mudarse del lado izquierdo, E y A, al lado derecho, D e I, se requiere de educación financiera.

En 1994, después de que Kim y yo llegamos al cuadrante I, fundamos The Rich Dad Company en el cuadrante D. Desde el principio, el propósito de nuestra empresa fue proveer educación financiera a quienes quisieran salir de los cuadrantes E y A, e ir a vivir a los cuadrantes D e I. Pero como seguramente ya sabes, no hay ninguna garantía de que alguien llegará ahí.

Nuestro primer producto fue el juego CASHFLOW, el cual lanzamos en 1996. Después se publicó *Padre Rico, Padre Pobre* en 1997. En 2000, *Padre Rico, Padre Pobre* entró a la lista de *The New York Times* y permaneció ahí más de seis años. Un mes después recibí una llamada de Oprah y estuve en su programa toda la hora. Ese día cambió mi vida y el curso de The Rich Dad Company.

En muchas ocasiones se ha dicho que me convertí en un "éxito de la noche a la mañana", y de cierta forma es verdad. En sólo esa hora que hablé con Oprah y con sus millones de leales admiradores, que les hablé de mis dos padres, el pobre y el rico, y de la importancia de la educación financiera, pasé de ser un desconocido a ser mundialmente famoso. No obstante, te puedo asegurar que hubo mucho trabajo y estudio de por medio... desde antes de que Oprah llamara por teléfono.

Una última reflexión sobre los impuestos

La razón por la que el gobernador Mitt Romney pagó 13% en impuestos y el presidente Obama 30%, es porque Romney opera desde los cuadrantes D e I. Barack Obama opera desde los cuadrantes E y A. Es decir, tienen una perspectiva muy diferente del mundo.

Así se manifiesta el poder de la educación financiera real.

Incentivos

Cuando Tom y yo damos cursos juntos en escenarios de todo el mundo, él siempre explica que los impuestos y los estímulos fiscales en realidad son incentivos. Los incentivos, sin embargo, son diferentes para cada cuadrante.

Por ejemplo, la gente de los cuadrantes E y A responde al incentivo de más dinero, más ingresos, sueldos más elevados y bonos. La gente de los cuadrantes E y A trabaja por dinero.

Quienes operan en los cuadrantes D e I trabajan para obtener incentivos fiscales, y gracias a ellos, hacen más dinero de manera indirecta.

La gente del cuadrante D, por ejemplo, recibe estímulos fiscales al contratar a sus empleados. El gobierno ofrece estos estímulos porque necesita que se creen más empleos, ya que hay un flujo constante de dólares proveniente de los cheques de nómina de los empleados, el cual va directo a sus arcas. Por eso te ofrece un porcentaje más bajo de impuestos si contratas más empleados. Los empresarios como Elon Musk hacen esto. Musk recibe miles de millones en incentivos fiscales por parte de los distintos estados y del gobierno de Estados Unidos.

Yo recibo estímulos fiscales en el cuadrante I por invertir en edificios de departamentos. Si yo no proveyera viviendas, el gobierno tendría que hacerlo por mí, y eso les costaría a los contribuyentes mucho dinero. Así que, en lugar de pedirles a ellos que paguen más impuestos, el gobierno les ofrece incentivos fiscales a los empresarios como yo. En este sentido, yo me convierto en socio del gobierno.

Si el gobierno tuviera que construir edificios de departamentos, estaríamos en un sistema socialista. Si los construyo yo, es porque estamos en un sistema capitalista. En lo personal, prefiero ser capitalista y operar en las secciones D e I del Cuadrante del flujo de dinero.

Lecciones de Tom en materia fiscal

Incentivos del gobierno

Incluso en los cuadrantes E y A hay incentivos fiscales. En Estados Unidos, por ejemplo, quienes compran casas pueden deducir el gasto de los intereses en su declaración de impuestos. Quienes ahorran para el retiro pueden deducir sus inversiones a través de los planes IRA, RRSP y Superanualidades. Quienes dan dinero a las asociaciones de caridad pueden deducir sus donaciones. Todos estos son incentivos fiscales por parte del gobierno.

Los cuadrantes D e I reciben muchos más incentivos porque las actividades que ahí se realizan tienen una función vital y le ayudan al gobierno con su tarea: mejorar la economía, proveer empleos, alimento, energía y combustible a los ciudadanos y a los negocios.

Ahora tal vez ya comprendes por qué Tom Wheelwright es mi asesor fiscal y por qué le he pedido que colabore conmigo en este libro. Él se asegura de que yo haga lo correcto en los negocios y verifica todo lo que escribo porque no tengo ganas de terminar en la cárcel ni de ofrecerte información imprecisa.

Tom es mi asesor personal porque cada inversión y cada negocio nuevo es distinto. Como la mayoría de las ofertas de negocios no funcionan, las rechazamos, pero cada vez que nos involucramos en una oportunidad de negocio o en un trato inmobiliario, hacemos la tarea, aprendemos y nos volvemos más inteligentes juntos.

Recuerda que la gente que dice: "Aquí no puedes hacer eso", por lo general vive en los cuadrantes E o A. Así que es cierto, la mayoría no puede hacer eso ahí. Sin embargo, tú sí puedes. Sólo necesitas invertir en tu educación financiera para llegar a los cuadrantes D e I.

Lecciones de Tom en materia fiscal

Aquí no puedes hacer eso

Cada vez que escucho esto, sé que la persona que lo dice se refiere a que las cosas no se pueden hacer en su situación específica, y tiene razón. Para hacer lo que Robert y yo hacemos, tienes que cambiar tu situación. Por ejemplo, una persona que renta su casa no puede deducir sus pagos (la renta); en cambio, alguien que posee su propia casa (intereses), sí puede. Para deducir el pago de una casa, el interesado tiene que cambiar su situación, dejar de rentar y convertirse en propietario. La persona tiene que colocarse en el contexto correcto para recibir el estímulo fiscal, si lo logra, entonces no importará si es rica o no, de todas formas recibirá el incentivo. Los ricos han aprendido a situarse en el contexto correcto con más frecuencia que los pobres y que la gente de la clase media.

Más adelante Tom y yo te explicaremos los negocios reales que Kim y yo hemos hecho, negocios que la gente de E y A no puede hacer.

Capítulo cuatro

Por qué los errores enriquecen aún más a los ricos

Padre pobre:
"Los errores te hacen estúpido."
Padre rico:
"Los errores te hacen más inteligente."

¿Alguna vez has visto cómo aprende un bebé a caminar? Se levanta, se tambalea y luego da un paso. Con frecuencia se cae y llora. Todos sabemos lo que sigue. Poco después lo vuelve a intentar, se levanta, se pone de pie, se tambalea, vuelve a caer y, por lo general, llora otra vez. El bebé repite este proceso hasta que, un buen día, camina. Luego corre, monta bicicleta, conduce un automóvil y se va de casa.

Dios nos diseñó para aprender de esta manera. Los humanos aprenden cometiendo errores. Si regañáramos a los bebés cada vez que se caen, pasarían el resto de su vida gateando y jamás se irían de casa.

En la escuela, los estudiantes aprenden tomando clases, leyendo y estudiando. Luego presentan un examen. Digamos que el examen tiene 10 preguntas y el chico comete tres errores. El maestro le pone 70% de calificación y el grupo pasa a la siguiente lección.

El sistema escolar descarta la parte más importante del examen: los errores. En lugar de aprender de ellos, los estudiantes son castigados por cometerlos. Muchos abandonan la escuela sintiéndose estúpidos y con temor a equivocarse, salen confiando muchísimo menos en su capacidad de aprender. ¡Es lógico!

Los errores le dicen al maestro qué es lo que el estudiante no sabe y, en muchos casos, lo que él mismo no le supo enseñar. Los errores son una oportunidad para que ambos aprendan.

Un año después de su graduación, la mayoría de los estudiantes ya olvidó 75% de las respuestas "correctas". Lo que nunca olvidan son los mensajes negativos: "No cometas errores." "La gente que se equivoca es estúpida."

Padre rico respetaba muchísimo los errores. A menudo decía: "Los errores son la manera en que Dios te habla, son su forma de decirte: *Despierta, presta atención. Hay algo que necesito que aprendas.*"

Al salir de clases, el hijo de Padre rico y yo trabajábamos dos días a la semana en su negocio. Cuando él terminaba de trabajar se sentaba con nosotros para hacer un resumen y discutir lo que había sucedido durante el día. Quería saber qué habíamos aprendido, qué cosas no entendíamos y qué errores habíamos cometido. En caso de que nos hubiéramos equivocado, nos exigía que le dijéramos la verdad. Padre rico no quería que mintiéramos al respecto, creía que los errores sólo se convertían en pecados cuando no los admitías.

Lecciones de Tom en materia fiscal

Los especialistas detestan cometer errores

Los contadores, abogados, doctores, gurús de internet y otros profesionistas similares suelen quedarse en los cuadrantes E o A. Se esfuerzan tanto por tener la razón, que les resulta muy difícil equivocarse y admitir sus errores. Por eso muy pocos logran llegar a los cuadrantes D o I. Simplemente no entienden los beneficios de cometer errores y de permitir que los otros también lo hagan. Eso es lo que los detiene.

Los mejores maestros del mundo

Las tareas de mi Padre rico consistían en leer libros sobre empresarios. Cuando terminábamos nos reuníamos para el "análisis" y discutíamos sobre lo que habíamos aprendido. Leímos varios libros excelentes sobre empresarios muy importantes. Padre rico solía decir: "Los libros son los mejores maestros del mundo."

Uno de mis favoritos era el libro sobre la vida de Thomas Edison. Edison vivió de 1847 a 1931, fue inventor y fundó el gigante corporativo General Electric.

Cuando estaba en la escuela, los maestros de Edison decían que era "demasiado estúpido para aprender" y que estaba "confundido". El chico dejó la escuela y su mamá lo educó en casa; ahí se enfocó en todo aquello que realmente le interesaba.

Uno de sus inventos fue el prototipo del laboratorio moderno. En él, la gente podía hacer experimentos en equipo. Edison y su equipo tenían la libertad de fracasar en conjunto hasta tener éxito.

Estos son algunos de los inventos que salieron de ese laboratorio: el telégrafo, el fonógrafo, la bombilla eléctrica, la batería alcalina de almacenaje y una cámara para cine. Estos inventos cambiaron el mundo. Nada mal para un estudiante que era demasiado estúpido para aprender.

Mi cita favorita de Edison es:

"No fracasé, sólo encontré 10 000 maneras para que las cosas no funcionaran."

Y a la gente que fracasaba, le decía:

"Muchos de los fracasos de la vida son de gente que nunca se dio cuenta de cuán cerca estuvo del éxito justo antes de renunciar."

Seguramente ya conoces estas citas de Edison. Ahora permíteme preguntarte: ¿Hasta qué punto tu miedo a cometer errores y a fracasar ha limitado tu vida? ¿Qué hay del miedo a que te despidan, a no tener un empleo, a parecer estúpido?

El millonario de la puerta de al lado

Entre 1971 y el año 2000, la gente no tuvo necesidad de cambiar porque los protegía la creciente economía global.

En 1996 se publicó *El millonario de la puerta de al lado*. El hecho de que este libro se haya convertido en un bestseller de inmediato, es reflejo de la euforia en que vivía la gente.

A la clase media le encantó porque definía al millonario como un graduado universitario de la clase media con un buen empleo y una casa en los suburbios. Estos millonarios tenían autos modestos como el Volvo y el Toyota, y seguían al pie de la letra la fórmula de los planificadores financieros: "Ahorra dinero, sal de deudas e invierte a largo plazo en un portafolio bien diversificado de acciones, bonos y fondos mutualistas."

El millonario de la puerta de al lado se volvió rico porque estuvo en el lugar correcto y porque hizo lo necesario en el momento adecuado de la historia. El problema es que estos millonarios de la puerta de al lado no necesitaron educación financiera para llegar a serlo.

Luego el mundo cambió...

Si volvemos a revisar la gráfica de los 120 años del Dow que aparece en la página 74, verás que el fondo se desplomó poco después de la publicación de *El millonario de la puerta de al lado*, en 1996. Para 2008, muchos de estos millonarios vieron desaparecer sus casas en *El remate inmobiliario de la puerta de al lado*.

Padre Rico, Padre Pobre se publicó en 1997 y le envió al mundo un mensaje completamente opuesto. *Padre Rico, Padre Pobre* trataba sobre todo aquello que los ricos sabían, pero no los millonarios de la puerta de al lado.

En 2008 el mundo estuvo a punto de colapsar y los gobiernos empezaron a imprimir billones de dólares para mantener la economía a flote. Gracias a eso, muchos millonarios de la puerta de al lado se salvaron de la ruina financiera. Eran millonarios de papel: "millonarios de valor neto", "millonarios, pero sólo por lo que valía su casa", "millonarios con una cuenta para el retiro". Hablamos de gente que tenía muy poca o ninguna educación financiera. En muchos sentidos, las cosas siguen funcionando igual hasta la fecha.

Actualmente, en lugar de mirar al futuro y hacer un plan para su jubilación, muchos de estos millonarios de la puerta de al lado están preocupados por perderlo todo porque saben que la economía está en graves problemas. A muchos les preocupa vivir más tiempo de lo esperado y quedarse sin dinero cuando estén retirados.

¿Y si fracaso?

Este capítulo se trata de los errores. La mayoría de la gente aprende en la escuela que debe tener miedo a equivocarse. Su miedo se convierte luego en una barrera mental, una frontera entre lo que saben y lo que necesitan aprender.

Al principio del libro comenté que la gente suele preguntarme: "¿Qué debo hacer con mi dinero?" Bien, pues muchas de esas personas se encuentran actualmente en problemas.

> P: *¿Por qué están en problemas?*
> R: Porque son gente que ahorró dinero, compró una casa, salió de deudas e invirtió a largo plazo en la bolsa de valores.

> P: *¿Es la gente que podría perderlo todo?*
> R: Así es.

P: *¿Qué pueden hacer para evitarlo?*

R: Tienen opciones, pero cada vez que les sugiero que en lugar de entregarle su dinero a los expertos se hagan de una educación financiera real, casi todos preguntan:

¿Y si fracaso?

¿Y si cometo un error?

¿Y si pierdo dinero?

¿No es eso algo arriesgado?

¿Pero no implica mucho trabajo?

Yo no tengo por qué preocuparme, cuento con Seguridad Social.

P: *Entonces si tienen miedo de fracasar o si no quieren aprender, ¿no puedes enseñarles nada?*

R: Así es. Los días del millonario de la puerta de al lado llegaron a su fin. Ya quedó atrás el tiempo en que uno podía entregarle su dinero a un experto y despertar siendo millonario.

Otra de las afirmaciones de Lord Rothschild parece una advertencia funesta: "Durante los seis meses en que se ha llevado a cabo el análisis, los funcionarios de los bancos centrales han seguido con lo que parece ser el experimento más extremo en política monetaria en la historia del mundo. Por esta razón, nos encontramos en aguas desconocidas y nos es imposible predecir las consecuencias involuntarias de las tasas de interés tan bajas, combinadas con el hecho de que 30% de la deuda global del gobierno produzca resultados negativos y con la expansión cuantitativa a escala masiva".

P: *¿Qué significa esto?*

R: Que el mundo está en serios problemas.

Entre 1971 y 2000, quienes tuvieron buenos empleos, ahorraron dinero e invirtieron pasivamente en la bolsa de valores, salieron ganando.

Justo antes de jubilarse, los millonarios de la puerta de al lado cambiaron a bonos para tener un ingreso constante durante su retiro. Entre 1971 y 2000 los bonos estuvieron blindados contra cualquier cosa, prácticamente había una garantía de que siempre serían seguros.

Hoy en día los ahorradores son perdedores. La bolsa de valores es la burbuja más grande que ha habido en la historia, y esos bonos que alguna vez fueron seguros, ahora son una bomba de tiempo. Si las tasas de interés comienzan a subir de nuevo, el mercado de bonos podría estallar.

Armas de destrucción masiva

Al principio del libro dije que la financialización era una de las razones por las que existía la creciente brecha entre los ricos y los demás. También expliqué que la financialización era la producción de dinero tóxico y de los activos sintéticos conocidos como derivados, o como Warren Buffett los llama: "Armas financieras de destrucción masiva."

Y si hay alguien que sabe de esto es Buffett mismo. Su empresa, Moody's, les dio la bendición a estas "armas de destrucción masiva": los valores respaldados por hipotecas o MBS. Los MBS están conformados por hipotecas *subprime* de gente pobre. Los ingenieros financieros los toman en sus manos, y luego, como por arte de magia, transforman los productos *subprime* en productos *prime*.

Después de que Moody's les dio la bendición a estas armas de destrucción masiva y afirmó que eran "perfectamente seguras", las sacaron a la venta en todo el mundo. La explosión subsecuente, como era de esperarse, sacudió al mundo financiero.

> P: *¿Los derivados habrían podido venderse sin la bendición de Moody's?*
>
> R: No. Buffett y sus amigos hicieron miles de millones de dólares mientras el descalabro destruía la vida de incontables personas. Luego los benefactores del gobierno

rescataron a Buffett y a sus secuaces con billones de dólares de los contribuyentes. La cleptocracia se encuentra
en su mejor momento.

P: *¿Entonces lo que provocó la caída del mercado de bienes raíces
en 2007 y la crisis bancaria de 2008 fueron los derivados diseñados por los ingenieros financieros? ¿Los activos sintéticos?*

R: Sí. El mercado de bienes raíces no se desplomó. Más bien,
los derivados empezaron a estallar y el mundo entero
estuvo a punto de colapsar.

Si deseas aprender más acerca de los derivados y su poder destructivo, puedes ver la película *La gran apuesta*, la cual te mantiene
entretenido al mismo tiempo que te informa acerca de las armas
financieras de destrucción masiva.

Ahora puedes verme en CNN, *en una entrevista de 2008*
con Wolf Blitzer, advirtiendo sobre la inminente crisis y caída de
Lehman Brothers, uno de los bancos más antiguos de Estados Unidos.
Hice mi advertencia seis meses antes del colapso.
Este video lo puedes encontrar en:
RichDad.com/RDTV

Pero espera... la situación empeora

En 2007, antes de la caída, había 700 billones en derivados a punto de explotar. Actualmente hay 1.2 cuatrillones.

P: *¿Qué pasará si explotan de nuevo?*

R: Esta vez el millonario de la puerta de al lado también
podría desaparecer.

P: *¿Son seguros ahora?*

R: No. El 1 de septiembre de 2016, *The Wall Street Journal* publicó un artículo acerca de los problemas del poderoso Deutsche Bank. Este banco alguna vez fue el más fuerte del mundo. Fue fundado en 1870 y tiene 100 000 empleados a nivel global. Este gigante financiero está vendiendo partes de su negocio para reunir dinero. Las tasas de interés negativas son como un cáncer para cualquier modelo de negocios bancario. *The Wall Street Journal* también señaló que el portafolio de derivados del banco está empezando a sobrecalentarse y que se acerca a un derretimiento como el que sufrieron los reactores nucleares de Fukushima, Japón, en 2011.

P: *¿Hay una manera más sencilla de entender los derivados?*

R: Piensa en una naranja. El jugo de naranja es derivado de la naranja, y el concentrado de jugo de naranja es un derivado del jugo de naranja.

Un préstamo hipotecario es un derivado financiero de una casa.

Lo que hicieron los ingenieros financieros fue tomar millones de hipotecas y convertirlas en concentrado tóxico de hipoteca para luego vendérselo al mundo. Mientras los prestatarios *subprime* pudieran seguir haciendo los pagos mensuales de su hipoteca, la gente estaría a salvo, pero piensa que en muchos casos, estos prestatarios ni siquiera tenían empleo.

Guerra atómica

Una guerra atómica es un derivado del elemento químico uranio, cuyo símbolo es U, y cuyo número atómico es 92. En la década de los sesenta, cuando yo era niño y estaba en la escuela, todos le tenían miedo a la guerra atómica. Nos dijeron que Rusia y China eran nuestros enemigos, y que iban a atacarnos.

Como respuesta a esta amenaza atómica, en la escuela hacíamos unos ridículos simulacros para protegernos de la bomba. En cuanto los maestros nos daban la orden, todos los chiquillos nos arrastrábamos para meternos debajo de los pupitres y nos cubríamos la cabeza.

Actualmente, los poderes extranjeros continúan sacudiéndonos a punta de sablazos. Las bombas atómicas y las otras armas de destrucción masiva son una amenaza latente. Es imperativo diezmar a ISIS y contener las amenazas terroristas en todo el mundo. La cleptocracia se propaga desenfrenadamente en los gobiernos de todo el planeta, en las corporaciones internacionales, en los bancos centrales y en la industria de servicios financieros. Para colmo, la educación financiera que ofrecen nuestras escuelas sigue siendo mínima, si no es que nula.

Prisioneros del cuadrante E

En muchos casos, la escuela nos prepara con rigidez para la vida. Nos ofrece una base y una actitud que nos hace creer que todo está dicho, sobre todo si no encontramos nuevas ideas que nos permitan cuestionar la situación.

Cada vez que un padre o madre le dice a su hijo: "Ve a la escuela y consigue un empleo", está programándolo para que viva en el cuadrante E.

El problema es que, en muchos casos, el cuadrante E es el único en el que piensa la gente. La mayoría no tiene ni idea de que allá afuera existe un mundo mucho más grande.

Todos somos humanos, pero somos seres muy distintos. Los seres del cuadrante E repiten las mismas palabras en distintos idiomas alrededor de todo el mundo. Siempre dicen: "Quiero un empleo seguro, un cheque de nómina constante, buenas prestaciones y tiempo para descansar". No importa si ese ser habla inglés, español, japonés, alemán o swahili... las palabras siempre son las mismas.

Un ser... un ser humano

El ser humano está conformado por cuatro componentes básicos:

1. Mente
2. Cuerpo
3. Emociones
4. Espíritu

Nuestro sistema educativo actual está diseñado para programar la mente, el cuerpo, las emociones y el espíritu del estudiante para que se convierta en un ser empleado.

> P: *¿Es por eso que a los empleados les cuesta tanto trabajo renunciar a un trabajo seguro y al cheque de nómina constante? Como no tienen educación financiera real, ¿el miedo se apodera de ellos?*
>
> R: Absolutamente. Sin educación financiera, un ser sólo puede ser un ser humano.

> P: *¿Es por eso que en nuestras escuelas no se ofrece educación financiera?*
>
> R: Eso es lo que yo creo, con base en lo que me dicen mis investigaciones. El sistema educativo occidental se basa en el sistema prusiano, un sistema diseñado para generar

trabajadores y soldados, gente entrenada para obedecer órdenes y hacer lo que se les diga.

No estoy diciendo que sea malo seguir órdenes. Yo mismo lo hago, obedezco la ley, por ejemplo. Antes de convertirse en un buen líder, uno tiene que saber seguir a otros. Cuando la gente deja de obedecer las reglas y la ley, se produce el caos.

Lo que me preocupa es que nuestro sistema educativo utiliza el miedo para enseñar. Por eso la gente no puede pensar. Está más preocupada por no cometer errores, por no fracasar y por no verse tonta. Si la gente no cuenta con un alto coeficiente intelectual, con inteligencia emocional y con educación financiera, cuando sale de la escuela se convierte en prisionera en el cuadrante E y no puede escapar.

La cámara de tortura

Tras graduarse de la universidad, muchos estudiantes de 10 van a otras escuelas a cursar una maestría y se convierten en especialistas del cuadrante A. Se vuelven doctores, contadores y abogados.

Muchos otros se convierten en autoempleados profesionales, también del cuadrante A. Se vuelven corredores de bienes raíces, terapeutas de masaje, programadores, diseñadores de páginas web, actores, pintores y músicos. A algunos les va excelentemente bien en el aspecto económico, pero no es el caso de la mayoría.

Otros llegan a ser dueños de negocios pequeños en el cuadrante A. Tal vez abran un restaurante, una boutique o un gimnasio exclusivo.

P: *¿Por qué dices que el cuadrante A es "la cámara de tortura"*

R: Porque es el peor cuadrante. Lo primero que le pasa a quien deja el cuadrante E es que sus gastos aumentan y sus ingresos disminuyen. Luego las regulaciones del gobierno se cargan hacia ti. No tienes prestaciones, no cuentas con seguro médico ni dental, ni con plan de retiro ni vacaciones pagadas. Tus ingresos disminuyen porque ya no estás haciendo lo que antes: ocuparte de tus clientes. Tu nuevo empleo consiste en correr y construir un negocio, y en lidiar con gente que te quita tiempo y dinero.

P: *¿Por eso 9 de cada 10 negocios fracasan en los primeros cinco años?*
R: Sí.

P: *¿La situación mejora cuando el negocio ya está construido?*
R: Un poco, pero la tortura nunca termina para los empresarios del cuadrante A.

Por ejemplo, la gente del cuadrante A siempre pagará los porcentajes más altos de impuestos, 60% o más, en algunos estados. Por esta razón muchos nunca dejan de ser negocios pequeños, porque no vale la pena trabajar más para obtener sólo un ingreso adicional modesto.

P: *¿Tienes buenas noticias?*
R: La buena noticia es que ya se ofrecen muchos programas que les enseñan a las personas a ser empresarias. Hoy en día, muchas escuelas ofrecen programas empresariales y distintas estrategias para que la transición de E a A sea menos riesgosa.
   La mala noticia es que la mayoría de estos programas de estudios sólo está diseñada para enseñarle a la gente a emprender en el cuadrante A.

P: *¿Cuáles son los beneficios de ser exitoso en el cuadrante A?*
R: El cuadrante A es el más importante.

P: *¿Por qué?*
R: Porque si tienes éxito, te puedes convertir en un empresario de verdad, y entonces no tendrás que volver nunca al cuadrante E.

Las mejores noticias

Si te vuelves rico y exitoso en el cuadrante A, estarás calificado para moverte a los cuadrantes D e I. Eso fue lo que hizo Ray Kroc cuando les compró McDonald's a los hermanos McDonald. Tomó el negocio del cuadrante A y lo llevó a los cuadrantes D e I... y de esa forma hizo miles de millones de dólares.

P: *¿Tú has hecho algo así?*

R: Sí. No en la misma escala que McDonald's, pero sí siguiendo un camino similar. Yo todavía no soy multimillonario.

P: *El proceso de dejar de ser empleado del cuadrante E para pasar al cuadrante A, y luego al D e I, ¿te fue difícil?*

R: Sí. En mi caso, el viaje entre los distintos cuadrantes fue extremadamente difícil.

P: *¿Por qué?*

R: Porque la educación para los seres de cada cuadrante es distinta. Las lecciones varían, y también los desafíos personales.

Cuando pasé del cuadrante E al A, también tuve que cambiar como ser. Tuve que luchar y aprender lo que no sabía. No tenía un cheque de nómina constante, pero al mismo tiempo, tenía que proveerles cheques y prestaciones a mis empleados. Tuve que comprar escritorios y equipo de oficina, reunir dinero a través de los inversionistas para comprar nailon para mi negocio de billeteras de velcro. Todos los errores que cometíamos, yo o mis empleados, me costaban dinero.

En aquel tiempo me caía de la misma manera en que un bebé se cae antes de aprender a caminar, y tuve que levantarme en cada ocasión. Si mi Padre rico no me hubiera enseñado que debía respetar la lección que me ofrecía cada error, me habría dado por vencido. Me habría convertido en lo que Edison llamaba "fracaso": "Muchos de los fracasos de la vida son de gente que nunca se dio cuenta de cuán cerca estuvo del éxito justo antes de renunciar."

Antes de tener éxito tuve que ir más allá del fracaso. Ésa es la forma en que nuestro ser se transforma y cambia de cuadrante.

En cuanto tuve éxito en el cuadrante A estuve listo para enfocarme en los cuadrantes D e I. Todos los empresarios exitosos que conozco han pasado por el mismo proceso.

> P: *¿Cuándo aprenderé acerca de los cuadrantes D e I?*
> R: De eso se trata el resto del libro.

Por ahora, quiero que empieces a entender la diferencia entre los fracasos humanos y los seres ricos.

¿Qué necesitas?

Para cambiar de cuadrante se requiere de cuatro cosas:

1. *Inteligencia espiritual:* en el fondo, tu inteligencia sabe que dentro de ti hay una persona genial, una persona que puede lograr sus sueños.
2. *Inteligencia mental:* es la certidumbre de que puedes aprender cualquier cosa que te propongas.
3. *Inteligencia emocional:* es la capacidad para aprender de tus errores. En algunas situaciones, la inteligencia emocional es por lo menos tres veces más poderosa que la mental, en particular cuando estás enojado. Resiste la tentación de culpar a otros, incluso cuando realmente sean culpables. La culpa es una señal de poca inteligencia emocional. Sólo los seres débiles culpan a otros. Recuerda que todas las monedas tienen tres lados: cara, cruz y canto. La inteligencia emocional es la capacidad de pararse en el canto y aprender de los dos lados.

4. *Inteligencia física:* es tu habilidad de tomar lo que aprendes, transformar tus ideas en actos y ponerte de pie cada vez que caes.

Si logras desarrollar tus cuatro inteligencias, ten por seguro que vencerás… ¡sin importar lo que suceda con la economía!

Si logras ponerlas en práctica todos los días, el contexto no te detendrá: te convertirás en una mejor persona, más fuerte y más poderosa de lo que eres ahora.

Capítulo cinco

Por qué los colapsos enriquecen aún más a los ricos

Padre pobre:
"Espero que el mercado no colapse."
Padre rico:
"No me importa que el mercado colapse."

Si Walmart tuviera una venta con 50% de descuento, te aseguro que ni siquiera podrías entrar a la tienda. Si Wall Street tuviera una venta con 50% de descuento, el millonario de la puerta de al lado correría a esconderse.

El Amigable Genio del Planeta

En 1983 leí un libro llamado *Grunch of Giants*, escrito por el doctor R. Buckminster Fuller. Después de leer ese libro pude ver la inminente llegada de la crisis financiera en la que nos encontramos ahora.

Al doctor Fuller a menudo lo llaman el Amigable Genio del Planeta, y es más conocido porque inventó el domo geodésico.

En 1967 viajé de aventón de mi escuela en Kings Point, Nueva York, a Montreal, Canadá. Mi objetivo era llegar a la Expo '67. El tema de la Feria Mundial era: El hombre y su mundo. En particular quería ver el pabellón de Estados Unidos, que en realidad era un enorme domo geodésico del doctor Fuller. Era una estructura increíble.

En 1981 tuve la oportunidad de estudiar con Bucky Fuller durante una semana en un centro turístico de esquí en Kirkwood, California. Esa semana cambió la dirección de mi vida.

Luego, en 1982 y 1983, volví a estudiar con él. Le enseñó a nuestro grupo a predecir el futuro. El doctor Fuller falleció algunas semanas después de ese último evento.

A Fuller se le conocía por varias cosas. Era científico, arquitecto, matemático y futurólogo. Muchas de sus predicciones se han vuelto realidad con una precisión asombrosa. Predijo, por ejemplo, que alrededor de 1990 surgiría una nueva tecnología en el mundo, y en 1989, seis años después de su deceso, llegó el internet bajo el nombre de ARPANET. ¡Justo a tiempo!

En 1983 se publicó su libro *Grunch of Giants* (la palabra *grunch* es el acrónimo de *Gross Universal Cash Heist*: El flagrante atraco universal). En él, Fuller explicó cómo los súper ricos le han estado robando al mundo, y nos dijo lo que nos deparaba el futuro. Bucky dijo lo mismo que a mí me había estado advirtiendo mi Padre rico durante años.

¿Qué es el GRUNCH?

En su libro, Fuller nos dice:

> "Nadie sabe quién dirige el GRUNCH, pero controla todos los bancos del mundo, incluso los callados bancos suizos. Hace lo que le dicen sus abogados. Mantiene la legalidad técnica y tiene todo lo necesario para probarlo. Su bufete de abogados se llama Machiavelli, Machiavelli, Atoms & Oil. Algunas personas dicen que el segundo *Mach* es en realidad un sobrenombre de la Mafia."

Lo más importante es concientizarnos de que el juego del dinero está amañado, que no es justo. El juego del dinero que practica el GRUNCH tiene como objetivo despojarnos de nuestra riqueza a través del dinero, del sistema monetario.

El mundo está despertando

Te presento una cita del periódico *The Economist* de marzo 26, 2016:

"Estados Unidos solía ser la tierra de la oportunidad y el optimismo. Ahora la oportunidad es nada más el dominio de la élite: dos tercios de los estadounidenses creen que la economía está amañada a favor de los intereses particulares. El optimismo se ha transformado en ira."

"Se supone que Estados Unidos es el templo de la libre empresa, pero no es así."

"Tal vez el juego sí esté amañado después de todo."

P: *¿Podemos detener el GRUNCH?*
R: Podrías intentarlo. En lugar de enfrentarme al GRUNCH, yo decidí aprender su juego. Decidí que no sería una víctima. Por eso empecé a ver hacia el futuro en 1963, y decidí no participar en su juego.

P: *¿Cuál es su juego?*
R: Es el juego que empieza con las siguientes instrucciones: "Ve a la escuela, trabaja mucho, paga impuestos, sal de deudas y ahorra dinero."

Yo sabía que para vencer al GRUNCH tendría que aprender a ver el futuro y a prepararme para lo que traía consigo.

Cómo ver el futuro

Para ver el futuro hay que estudiar el pasado. A esta actividad Fuller le llamaba pronosticación.

Permíteme enseñarte cómo me enseñó el doctor Fuller a ver el futuro. Usemos la misma gráfica de los 120 años del Dow que ya analizamos.

120 años del Dow

Fuente: FRED-Federal Reserve Economic Data

Ahora aprenderás a ver el futuro a través del análisis de esta gráfica.

1913:

Fundación del Banco de la Reserva Federal.

Ese mismo año

Se aprueba la decimosexta Enmienda a la Constitución, la cual autoriza que el gobierno grave los ingresos.

> P: *¿La Fed fue fundada el mismo año que se impusieron los impuestos?*
>
> R: Así es. La Fed necesita dólares de los contribuyentes para generar más dólares.

> P: *¿Por qué es tan importante esta fecha?*
>
> R: Porque la crisis mundial que enfrentamos ahora empezó en 1913. La crisis financiera actual no habría sucedido si

no se hubieran fundado el Sistema de Reserva Federal y el IRS, nuestro sistema fiscal.

Lecciones de Tom en materia fiscal

Los dólares de los impuestos sirven para producir nuevos dólares

La Fed sólo puede producir dólares porque los contribuyentes estadounidenses los respaldan. Sin el sistema fiscal, la Fed no tendría respaldo y no podría producir dólares.

Muchos expertos están de acuerdo en que, sin la Fed, no se habría dado una expansión cuantitativa de multicuatrillones de dólares, es decir, todo ese dinero no se habría impreso. Si la Fed no existiera, el desplome del mercado de valores de 2007 no habría tenido lugar.

Sin la Fed, los grandes bancos no habrían colapsado en 2008, y sin la Fed, el gobierno no los habría rescatado con el dinero de los contribuyentes.

Por eso 1913 es una fecha importante para la comprensión de la historia detrás de la crisis que ahora vivimos.

1929:

La apabullante caída de la bolsa de valores. Esta caída nos llevó a la Gran Depresión que aterrorizó a los estadounidenses. Su inseguridad financiera condujo al proyecto Gran Sociedad, génesis de muchos de los programas sociales que tenemos en la actualidad, entre ellos, los pasivos sin fondos de los planes de subsidio que están llevando a Estados Unidos a la bancarrota en este momento.

Se estima que ahora, en 2017, la deuda nacional de Estados Unidos asciende a más de 220 billones de dólares, aunque a eso hay que sumarle los programas insolventes como Seguridad Social y Medicare: pasivos contabilizados fuera de balance.

1935:

El presidente Franklin D. Roosevelt promulgó la Ley de Seguridad Social. Actualmente millones de personas cuentan con que el gobierno se hará cargo de ellas cuando se retiren.

1943:

Aprobación de la Ley de Pago de Impuestos Actual, con la que el Congreso autorizó que el gobierno tomara el dinero directamente de los cheques de nómina de los empleados antes de que ellos lo recibieran. Y recuerda que los empleados operan en el cuadrante E.

1944:

El Acuerdo Bretton Woods permite la convertibilidad del dólar en oro. Estados Unidos accede a respaldar el dólar con oro. Al mundo se le exige que todo el comercio internacional se lleve a cabo en dólares estadounidenses.

En lugar de oro, a los Bancos Centrales del mundo se les exigió ahorrar en dólares estadounidenses. El dólar se hizo "tan bueno como el oro" y se convirtió en la "moneda de reserva mundial". Esto le dio a Estados Unidos una ventaja sin precedente en la economía global, lo que permitió que el país y muchos de sus ciudadanos se volvieran extremadamente ricos.

1971:

El presidente Richard Nixon viola el Acuerdo Bretton Woods: la impresión de dinero comienza. La crisis actual no habría sucedido si Nixon no hubiera roto este acuerdo.

1972:

El presidente Nixon le abre las puertas a China. Perdemos la seguridad laboral ante los países con mano de obra barata.

En sólo treinta años, China dejó de ser un país extremadamente pobre y se convirtió en una potencia mundial.

1974:

El presidente Nixon firma el Acuerdo Petrodólar con Arabia Saudita. Al dólar estadounidense ahora lo respalda el petróleo. Todos los países deben comprar el petróleo en dólares, lo que convierte al dólar estadounidense en la divisa más poderosa de la historia.

Los petrodólares le permitieron a la Fed imprimir billetes desenfrenadamente. La buena noticia es que nuestra economía floreció; la mala, que el terrorismo sigue en aumento.

Miles de personas están muriendo en manos de terroristas, y millones más tienen que huir de sus hogares por culpa de la guerra. Una guerra causada en parte por el petrodólar.

Con frecuencia el gobierno de Estados Unidos siente que es la policía mundial, pero eso no es cierto. Nuestro país sólo libra guerras para proteger la hegemonía del dólar.

P: *¿Qué significa hegemonía?*

R: Hegemonía es la autoridad de un país sobre los otros. El acuerdo con Arabia Saudita y otros productores de petróleo les dio a los estadounidenses una economía más fuerte, un estilo de vida increíble, un nivel de vida más alto, y una ventaja injusta sobre otros países del mundo.

P: *¿Qué pasaría si el petrodólar dejara de aceptarse como divisa?*

R: Buena pregunta. En realidad nadie lo sabe. Probablemente billones de petrodólares vendrían a casa, lo cual podría causar una hiperinflación en Estados Unidos. Nuestra hegemonía terminaría, y la brecha entre los ricos y los pobres se haría aún más grande.

P: *¿Entonces la crisis en Medio Oriente comenzó en 1973 cuando el dólar se transformó en petrodólar? ¿Quieres decir que millones* *de personas están emigrando a Europa por culpa de esta unidad monetaria?*

R: Ésta es una pregunta reflexiva. Estás aprendiendo a ver el futuro por medio del análisis del pasado.

1978:

Se establece el plan 401(k). Actualmente, 80% de los *baby boomers* siente que cuando se retire será más pobre. El 401(k) no fue diseñado para que estuvieran a salvo financieramente hablando, sino para que Wall Street se enriqueciera aún más.

1983:

Publicación de *Grunch of Giants* de Bucky Fuller.

1987:

La bolsa de valores se desploma. Alan Greenspan, presidente de la Fed (1987-2006) promulga la Opción de Venta Greenspan. El nombre oficial es Grupo de Trabajo Presidencial para los Mercados Financieros, pero los infiltrados le llaman Equipo de Protección Anticaídas.

P: *¿Cuál es la misión del Equipo de Protección Anticaídas?*

R: Cada vez que los mercados se desploman, una fuerte cantidad de dinero proveniente de "fuentes misteriosas" aparece apresuradamente para apuntalarlos. De acuerdo con las sospechas de muchos, estas fuentes son la Fed.

En cuanto Greenspan y la Fed impidieron la caída de 1987, los ricos supieron que el Sistema Federal de Reserva los apoyaba: no había manera de que perdieran.

Observa lo que sucede en 1987 y verás que los mercados despegaron en cuanto Greenspan les hizo saber que sería su banquero personal. La Fed emitió una garantía de "devolución monetaria" para los ricos, una especie de red de protección en caso de que los mercados colapsaran. Los ricos nunca perderían.

1987 a 2000:

El Dow adopta la forma de una parábola y el millonario de la puerta de al lado se vuelve rico.

Millones de personas de la clase media —inversionistas pasivos—, se vuelven millonarias gracias a la inflación en el precio de su casa, su plan 401(k), su plan IRA y los planes de pensión del gobierno y de las empresas. Entre 1970 y el año 2000 fue muy sencillo para los estadounidenses "volverse ricos".

1996:

Publicación del libro *El millonario de la puerta de al lado*. Thomas Stanley, el autor, venera al ciudadano promedio que se vuelve millonario con la compra de una casa, un estilo de vida frugal y sus inversiones a largo plazo en el mercado de valores.

Alan Greenspan, presidente de la Fed, nos advierte respecto a la "exuberancia irracional". Sus palabras son una clara señal de que la fiesta llegó a su fin, y él lo sabe mejor que nadie porque fue quien financió la celebración en conjunto con la Fed. Con "exuberancia irracional", en realidad quiso decir: "Muchachos, están borrachos, me voy a tener que llevar el *bol del ponche*".

1997:

Publicación del libro *Padre Rico, Padre Pobre*, el cual advertía que los ricos no trabajaban por dinero, que los ahorradores eran perdedores, y que tu casa no era un activo.

P: *¿Escribiste* Padre Rico, Padre Pobre *como una advertencia?*

R: Sí. Les estaba advirtiendo que el "paseo en trineo" había llegado a su fin, que el auge estaba a punto de terminar, y que el gran atraco empezaría en cualquier momento.

P: *¿Quieres decir que tal vez la generación de los baby boomers sea aniquilada?*

R: Sí. Ahora, mientras escribo este libro, la clase media está desapareciendo y la pobreza no deja de aumentar.

Analiza por un momento la gráfica que aparece a continuación. En ella se muestra la historia y el estatus de solvencia del Sistema de Seguridad Social en Estados Unidos. ¿Qué ves en el futuro para los *baby boomers*, sus hijos y sus nietos?

Excedentes y déficits de Seguridad Social

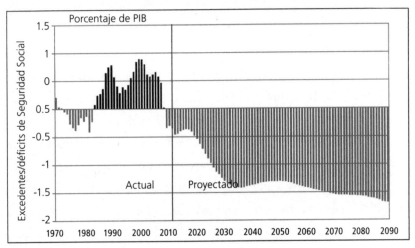

Fuente: Peer G. Peterson Foundation

Te has convertido en un pronosticador. ¿Qué ves en el futuro?

1999:

La Unión Europea crea el euro.

2000:

Saddam Hussein anuncia sus intenciones de vender el petróleo iraquí en euros.

2001:

Ataque aéreo al Centro Mundial de Comercio de Estados Unidos en Nueva York. 14 de los 19 secuestradores son de Arabia Saudita, ninguno viene de Irak.

Flashback... al 28 de junio de 1914:

El archiduque Francisco Fernando es asesinado en Sarajevo, acto que marca el inicio de la Primera Guerra Mundial. Ese mismo día Inglaterra firmó un acuerdo por los derechos sobre el petróleo en Mesopotamia, en lo que es actualmente Irak. En 1914 Mosul era una ciudad importante y lo sigue siendo hasta la fecha. Actualmente, mientras escribo este libro, las tropas iraquíes luchan por recuperar la ciudad de Mosul, la cual se encuentra bajo el control de ISIS.

El petróleo ha jugado un papel importante en la historia y en la economía mundial desde hace mucho tiempo.

En 1941 Japón atacó Pearl Harbor debido a que Estados Unidos le cortó el suministro de petróleo. La Guerra de Vietnam se libró por el petróleo, no por el comunismo: Estados Unidos no quería que China tuviera acceso a los recursos petroleros vietnamitas.

En mi opinión, debemos defender el petrodólar porque si el petróleo no se comercia en dólares estadounidenses, nuestra economía se vendrá abajo.

Tres enormes colapsos

En los primeros 10 años del siglo, entre 2000 y 2010, hubo tres colapsos importantes:

> 2000: el colapso de la burbuja dot-com
> 2007: la caída *subprime*
> 2008: el gran colapso bancario

Por si fuera poco, estos tres descalabros monumentales han sido miles de veces más fuertes que la gran caída de la bolsa de valores de 1929.

Muchos millonarios de la puerta de al lado desaparecieron entre 2000 y 2010, y lo más probable es que muchos más corran la misma suerte en el desplome que está por venir.

2002:

Publicación de *La profecía de Padre Rico*.

En 2002 se publicó *La profecía de Padre Rico*. En ese libro predije que alrededor de 2016 tendría lugar la más fuerte caída de la bolsa de valores.

También predije una crisis menor que sucedería antes de ese año. Esa crisis fue la que aconteció en 2007 y 2008. (Puedes ver mi entrevista con Wolf Blitzer de CNN en: RichDad.com/TV.)

2008:

La tercera caída fue la bancaria. Aproximadamente seis meses después, el 15 de septiembre de 2008, el banco Lehman Brothers, una institución de 150 años de antigüedad, se declaró en bancarrota y cerró sus puertas.

El 3 de octubre de 2008, Ben Bernanke y Hank Paulson, secretario del Departamento del Tesoro y antiguo director ejecutivo de Goldman Sachs, crearon el Programa de Alivio para Activos en Problemas (*Troubled Asset Relief Program* o TARP, por sus siglas en inglés). Este programa rescató a los bancos más grandes, entre ellos a Goldman Sachs, donde Paulson trabajaba antes.

Los contribuyentes continuarán pagando por este rescate durante generaciones.

2009:

Muamar el Gadafi propone vender el petróleo libio en dinares respaldados por oro.

2011:

Gaddafi es asesinado.

2015:

El presidente Barack Obama desaira a Benjamin Netanyahu, primer ministro de Israel. Israel no está de acuerdo en que el presidente Obama se esfuerce por normalizar las relaciones con Irán.

P: *¿Aún sostienes tu predicción de un colapso en 2016?*
R: Sí.

En enero de 2016 el inversionista promedio perdió 6.3% debido a un desplome del Dow. El inversionista promedio de NASDAQ perdió 8%. El desplome se detuvo en cuanto la Fed y el Equipo de Protección Anticaídas llegaron al rescate.

Los precios del petróleo también se han desplomado, y las tasas de interés jamás habían sido tan bajas en toda la historia.

En agosto de 2016 se reportó que el poderoso Deutsche Bank se encontraba en serios problemas. Su portafolio de derivados empezó a arder. Para cuando leas este libro tendrás una mejor idea de lo generalizada que es esta crisis financiera.

En *La profecía de Padre Rico* (2002) también predije que se propagaría el terrorismo. Una de las maneras de vencer a Estados Unidos es haciendo que el petrodólar se derrumbe porque, si el petróleo no se comercia en dólares, la economía estadounidense se mete inmediatamente problemas.

En 2016 los grupos terroristas como ISIS crecieron aceleradamente.

En 2016, 60 Minutos, el semanario televisivo de noticias, presentó un reportaje sobre la demanda legal en contra de Arabia Saudita por atacar a Estados Unidos.

En 2016 el presidente Obama viajó a Arabia Saudita para besar el anillo del rey.

Arabia Saudita e Irán son enemigos mortales. A Arabia Saudita no le agrada en absoluto que el presidente Obama haya levantado las sanciones en contra de Irán.

Los bajos precios del petróleo y el hecho de que Irán lo venda en euros, tiene un impacto negativo en la economía y los programas de bienestar social saudíes. Ahora Arabia Saudita ha amenazado con vender en el mercado público su empresa petrolera: Aramco. Los saudíes quieren su dinero de inmediato porque saben que el juego se acabó.

China y Rusia están construyendo un oleoducto y piensan comerciar el petróleo en sus propias divisas. El acuerdo de 1974 que dio paso al petrodólar se está desmoronando.

La caída

Los hechos nos dicen la historia. Actualmente, millones de estadounidenses no reciben aumentos salariales, no pueden comprar una casa, llevan ahorrado muy poco para el retiro, y tienen hijos universitarios ahogándose en deudas por préstamos estudiantiles. Mientras tanto, el gobierno de Estados Unidos continúa endeudándose más y más. La "gran caída" ya comenzó para millones de personas.

Las cosas no han cambiado mucho desde 2007 y 2008. La situación sigue empeorando, y ése es el verdadero problema.

> P: *¿No sentiste lástima por las personas que perdieron sus casas?*
>
> R: Sí. Me pareció terrible ver a la gente perder sus empleos, sus hogares, su dinero para la jubilación y su futuro. Por eso escribí *Padre Rico, Padre Pobre* en 1997, y *La profecía de Padre Rico* en 2002. Me esforcé lo más posible por advertirle a la gente y por enseñarle a usar la educación financiera para enfrentar lo que se avecinaba. Si esto te hace sentir mejor, te diré que nosotros no adquirimos residencias personales durante los remates inmobiliarios.

> P: *¿Estás diciendo que los bancos que provocaron el colapso compraron las casas de quienes perdieron su hogar?*
>
> R: En muchos casos, sí, eso fue exactamente lo que sucedió.

Otro *flashback*...

Es enero de 2013. Las organizaciones que compraron la mayor parte de las residencias personales fueron fondos especulativos y fondos de capital privado apoyados por los bancos de Wall Street. Blackstone Group LP, el mayor propietario particular de bienes raíces en Estados Unidos, aceleró la compra de casas unifamiliares cuando los precios empezaron a saltar más rápido de lo esperado.

De acuerdo con Bloomberg.com, Blackstone ha gastado más de 2.5 mil millones de dólares en 16 000 casas para después rentarlas, haciendo uso de un capital proveniente de un fondo de 13.3 mil millones. Esta empresa está tratando de transformar un mercado dominado por inversionistas pequeños, en una nueva clase de activos institucionales que, de acuerdo con los cálculos de JP-Morgan Chase & Co, podría valer 1.5 billones de dólares.

A finales de 2015 Blackstone anunció que había dejado de comprar residencias privadas porque los precios comenzaron a subir de nuevo. La mayor rebaja de bienes raíces de la historia había llegado a su fin.

Ésta es la razón por la que los colapsos enriquecen aún más a los ricos.

> P: *¿Quieres decir que los mercados están amañados?*
>
> R: En lugar de contestar tu pregunta de forma específica, te voy a decir una frase que Warren Buffett solía repetir: "Si estás sentado en una mesa de póquer y no sabes quién es la presa fácil, es porque la presa eres tú."

¿Ahora entiendes por qué Bucky Fuller escribió *Grunch of Giants*? ¿Ahora entiendes por qué esta crisis no habría ocurrido si el Banco de la Reserva Federal y el IRS no hubieran sido creados en 1913? ¿Ahora entiendes por qué no se ofrece educación financiera real en nuestras escuelas?

Ahora que tienes un poco de idea sobre cómo predecir el futuro, ¿qué piensas hacer?

Cuándo salir de compras

A toda la gente le gustan las gangas. Todos sabemos que el mejor momento para ir de compras es cuando las cosas que quieres están en rebaja.

Por desgracia, la mayoría de la gente compra artículos que la hace más pobre, cosas como llamativos automóviles nuevos, ropa de moda y joyas.

Los ricos buscan rebajas que les permitan volverse más ricos. Esperan a que se produzcan los descalabros en la bolsa de valores para adquirir las mejores acciones a precios bajísimos. Se colocan en el lugar adecuado para adquirir bienes raíces que terminan siendo una ganga. Compran oro, plata y negocios por casi nada.

Los ricos no invierten a largo plazo, no diversifican ni compran un poquito de todo. Tampoco compran algo sólo porque alguien les recomienda hacerlo.

Esto es lo que dice Warren Buffett respecto a la diversificación: "La diversificación es una protección contra la ignorancia. Si en verdad sabes lo que estás haciendo, no te sirve de gran cosa."

El problema de los fondos mutualistas es que ya están diversificados. Pasa lo mismo con los fondos negociados en bolsa; con los fideicomisos de inversiones en bienes raíces (REIT, por sus siglas en inglés), y con los fondos de fondos.

P: *¿Qué es un fondo de fondos?*
R: Un fondo de fondos es un fondo armado con otras herramientas financieras como fondos mutualistas, ETF y REIT. Es la diversificación llevada al extremo.

Todos estos productos diversificados fueron diseñados para el millonario de la puerta de al lado. Por desgracia, la diversificación no te protege en caso de una catástrofe como los tres colapsos de principios de siglo. Para convertirse en inversionista de verdad del cuadrante I, tienes que aprender a "elegir las cerezas". Tienes que aprender a ver lo que la gente, cegada por la indiferencia, no puede ver.

Cómo prepararse para el colapso

La educación financiera real te prepara para un colapso mucho antes de que ésta tenga lugar.

P: *¿Cómo sabes que se acerca un colapso?*

R: Hay muchas maneras de saberlo. Entre ellas se incluye estudiar historia, leer gráficas, leer, escuchar a hombres y mujeres sabios.

Por experiencia sé que uno puede identificar la cercanía de un colapso porque de repente los idiotas se vuelven "inversionistas".

Durante años supe que el mercado inmobiliario iba a desplomarse. La euforia seguía creciendo: gente sin ingresos ni empleo había comenzado a adquirir inmuebles. Muchos de mis departamentos se desocuparon, y los inquilinos que antes no podían pagar la renta, de pronto se compraron casas de lujo. Supe que el fin estaba cerca cuando la cajera del supermercado me dio su tarjeta de presentación y me dijo: "Llámeme, tengo algunas propiedades en las que tal vez le interese invertir." En un esfuerzo por cerrar el trato, añadió: "Los precios están subiendo, así que apresúrese."

Era 2007. Le agradecí y guardé su tarjeta de negocios recién impresa. Sabía que el fin estaba cerca, que muy pronto llegaría el momento de salir a comprar gangas.

Cuándo comprar

Fue entonces que Kim y yo empezamos a adquirir bienes raíces con nuestro socio y asesor de Padre Rico, Ken McElroy.

Capítulo seis

Por qué la deuda enriquece aún más a los ricos

Padre pobre:
"La deuda me empobrece."
Padre rico:
"La deuda me enriquece."

La deuda es dinero.

Una de las razones por las que los ricos son cada vez más ricos es porque usan la deuda a su favor.

Por desgracia, como los pobres y la clase media no cuentan con educación financiera, la deuda sólo los empobrece más.

Donald Trump lo resumió de esta forma: "Ya saben que soy el rey de la deuda. Me encanta la deuda, pero es compleja y peligrosa."

El mercado de bienes raíces se desplomó porque los banqueros que se hacían cargo de las hipotecas empezaron a prestarles dinero a prestatarios *subprime*, es decir, a gente que en muchos casos no tenía empleo y a la que se le motivó a comprar una casa que no podía pagar.

Millones de propietarios de la clase media perdieron sus hogares porque empezaron a usar su propiedad como cajero automático. Hoy en día, la deuda por concepto de préstamos estudiantiles es de más de 1.2 billones: mucho mayor que la deuda conjunta de tarjetas de crédito.

Ésta es la fuente más importante de ingreso del gobierno de Estados Unidos.

Asimismo, la deuda por préstamos estudiantiles empobrece a los jóvenes que no terminan la universidad, pero al gobierno lo enriquece.

DÉJÀ VU
The Wall Street Journal — 21 de mayo de 2016

"Este año el balance de las tarjetas de crédito de Estados Unidos está a punto de llegar al billón debido a que los bancos promueven sus plásticos con mucha más agresividad, y a que los consumidores se sienten cada vez más cómodos estando endeudados.

Esa suma, ya se acerca al punto más alto de todos los tiempos, el cual tuvo lugar en julio de 2008, justo antes de la crisis financiera: 1.02 billones de dólares.

Además los prestadores han firmado contratos con millones de consumidores *subprime* que antes no tenían la posibilidad de obtener crédito.

Las tarjetas de crédito son una de las pocas líneas de negocios que les están funcionando a los bancos en este momento."

El dólar se convierte en deuda

En 1971, cuando el presidente Nixon anuló la convertibilidad del dólar a oro, nuestra moneda se convirtió en deuda. Esto representó uno de los cambios económicos más fuertes de la historia mundial.

En 1971 los ahorradores se convirtieron en perdedores y los deudores se volvieron ricos.

Cómo enriquece la deuda a los ricos

En las conferencias que doy en todo el mundo, con frecuencia me preguntan: "¿Cómo enriquece a los ricos la deuda?

Voy a usar las tarjetas de crédito como ejemplo para ilustrar la respuesta. Digamos que te dan una tarjeta nueva. En ella no hay dinero, lo único que te dan es crédito. Vas de compras y te llevas un par de zapatos nuevos que cuestan 100 dólares. Usas tu tarjeta y, como por arte de magia, se crean 100 dólares de "dinero". Al mismo tiempo, también se crean 100 dólares por concepto de deuda. Esos 100 dólares fluyen hacia la economía y hacen feliz a la gente. El problema es que ahora tienes que trabajar para pagar esa deuda.

> *P: ¿Entonces lo que creó esos 100 dólares fue mi capacidad para pagarlos? ¿Mi promesa de pago?*
>
> R: Sí.

> *P: ¿Eso quiere decir que los 100 dólares son deuda? ¿Una promesa? ¿Nada más un vale firmado por mí?*
>
> R: Sí.

> *P: ¿Yo creé ese dinero de la nada?*
>
> R: Sí, en teoría.

> *P: Por eso las compañías de tarjetas de crédito siempre me están ofreciendo más y más tarjetas?*
>
> R: Precisamente.

P: *¿Por qué?*

R: Por varias razones.

Una de las razones es que la economía crece cada vez que tú y yo creamos dinero al pedirlo prestado. En cuanto pagas la deuda, la economía se contrae.

Otra de las razones es que la deuda enriquece aún más a los ricos. Si la deuda no hiciera esto, los ricos no emitirían tarjetas de crédito.

Los ricos no te dan una tarjeta de crédito porque les simpatices, lo hacen porque cada vez que la uses, ellos van a ganar dinero a través de los intereses. Y cuando sólo hagas el pago mínimo de tu estado de cuenta, van a ganar todavía más.

P: *¿Entonces el gobierno les permite a los ricos emitir tarjetas de crédito porque necesita crear empleos y que la economía crezca?*

R: Sí, en teoría. Como los bancos son los propietarios de las tarjetas, no quieren que la gente de los distintos países termine de pagar su deuda. Países como Grecia y el Protectorado estadounidense de Puerto Rico están enfrentando el incumplimiento, lo que significa que no pueden hacer los pagos de intereses "mínimos" de su deuda. Por esta razón los bancos les permiten a los países "reestructurar". "Reestructurar" significa que el país refinancie su deuda, es decir, los bancos les van a prestar más dinero y eso les permitirá seguir pagando los intereses.

P: *¿Los bancos le prestan más dinero a un país… para que éste pueda seguir "pagando el mínimo"?*

R: Sí, eso es justo lo que hacen y seguirán haciendo.

P: *¿Por eso las compañías de tarjetas de crédito sólo piden el pago mínimo? ¿Para que yo nunca liquide la deuda?*

R: Sí. El mínimo de tu tarjeta de crédito es como pagar la renta. Tú nunca liquidas tu deuda en la tarjeta de crédito, y la gente que renta nunca llega a ser poseedora de la casa o del departamento donde vive. El mínimo mensual de tu tarjeta enriquece aún más a los ricos, de la misma manera que tu renta mensual enriquece aún más a los inversionistas en bienes raíces.

Dinero a cambio de nada

En el ejemplo de la tarjeta de crédito y los zapatos nuevos, los 100 dólares aparecieron de la nada. En cuanto se usó la tarjeta de crédito, la misma deuda que resultó ser un activo para los ricos, se convirtió en un pasivo para el titular de la tarjeta, quien pertenece a la clase pobre o media.

> P: *Entonces, ¿si quiero ser rico tengo que aprender a usar la deuda?*
>
> R: Sí, en teoría. Pero tienes que ser muy cuidadoso. Para usar la deuda a tu favor, necesitas educación financiera. La deuda es una navaja de doble filo. Te puede volver rico, pero después, si algo cambia, esa deuda te puede empobrecer, y muchísimo.

Eso fue lo que sucedió cuando el mercado de bienes raíces empezó a desplomarse en 2007. Millones de personas pensaron que eran ricas porque estaban convencidas de que sus casas representaban un patrimonio, y muchas de ellas las usaron como cajeros automáticos personales. Luego el mercado colapsó de pronto, y todos esos propietarios sufrieron un revés. Ahora debían mucho más de lo que valía su casa. Se hicieron pobres de la noche a la mañana. Muchos perdieron todo.

Por eso Kim y yo creamos el juego de mesa CASHFLOW. Éste es el único juego de educación financiera que motiva a los jugadores a usar la deuda para ganar.

> P: *¿Así aprendes a usar la deuda con dinero de juguete antes de usar dinero real?*

R: Exactamente. Pero no olvides que la deuda puede ser peligrosa. La deuda es como un arma cargada: te puede salvar la vida, pero también puede quitártela.

Los tontos de las finanzas

Cada vez que afirmo "yo uso la deuda para comprar activos", muchos me dicen: "Pero es arriesgado." Sin embargo, se trata de la misma gente a la que no le inquieta en absoluto usar una tarjeta de crédito para comprar pasivos como un par de zapatos de 100 dólares.

Deudores ricos

Apple, una de las empresas más ricas del mundo, tiene aproximadamente 246 mil millones de dólares estacionados en el banco. No obstante, ha pedido prestados miles de millones más en los últimos años para aprovechar las bajas tasas de interés. ¿Por qué pide prestado Apple? Porque la deuda es más barata que repatriar efectivo, es decir, que traer su dinero de vuelta al país y tener que pagar los impuestos estadounidenses correspondientes.

Directores ejecutivos ricos

En lugar de pagarles con dinero, a muchos ejecutivos de corporaciones les pagan con opciones de acciones. Esto los obliga a pedir dinero prestado para comprar de nuevo sus acciones de la empresa. Cuando el precio de las acciones sube, los directores y los ejecutivos venden sus "opciones" a precios muy altos y eso los enriquece. Sin embargo, esta transacción también empobrece a los empleados y a los accionistas.

Desde la década de los setenta muchos directores ejecutivos han usado la deuda para especular en la bolsa de valores en lugar de aprovecharla para hacer crecer a la empresa y generar más empleos.

Cómo se aprende a usar la deuda

Ahora bien, ¿cómo aprende una persona a usar la deuda como dinero? Comenzaré con una historia que tal vez nunca has escuchado.

En 1973, el año que regresé a Hawái de Vietnam, mi Padre pobre me sugirió que me reinscribiera en la escuela y que obtuviera un título de maestría. Padre rico me sugirió que aprendiera a invertir en bienes raíces.

Mi Padre pobre me motivó a convertirme en un empleado bien pagado del cuadrante E. Mi Padre rico me animó a convertirme en un inversionista profesional del cuadrante I.

Un día, mientras veía la televisión, pasaron el infomercial de un seminario gratuito de inversión en bienes raíces. Asistí al seminario, me gustó lo que ahí escuché, y luego invertí 385 dólares en un curso de tres días. Esos 385 dólares eran mucho dinero en aquel entonces porque yo todavía seguía en el Cuerpo de Infantería de Marina y no ganaba gran cosa.

El programa de tres días fue genial. El instructor era legítimo: un inversionista rico y experimentado al que le encantaba dar clases. Aprendí mucho de él. Al final del programa el instructor me dio un consejo que, quizá, sigue siendo el mejor que he recibido en mi vida. "Tu educación comenzará en cuanto salgas de esta clase", dijo.

El instructor nos dejó a todos como tarea reunirnos en grupos de entre tres y cinco alumnos para analizar y evaluar por escrito 100 propiedades que estaban a la venta. Nos dio 90 días para terminar la tarea. No quería que compráramos nada ni que invirtiéramos dinero. Al menos, no en esos primeros tres meses.

Al principio había cinco personas en nuestro grupo. Para la primera reunión ya éramos sólo tres o cuatro, y al final de los 90 días ya sólo quedábamos dos.

De vuelta a la escuela

Después de 90 días de analizar y escribir las evaluaciones de una cuartilla de 100 propiedades, identifiqué mi primera oportunidad de inversión en bienes raíces. Era un condominio de una recámara y un baño que estaba junto a la playa, en la isla de Maui. Todo el complejo estaba en remate, por lo que el precio del condominio era de 18 000 dólares. El vendedor me ofreció 90% de financiamiento.

Lo único que tenía yo que hacer era conseguir 1 800 dólares para el enganche del 10%. Le di al corredor de bienes raíces mi tarjeta de crédito y la propiedad fue mía. Compré mi primer inmueble con 100% de DOP, siglas de: Dinero de Otras Personas (OPM en inglés). Esto quiere decir que no puse recursos míos en la inversión.

Al final de cada mes, después de pagar todos los gastos —entre los que se incluía el pago de la deuda y los honorarios por administración—, la propiedad me permitía llevarme 25 dólares al bolsillo: un retorno infinito sobre mi inversión. El retorno era infinito porque yo no había metido nada de dinero en el negocio.

Si bien es cierto que 25 dólares no es mucho dinero, las lecciones que aprendí terminaron siendo invaluables. Una de ellas fue que la deuda es dinero. La otra, que por la deuda no pagas impuestos.

> P: *¿Por qué no se paga impuestos por la deuda?*
>
> R: Dos de las palabras más importantes del alfabetismo financiero son: deuda y patrimonio. Dicho llanamente, el patrimonio es tu dinero y la deuda es DOP, o sea, dinero de otras personas.
>
> Por lo general, cada vez que alguien compra una propiedad tiene que dar un enganche. En la mayoría de los casos el enganche, es decir, el patrimonio del dueño, se paga con dólares sobre los que ya se cobraron impuestos. El dueño ya pagó el impuesto por el ingreso sobre ese dinero.

P: *Tú usaste deuda para cubrir el enganche. ¿Eso quiere decir que no se pagó el impuesto por ingreso?*

R: Correcto. La deuda puede resultar muy económica si sabes cómo usarla para generar dinero. En cambio, puede resultar extremadamente costosa si la usas para comprar pasivos con una tarjeta de crédito, como el par de zapatos, y sobre todo, si nada más haces los pagos mínimos.

P: *¿Entonces tu primera inversión en bienes raíces la hiciste con 100% de deuda y luego ganaste 25 dólares mensuales de flujo de efectivo neto?*

R: Así es. Además, el flujo de los 25 dólares era libre de impuestos.

P: *¿Cómo lo lograste?*

R: Con educación financiera. Tom Wheelwright, mi contador y asesor fiscal, explicó estrategias de impuestos en el capítulo "Por qué los impuestos enriquecen aún más a los ricos".

Lecciones de Tom en materia fiscal

Por qué no se pagan impuestos por la deuda

Por regla general, todo el ingreso es gravable. El ingreso es el dinero que recibes y que puedes gastar en lo que tú quieras. La deuda no es ingreso porque la tienes que devolver. Por eso cuando pides dinero para una inversión, en realidad se trata de dinero por el que no tienes que pagar impuestos. Esto es lo que hace que la deuda sea menos costosa que el patrimonio. El patrimonio es el dinero que recibes y sobre el cuál ya pagaste impuestos, así que, incluso si la tasa de interés es de entre 5 y 6%, aprovechar la deuda es muchísimo más barato porque, de otra manera, tendrías que usar el patrimonio por el cual ya pagaste 40% de impuestos.

Estrategias avanzadas

Evidentemente, la propiedad de 18 000 dólares en la isla de Maui es un ejemplo extremadamente simplificado. Hoy en día, esa misma propiedad vale alrededor de 300 000 dólares. ¡Cómo desearía no haberla vendido!

La primera inversión en bienes raíces de Kim fue de 45 000 dólares. Pagó 5 000 de enganche y empezó a ganar 50 dólares al mes en flujo de efectivo positivo.

¿Cuál fue el trato? El banco le permitió a Kim "asumir" la deuda del vendedor. El banco no quería la casa, quería los pagos mensuales del titular de la hipoteca. Dos años después, Kim vendió el inmueble por 90 000 dólares y reinvirtió sus ganancias de capital en otras propiedades de inversión.

Actualmente, Kim, yo y Ken McElroy, asesor de la marca *Padre Rico*, poseemos alrededor de 10 000 departamentos para renta. Cada mes recibimos flujo de efectivo libre de impuestos sin tener que trabajar, y obtenemos más dinero del que mucha gente gana en toda su vida. El proceso de inversión en bienes raíces sigue siendo el mismo que al principio, lo único que ha cambiado es el número de ceros en los cheques que ahora depositamos en el banco.

Lo que aumentó a lo largo de los años fue nuestra educación financiera y nuestra experiencia.

A mí me apena mucho la gente que actúa como perrito de Pavlov, que sólo hace lo que le dicen o aquello a lo que está condicionada, y que le entrega su dinero a Wall Street sin pensarlo, que invierte a largo plazo y no aprende nada nunca.

Ésta es una de las razones principales por las que los ricos son cada vez más ricos.

P: *¿No es arriesgado usar la deuda de tu tarjeta de crédito para pagar un enganche?*

R: Sí, pero es mucho menos riesgoso que comprar 1 800 dólares de zapatos. Por lo general, los bienes raíces conservan su valor. Los zapatos pierden entre 90 y 100% de su valor en cuanto te los pones la primera vez. ¿Quién quiere rentar zapatos? En cambio, a mucha gente le encanta la idea de rentar un agradable condominio en una playa de arena blanca en Hawái.

ESTADO FINANCIERO

Ingreso
Gasto   Deuda — *la gente pobre usa su tarjeta de crédito para sus gastos cotidianos (alimentos, ropa, gas)*

BALANCE GENERAL

Activos	Pasivos
Deuda — *la gente rica usa la deuda para comprar activos*	Deuda — *la clase media usa la deuda para comprar pasivos (como una casa y automóviles)*

Ésta es una razón más por la que los ricos son cada vez más ricos. Ellos se enfocan en los activos más que en el ingreso, y usan la deuda para adquirir y hacer crecer esos activos.

En el juego de mesa CASHFLOW hay Grandes negocios y Pequeños negocios. Es muy interesante ver a la gente jugarlo. He descubierto que siempre puedes detectar a un perdedor gracias a su comportamiento. Los perdedores invariablemente empiezan con los grandes negocios.

A los banqueros les encantan los bienes raíces

Existen cuatro tipos básicos de activos:

1. Negocios
2. Bienes raíces
3. Activos de papel: acciones y bonos
4. *Commodities* o insumos

Para los cuatro tipos de activos es posible conseguir financiamiento a través de la deuda, pero es más sencillo para los bienes raíces porque a los banqueros les encanta prestarte dinero para adquirirlos. Y tienen una buena razón para hacerlo.

Préstamos de negocios

Si visitaras a tu banquero y le dijeras: "Quiero pedir prestado un millón de dólares para echar a andar un negocio", lo más probable es que ni siquiera te conteste. Si es amable, tal vez te recomiende solicitar un préstamo de la Administración de Pequeños Negocios (SBA, por sus siglas en inglés). Además, si no cuentas con bienes raíces, no te será fácil conseguir un préstamo para un negocio.

Lecciones de Tom en materia fiscal

Los bancos quieren seguridad

Es muy probable que los bancos no te quieran prestar dinero para echar a andar un negocio porque prefieren irse a lo seguro. Los bienes raíces son seguros. El banco sabe que muy posiblemente los inmuebles conservarán su valor, así que si no le devuelves el dinero que te prestó, tiene la garantía de que puede quitarte la propiedad, venderla y cobrar su dinero. Si tu negocio fallara, el banco no podría venderlo, por eso hacerte un préstamo empresarial le ofrece muy poca seguridad. El banco necesita que la Administración de Pequeños Negocios garantice el préstamo, ya que así podrá recuperar lo que te dio incluso si el negocio desaparece.

Préstamos para acciones y bonos

Un corredor de bolsa podría dejarte invertir en acciones y bonos al margen. Esto significa que tendrás algo de crédito o una línea de crédito con el corredor. Si cometes un error y pierdes dinero, el corredor emitirá de inmediato un ajuste de márgenes y venderá todos los activos que hayas aportado como colateral.

Lecciones de Tom en materia fiscal

Préstamos de margen

Como las acciones son muy líquidas, representan una garantía bastante buena para un préstamo. No obstante, su valor también aumenta y disminuye con mucha rapidez. Por eso el corredor sólo te prestará una pequeña porción (por lo general no más de 50%) del valor de tu portafolio de acciones. Los corredores necesitan tener la posibilidad de liquidarlo rápidamente si tú no les pagas o si las acciones pierden su valor.

Préstamos para insumos

Tal vez tengas el plan de comprar oro o plata con deuda, pero dudo mucho que los banqueros te presten dinero. El banco puede aceptar el oro y la plata como colateral, pero de todas formas tendrás que encontrar todavía la manera de que te preste un millón de dólares a 5% de interés durante 15 años para... comprar oro y plata.

Las monedas de oro y plata tienen patitas. Los inmuebles, en cambio, tienen (bienes) raíces y no se mueven. Los gobiernos guardan los documentos durante años: descripciones legales, cadena histórica de propietarios, y registro de cómo se compraron y se vendieron. Ésta es tan sólo una más de las tantas razones por las que los banqueros adoran los bienes raíces.

Si vas a echar a andar un negocio o a invertir en el mercado inmobiliario, es esencial que primero inviertas en tu educación financiera y luego empieces a acumular experiencia real.

La buena noticia es que puedes volverte rico con los cuatro tipos de activos... siempre y cuando cuentes con educación financiera.

Elige tus cuadrantes con sabiduría

> P: *¿Por eso tu Padre rico te recomendó tomar el curso de inversión en bienes raíces antes de salir del Cuerpo de Infantería de Marina?*
>
> R: Ésa fue una de las razones. La principal fue porque quería que me enfocara en el cuadrante I desde joven. Mi Padre pobre, en cambio, quería que me enfocara en conseguir un empleo bien pagado en el cuadrante E.

Hay muchas maneras de llegar al paraíso de los bienes raíces. *The Real Book of Real State* es un conjunto de estrategias y fórmulas escrito por inversionistas reales. En él, Don Jr. y Eric, dos de los hijos de Donald Trump, comparten con el público lo que han aprendido de su padre.

Hace mucho, mucho tiempo...

Hace mucho tiempo... los gobiernos te pagaban intereses para animarte a comprarles bonos. Estos bonos se emitían para pagar por un gobierno que vivía por encima de sus posibilidades y que gastaba más de lo que recolectaba a través de los impuestos.

Hace mucho tiempo… los bancos competían por guardar tus ahorros. Te ofrecían tostadores y cuchillos para carne, o incluso dinero en efectivo, para que depositaras tu dinero en sus bóvedas.

Actualmente un creciente número de bancos en Europa, Estados Unidos y Asia están desalentando los depósitos. Europa y Japón le cobran a la gente por ahorrar dinero. A esto se le conoce como política de tasas de interés negativas, o NIRP, por sus siglas en inglés. No pasará mucho tiempo antes de que los demás países también impongan este mecanismo, lo cual es prueba absoluta de que los ahorradores se convirtieron en perdedores.

¿Qué significa esto? Que hay demasiado dinero en el mundo. Los banqueros no quieren tus ahorros porque, para ellos, sólo son pasivos. Lo que quieren es deudores, gente que sepa cómo pedir dinero prestado. Por eso las tasas de interés son tan bajas.

Hace mucho tiempo… la gente confiaba en que los banqueros canalizarían sus ahorros hacia proyectos productivos que harían crecer la economía.

Hoy en día, los banqueros y los ejecutivos ya no reinvierten el dinero de los ahorradores para impulsar la economía.

Yo abandoné el programa de maestría seis meses después de haberlo iniciado porque en lugar de que me enseñaran a hacer crecer un negocio como esperaba, me querían enseñar a "hacer un montón de dinero a través de la manipulación de los mercados".

Hoy en día, nuestras escuelas de negocios siguen enseñándoles precisamente eso a nuestros mejores y más brillantes estudiantes. No les dicen cómo invertir en investigación y desarrollo, ni cómo hacer crecer negocios y generar empleos.

La bolsa de valores y los bancos fueron creados para ayudarles a las empresas a reunir dinero para crecer, y para que los ahorradores y los inversionistas crecieran con ellas. La mayor ironía posible es que nuestras empresas más poderosas les piden dinero a los bancos para invertir en la bolsa de valores cuando en realidad no necesitan hacerlo.

Ésta es otra de las razones por las que los pobres y la clase media son cada vez más pobres.

Finalmente los estadounidenses se están dando cuenta de lo profundamente fracturada que está la economía, y hasta qué punto ha dejado de funcionar para la mayoría de los ciudadanos.

Por eso uno de los mensajes de la campaña del senador Bernie Sanders fue: "El problema de la desigualdad en la riqueza y el ingreso es el gran dilema moral de nuestro tiempo."

Esta crisis moral comienza en las escuelas. El programa K12 prácticamente no enseña nada respecto al dinero. La mayoría de la gente cree en ahorrar, pero no sabe que a partir de 1971 la deuda se convirtió en dinero. Si no cuenta con educación financiera, es imposible que se percate de que las reglas del dinero ya cambiaron.

¿Quieres ser más rico? Invierte en tu educación financiera antes de poner en práctica el concepto de usar la deuda como dinero. Si aprendes a aprovechar la deuda adquirirás un gran poder que muy pocos llegan a dominar.

Resumen

Primera parte

La brecha entre los ricos y los pobres se debe a varias cosas:

1. Los asesores financieros
2. Los impuestos
3. La deuda
4. Los errores
5. El ahorro
6. Los colapsos financieros

Ahora que terminaste la primera parte del libro podrás ver con mayor claridad las dos caras de la moneda. Confío en que hayas notado que para llegar al otro lado necesitas educación financiera real, pero antes de entrar a este tema, es muy importante que entiendas lo que la educación financiera no es, así como el precio que puede tener el analfabetismo financiero en tu vida.

Segunda parte

Lo que la educación financiera no es

Historia de dos maestros

Mucha gente cree que cuenta con educación financiera, pero no siempre es así. Estoy seguro de que conforme leas este libro entenderás mejor en qué lugar te encuentras dentro de ese espectro. Tal vez descubras que coincides con mi Padre rico y que todavía tienes mucho que aprender acerca del dinero y la inversión.

Antes de continuar con "Qué es la educación financiera...", creo que deberíamos analizar lo que no es.

Mucha gente, por ejemplo, cree que su casa es un activo, pero en la mayoría de los casos en realidad es un pasivo. Una de las razones por las que la brecha entre los ricos y los pobres sigue creciendo es porque insistimos en decir que un pasivo es un activo.

Analfabetismo financiero

Después de definir lo que la educación financiera no es, pasaremos al siguiente capítulo en donde nos enfocaremos en el alfabetismo financiero y, sobre todo, en lo qué les pasará a los analfabetos cuando la economía vuelva a mutar.

Si te urge averiguar cuán sólida es tu educación financiera y qué tanto sabes de temas económicos, estás listo para la segunda parte.

Capítulo siete

Lo que la educación financiera no es

Padre pobre:
"¿Para qué necesito educación financiera? Yo soy muy instruido, tengo un trabajo excelente, una casa, dinero en el banco y una pensión de retiro del gobierno."

Padre rico:
"Si discutes con un idiota, te conviertes en un idiota."

Existe la educación financiera para los pobres y para la clase media, y al otro lado de la moneda se encuentra la educación financiera para los ricos.

Por eso Warren Buffett decía: "Wall Street es el único lugar al que la gente llega en Rolls Royce para pedirle asesoría a gente que llegó en metro."

Antes de analizar lo que es la educación financiera real, es importante hablar del otro lado de la moneda: lo que la educación financiera no es.

Lo que la educación financiera no es

Padre Rico, Padre Pobre se publicó en 1997 y para el año 2000 llegó a la lista de bestsellers de *The New York Times*.

Poco después de la entrada del libro a la lista, fui invitado al programa *Oprah!*, y Oprah Winfrey, la conductora, me entrevistó. En una hora dejé de ser un desconocido y casi me convertí en una celebridad.

Los teléfonos empezaron a sonar y después de eso me invitaron con frecuencia a numerosos programas de televisión y de radio, y me entrevistaron en revistas y periódicos de todo el mundo. La mayoría de las entrevistas giraban alrededor de la historia de mis dos padres, el rico y el pobre, pero nadie me preguntó sobre mi educación financiera.

Casi todas las personas que me entrevistaron eran instruidas y estaban convencidas de que sabían qué era la educación financiera.

Padre rico dice: "Si discutes con un idiota te conviertes en un idiota también". Para mí fue toda una prueba de diplomacia explicarles a los entrevistadores que la idea que ellos tenían de la educación financiera era muy distinta a la de mi Padre rico. Estábamos en lados distintos de la moneda.

A continuación te presento ejemplos de lo que la gente con una sólida preparación académica cree que es la educación financiera.

Economía: Muchos periodistas pensaban que la economía era educación financiera. Aunque es importante entender de economía, mi padre no creía que fuera parte de la educación financiera. A menudo decía: "Si estudiar economía te vuelve rico, ¿entonces por qué hay tantos economistas pobres?"

El Banco de la Reserva Federal contrata a más economistas con doctorado que cualquier otra institución. Si estos profesionistas pueden enriquecernos, ¿por qué la economía estadounidense está en problemas? Tan sólo mira la gráfica que presento a continuación.

Deuda interna de Estados Unidos

Billones de dólares

$17.0
$16.0
$15.0
$14.0
$13.0
$12.0
$11.0
$10.0
$ 9.0
$ 8.0
$ 7.0
$ 6.0
$ 5.0
$ 4.0
$ 3.0
$ 2.0
$ 1.0
$ 0.0

Deuda interna de 1940 a nuestros días
Fuente: National Debt Clock
http:/www.brillig.com/debt-clock/

1940 1945 1950 1955 1960 1965 1970 1975 1980 1985 1990 1995 2000 2005 2010

Fuente: U.S. National Debt Clock

No se necesita un doctorado en economía para darse cuenta de que a esos economistas les pagan demasiado.

Cómo hacer el balance de una chequera: En una entrevista, un famoso presentador de televisión estadounidense afirmó: "Educación financiera es saber cómo hacer el balance de una chequera." En cuanto le dije que no estaba de acuerdo con él, me interrumpió y pasó a otro tema.

Saber hacer el balance de una chequera es importante, pero mi madre y mi padre sabían hacerlo y de todas formas eran pobres.

Ahorrar dinero: Todos los entrevistadores creían que ahorrar dinero era algo inteligente, lo mejor que podías hacer. Por eso ponían cara de horror en cuanto les decía: "Los ahorradores son perdedores."

La educación financiera real debe incluir la historia del dinero. La mayoría de los entrevistadores no estaba al tanto de que en 1971, el año en que el presidente Nixon derogó el patrón oro, Estados Unidos y el mundo entero empezaron a imprimir dinero.

¿Por qué una persona inteligente ahorraría si los gobiernos están imprimiendo dinero?

Ahora te presento dos gráficas que ya vimos, para recordar lo que sucede cuando los gobiernos empiezan a imprimir dinero.

Fuente: MarketWatch

Poder adquisitivo del dólar estadounidense (1900-2003)

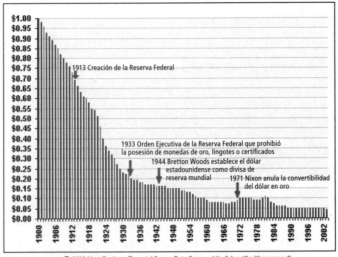

Fuente: Financial Sense

Una persona con educación financiera sabe que cuando los bancos y los gobiernos imprimen dinero, su valor decrece y el costo de la vida aumenta.

Recuerda: "¡Es la economía, estúpido!"

Conocer tu calificación FICO: La calificación FICO® es un tipo especial de evaluación crediticia. Esta calificación es un número que se usa para predecir qué tan probable es que pagues un préstamo a tiempo. Las empresas usan las calificaciones crediticias para tomar decisiones respecto a tu confiabilidad. Les sirven para saber si deben ofrecerte, o no, una hipoteca, un préstamo o una tarjeta de crédito.

Tu calificación crediticia es importante, pero no es educación financiera. Mucha gente tiene excelentes calificaciones crediticias y de todas formas es pobre.

Salir de deudas: Mi padre pobre creía que la deuda era mala, pensaba que uno debía vivir "libre de deudas". Desde la perspectiva de su limitada educación financiera, no tener deudas era buena idea, y creo que en realidad es un buen consejo para los pobres y para la clase media.

Por otra parte, Padre rico solía decir: "La deuda es dinero." También decía: "Hay deuda buena y deuda mala. La deuda buena

te enriquece, y la mala te vuelve pobre. Si quieres usar la deuda para volverte rico, tienes que invertir en tu educación financiera para diferenciar entre la buena y la mala." En la página anterior verás una imagen del sistema bancario.

La verdadera educación financiera debe ser capaz de explicar el panorama general del sistema bancario, el sistema de los ahorradores y los deudores. Como habrás notado en la ilustración anterior, si no hubiera deudores, el sistema monetario mundial colapsaría.

Es por esto que la mayoría de las tarjetas de crédito de los bancos te ofrece viajes gratuitos, devolución de cierta cantidad en efectivo y otros "beneficios". Lo hacen para motivar a la gente a endeudarse. Recuerda que los bancos ganan dinero por los deudores, no por los ahorradores. A partir del colapso del mercado inmobiliario de 2007 las tarjetas de crédito se convirtieron en la fuente número uno de ingreso de muchos bancos.

Padre pobre usó la deuda para comprar su casa y su automóvil, pero ésa es deuda mala. La deuda mala sirve para comprar pasivos. Es el tipo de deuda que tienes que pagar.

Padre rico usaba la deuda para adquirir propiedades como inversión y así hacer crecer su negocio. Ésa es deuda buena, la que te enriquece y la que paga alguien más. De hecho, los gobiernos ofrecen estímulos fiscales a la gente que sabe cómo usar la deuda buena.

El sistema bancario mundial tiene como base el Sistema de Reserva Fraccionaria. Esto significa que por cada dólar que el ahorrador deposita en el banco, éste puede prestarles a los deudores un múltiplo. Por ejemplo, si la reserva fraccionaria es 10, el banco puede prestar 10 dólares por cada dólar que deposite un ahorrador. Si la inflación es demasiado alta, el Banco Central (como el de la Reserva Federal en Estados Unidos) puede usar sus herramientas para reducir de manera efectiva la fracción a la que puede prestar un banco. Digamos que la reduce a 5, entonces el banco sólo tiene disponibles 5 dólares para prestar por cada dólar depositado por un ahorrador.

Cuando los bancos bajan las tasas de interés como sucede actualmente, lo que te están diciendo es: "No queremos ahorradores, queremos deudores". Las bajas tasas de interés sobre los ahorros están forzando a la clase media a entrar a la bolsa de valores y a los mercados inmobiliarios con la esperanza de recibir mejores rendimientos por su dinero. La clase media está persiguiendo las "burbujas" de los mercados financieros, pero si las burbujas estallaran, muchos podrían perderlo todo.

Las tasas bajas de interés quieren enviarte este mensaje: "Por favor ven y pide dinero prestado. Lo tenemos en oferta."

Estas mismas tasas que les permiten a los ricos tener aún más con mayor facilidad, implican un verdadero desastre financiero para los pobres y la clase media, y muy particularmente, para los ahorradores.

Irónicamente, por los ahorros pagamos impuestos, pero por la deuda no. Una razón más por la que los ricos son cada vez más ricos.

Lecciones de Tom en materia fiscal

Los ahorros y la deuda son las caras opuestas de la moneda de los impuestos

Los ahorros y la deuda no solamente están gravados de manera distinta. De hecho, los ahorros están gravados y la deuda no. El interés que se paga por la deuda buena (deuda usada para adquirir activos) es deducible. Por eso la deuda disminuye tus impuestos, en tanto que los ahorros, los incrementan.

Vive por debajo de tus posibilidades: Hace mucho tiempo… vivir por debajo de tus posibilidades y ahorrar dinero, resultaba lógico. Antes, si vivías de manera frugal y ahorrabas para el futuro, podías alcanzar la seguridad financiera, incluso volverte rico.

En 1971 el presidente Nixon derogó el patrón oro, anulando así la convertibilidad del dólar en oro. De esa forma les dio a los bancos y al gobierno el permiso que necesitaban para empezar a imprimir dinero. A partir de entonces, vivir por debajo de tus posibilidades y ahorrar dinero dejó de tener sentido.

Actualmente menos hogares ganan ingresos correspondientes a la clase media.

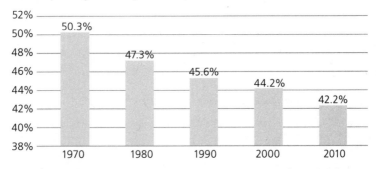

Además de que los ingresos de la clase media se estancaron, el número de hogares que ganan este tipo de ingresos ha ido en declive desde los setenta. La porción de hogares estadounidenses que ganaban entre 50 y 150% del ingreso medio, era 50.3% en 1970 y descendió a 42.2% para 2010.

Porcentaje de hogares con ingresos anuales dentro del 50% de la media

Fuente: Alan Krueger, "The Rise and Consequences of Inequality". Discurso en Center for American Progress, Washington, D.C., enero 12, 2012.

Fuente: Alan Krueger

La gráfica anterior nos cuenta lo que le está sucediendo a la clase media. Vivir por debajo de tus posibilidades y ahorrar dinero ya no resulta inteligente.

En nuestros días, vivir de esta manera sólo empobrece más a los pobres y a la clase media.

Invertir a largo plazo: Volvamos a ver la gráfica que nos muestra lo que ha sucedido en los últimos 120 años en la bolsa de valores. Como verás, "invertir a largo plazo" tuvo sentido, pero sólo entre 1895 y 2000.

Entre 2000 y 2010 el mundo vivió tres colapsos importantes. En 2000 fuimos testigos de la caída dot.com. En 2007 se presentó el colapso *subprime* del mercado inmobiliario, y en 2008 sufrimos la crisis bancaria.

120 años del Dow

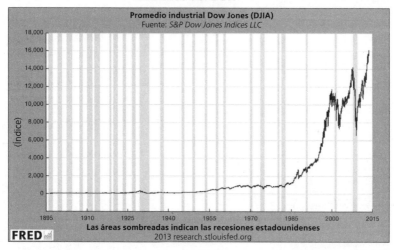

Fuente: FRED-Federal Reserve Economic Data

Como ya viste en la gráfica de la empresa de Warren Buffett en el Capítulo 1, ni siquiera el mayor inversionista del mundo pudo impedir que su empresa, Berkshire Hathaway, perdiera dinero después del año 2000.

Creo que se avecinan colapsos mucho más fuertes.

Muchas personas dicen: "No te preocupes, nunca sucederá algo tan terrible como la caída de la bolsa de 1929", pero yo no soy una de ellas.

Fuente: FRED-Federal Reserve Economic Data

Ahora te pregunto: ¿Para qué invertir a largo plazo si la siguiente crisis será miles de veces más fuerte que la Caída Gigante de 1929?

En 2002 se publicó el libro *La profecía de Padre Rico*. Ahí predije que la mayor crisis de todos los tiempos podría ocurrir en 2016... años más, años menos. La siguiente gráfica presenta una pregunta importante: ¿Qué sigue?

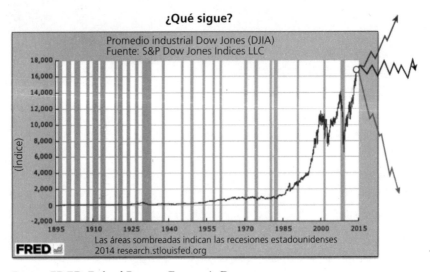

Fuente: FRED–Federal Reserve Economic Data

Si los mercados continúan subiendo, entonces sí tiene sentido invertir a largo plazo. Si el mercado colapsa, los ricos serán aún más ricos. Por desgracia, también habrá un lado negativo: millones de personas perecerán financieramente hablando. Si quieres ser aún más rico, tal vez lo mejor será ya no seguir los consejos de quienes viajan en metro para ir a trabajar a Wall Street.

¿Qué tan mal se puede poner la cosa?
Bueno...

> P: *¿Sería posible que alguien detuviera esta locura y salvara la economía mundial?*
>
> R: Cualquier cosa es posible, el problema es que la economía mundial es como un castillo de naipes.

P: *¿Qué tan rápido podría desplomarse la economía?*

R: Si se viene abajo, posiblemente lo haría por etapas. Eso significa que, de estar preparado, podrás ir adaptándote conforme las cosas cambien.

A toda la gente interesada en el futuro de la economía global le recomiendo el libro *When Money Destroys Nations*, de Philip Haslam. Éste es un libro genial, muy preciso en la información financiera, y fácil de leer y entender.

Philip Haslam es un joven brillantísimo. Es contador certificado, asesor económico, autor y orador. Vive en Johannesburgo, Sudáfrica. Cada vez que Tom Wheelwright y yo visitamos Sudáfrica, Philip se nos une en el escenario y apoya a Tom en los temas de derecho fiscal sudafricano, las consecuencias de imprimir dinero, el bitcoin y la economía global.

Como vive en Sudáfrica, Philip decidió cruzar la frontera e ir a Zimbabue para ser testigo del colapso financiero moderno de un país que alguna vez fue extremadamente rico. Un colapso que no se debe a la guerra ni a los desastres naturales, sino a la impresión descontrolada de dinero.

Los seis barrancos

En su libro Philip explica "los seis barrancos de la hiperinflación". En Sudáfrica hay un profundo desfiladero entre las montañas, en el cual hay seis peligrosas caídas intercaladas conocidas como Suicide Gorge. Philip describe el salto del primer precipicio a un profundo pozo en el fondo. Al mirar hacia atrás se dio cuenta de que sólo había una salida, así que tuvo que seguir saltando desde cascadas cada vez más elevadas hacia pozos más pequeños y superficiales.

Philip usa su experiencia en la Suicide Gorge como una metáfora para explicar el colapso financiero de seis etapas. Nos cuenta la historia del descalabro en Zimbabue a través de gente que realmente lo vivió, por lo que las anécdotas son sumamente perturbadoras. Si necesitas motivación para ponerte en acción ahora mismo, por favor lee su libro.

A continuación leerás fragmentos del libro de Philip. Son testimonios de gente que vivió el colapso de primera mano.

Finalmente tuvieron que vender su casa, y eso los mantuvo vivos tres años. Después, él y su esposa se quedaron en la calle y tuvieron que mudarse a Sudáfrica para vivir con su hijo. Dos años más tarde, ambos murieron.

El amigo de mi papá era socio de un bufete legal en el que había trabajado 50 años. Durante todo ese tiempo invirtió sus ahorros para el retiro en Old Mutual (la empresa de inversiones para los empleados). La hiperinflación diezmó sus ahorros. Old Mutual le envió una carta diciéndole que no valía la pena pagarle mensualmente, así que le dieron todo en una sola exhibición. Con ese pago, la pensión de toda su vida, se compró una lata de gasolina.

¿Cómo puedes tomar dinero que está perdiendo su valor? Es imposible. El gobierno nos forzaba a usar el papel moneda.

Teníamos que mantener la alacena bajo llave porque la comida era para nosotros el equivalente a la moneda. Era nuestra inversión, nuestros ahorros. Con alimentos podíamos adquirir cualquier cosa: mano de obra, azúcar, arroz, combustible. Eran nuestra divisa.

En las prisiones de mujeres hubo carencia de tampones y toallas femeninas. La demanda por estos productos era mayor que la demanda por dólares estadounidense, por lo que tiempo después, los productos sanitarios empezaron a circular en la prisión como medio de intercambio.

La hiperinflación convirtió a todos en criminales porque para sobrevivir, uno tenía que romper la ley.

Una anciana que trabajaba para nosotros de medio tiempo fue a comprar libros para unos huérfanos a los que ayudábamos. Compró una pila de libros y le pagó al vendedor con dólares estadounidenses. En ese momento le saltó encima un agente del gobierno encubierto, y nos forzaron a pagar un soborno. Yo detesto los sobornos, pero cuando la otra opción es ver a una anciana en prisión, entonces pagas lo necesario.

Sus vidas se consumieron hasta llegar a su fin. No podían conseguir medicamentos, ni alimentos ni agua, y muy pocos entendían por qué no podían comprar nada con su dinero. Había muchas historias de pensionados que morían en sus hogares y de muchas parejas de ancianos que se suicidaban juntos al tocar fondo.

Un país que alguna vez fue rico

Mucha gente dice: "Eso sucedió porque Zimbabue es un país pobre", pero a todos ellos les recuerdo que hace menos de 50 años Zimbabue era una nación rica y se le conocía como "la canasta de pan de África".

Hoy en día Venezuela se encuentra en la misma situación que Zimbabue. Venezuela también es un país muy rico y tiene las reservas petroleras más grandes del mundo. La pregunta es: ¿Por qué la gente que alguna vez vivió en países llenos de abundancia permitió que le sucediera esto?

En el libro de Philip hay una historia:

Conforme aumentó la inflación, la gente perdió la confianza en los dólares zimbabuenses y el gobierno recurrió a medidas de control extremas. Manipuló los precios, jugó con las tasas de inflación y usó un lenguaje oscuro que impidió que la gente entendiera bien lo que estaba sucediendo.

Fedspeak: el confuso lenguaje de Alan Greenspan

Alan Greenspan, antiguo presidente del Banco de la Reserva Federal (de 1987 a 2006), es bien conocido por el *fedspeak*, es decir, su jerga personal para confundir a la gente. Éstas son sus palabras:

Desde que llegué a trabajar en un banco central aprendí a tartamudear con gran incoherencia. Si a ustedes les parece que sueno indebidamente claro, es porque seguramente no entendieron lo que quise decir.

El *Fedspeak* de Greenspan o de cualquier banquero definitivamente no es parte de la educación financiera. Más bien es desinformación financiera. Si Greenspan, Ben Bernanke, y ahora Janet Yellen fueran honestos, sencillamente dirían: "¡Es la economía, estúpido!"

Le pregunté a Philip Haslam a qué barranco creía que el mundo tendría que saltar en 2016, y ésta fue su respuesta: "Creo que tal vez al #3 o al #4."

Ahora ya tienes una idea general de lo que la educación financiera no es. En el siguiente capítulo explicaré el precio que tienen que pagar los analfabetos financieros.

Capítulo ocho

¿Eres analfabeto financiero?

Padre pobre:
"Mi casa es un activo."
Padre rico:
"Mi casa es un pasivo."

Mi Padre pobre era un hombre con una sólida preparación académica. Se graduó con las mejores calificaciones, terminó la universidad en dos años y luego estudió en Stanford, la Universidad de Chicago, finalmente obtuvo su doctorado por la Universidad Northwestern.

Por desgracia, no tenía educación financiera, no sabía la diferencia entre activos y pasivos porque no hablaba el lenguaje del dinero.

Su analfabetismo financiero lo obligaba a trabajar más duro que los demás, aún así, nunca prosperó en lo económico. Cada año le daban un aumento de sueldo, pero también sus gastos crecían. Se esforzó al máximo por manejar bien su dinero, pero éste parecía escapársele entre los dedos.

Aunque era muy instruido y honesto, y aunque era un hombre de familia trabajador que mantenía a cuatro hijos y era pilar de su comunidad, murió siendo un hombre pobre.

El precio del analfabetismo

Todos sabemos la importancia de ser alfabetos, de saber leer, escribir, hablar y ejecutar operaciones matemáticas básicas. El alfabetismo es la conexión del ser humano con el mundo exterior.

Te voy a mostrar cinco estadísticas del analfabetismo:

1. Dos tercios de los estudiantes que no dominan la lectura para cuando terminan el cuarto grado, terminarán en la cárcel o recibiendo la ayuda del gobierno para desempleados.
2. Más de 70% de los convictos en las prisiones estadounidenses no pueden leer mejor que un estudiante de cuarto grado.
3. Uno de cada cuatro niños de Estados Unidos no aprende a leer nunca.
4. Los estudiantes que no dominan la lectura para cuando llegan al tercer grado son cuatro veces más propensos a dejar la escuela.
5. Desde 2011 Estados Unidos ha sido el único país con mercado abierto de la OCDE (Organización para la Cooperación y el Desarrollo Económicos) en donde la generación actual es menos instruida que la anterior.

El precio del analfabetismo financiero

Seguramente estarás de acuerdo en que el precio que se paga por carecer de educación financiera es muy alto.

El analfabetismo financiero paraliza a la gente. Los analfabetos financieros viven con miedo y se aferran a una falsa sensación de seguridad. El miedo les impide salir de la pobreza. No pueden resolver problemas financieros elementales de la vida.

El analfabetismo financiero destruye la autoestima. A menudo, la gente que no cuenta con alfabetismo financiero tiene baja autoestima, lo que le impide actuar con eficiencia y decisión. El analfabeto financiero va por la vida fingiendo que sí sabe lo que hace con su dinero.

El analfabetismo financiero hace que la gente se sienta frustrada y molesta. Las discusiones por el dinero son la principal razón por la que la gente se divorcia. Los analfabetos financieros no encuentran las respuestas correctas para resolver sus problemas económicos. Como siempre están preocupados porque no tienen suficiente dinero, no pueden llevar vidas felices, prósperas y plenas.

Los analfabetos financieros tienen ideas inamovibles. He descubierto que los analfabetos financieros son gente de mente cerrada. Muchos creen que los ricos son malos, codiciosos y crueles; que sólo teniendo más dinero podrán resolver sus problemas.

Los analfabetos financieros suelen decir: "Aquí no puedes hacer eso". Insisten en esta creencia a pesar de que la gente que sí cuenta con educación financiera lo hace... en sus narices. El analfabetismo financiero limita sus vidas. Las ideas inamovibles fomentan el dolor, la confusión, la estupidez y la impotencia que les produce su falta de instrucción.

Los analfabetos financieros creen que son víctimas. La gente que no tiene educación financiera no puede entender qué sucede en la economía mundial. Suele culpar a otros de sus problemas de dinero. Muchos culpan incluso a los ricos.

La mayoría de la gente es víctima del sistema fiscal. En cuanto se enteran de que los ricos casi no pagan impuestos, se enojan. En lugar de averiguar qué hacen para no pagar tanto o cómo podrían minimizar sus propios porcentajes fiscales, les llaman "estafadores y tramposos".

El analfabetismo financiero provoca ceguera. Los analfabetos financieros no pueden ver los millones de dólares que hay en las oportunidades... que tienen justo enfrente.

Entregan su dinero a desconocidos a quienes nunca han visto porque confían en ellos más que en sí mismos. Por eso hay millones de personas que preguntan: "¿Qué debo hacer con mi dinero?", y luego invierten a largo plazo sin realmente saber quién está "manejando" sus recursos.

Los analfabetos financieros no pueden ver cuando se acerca una crisis del mercado, y para colmo, operan con base en la confianza.

El analfabetismo financiero causa pobreza. La ironía es que, en un mundo en donde abunda el dinero, la clase media está desapareciendo y la pobreza va en aumento.

A pesar de que los bancos han impreso billones de dólares, hay miles de millones de personas que aún dicen: "No puedo darme ese lujo." Y a pesar de que las tasas de interés han llegado a su punto más bajo, también hay millones de personas que todavía no pueden conseguir un préstamo o comprarse una casa.

Los analfabetos financieros son inversionistas mediocres. Los analfabetos financieros están en el lugar incorrecto en el peor momento, y suelen invertir en cosas que no valen la pena por las razones equivocadas. Compran caro y venden barato. Cada vez que Walmart tiene ofertas, esta gente va corriendo a comprar. Cada vez que Wall Street tiene ofertas, salen huyendo de las mejores inversiones: las que están "en barata".

El analfabetismo financiero da como resultado un juicio deficiente. El analfabeto financiero no entiende lo que es el valor. Con frecuencia compra barato en lugar de pagar por calidad. No comprende qué es lo verdaderamente importante y valioso, qué se necesita hacer para progresar, ni cuáles son las consecuencias de sus actos.

El analfabetismo financiero hace que la gente odie la vida. Hay millones de analfabetos que odian su trabajo y que no ganan lo que les gustaría ni lo que en verdad necesitan. Se estima que 70% de los trabajadores estadounidenses odian su empleo. Lo más triste es que, a cambio de un cheque de nómina, venden su activo más valioso: su vida.

El analfabetismo financiero conduce a actos inmorales. El analfabetismo financiero erosiona los valores morales, éticos y legales. Todos hemos escuchado anécdotas espantosas acerca de gente que empieza a "hacer tratos sucios", a "defraudar a otros" o a "apostar", sólo para ganar un dinerito extra.

Millones de personas engañan, mienten y roban. Muchos evaden impuestos en lugar de aprender a reducir sus pagos de manera legal.

Lecciones de Tom en materia fiscal

Evasión fiscal en el mundo

Varias veces al año me encuentro con alguien que quiere que le ayude a evadir impuestos o, por lo menos, que apruebe o justifique que lo haga. Yo siempre les explico a estas personas que cuando entiendes las legislaciones fiscales, no tienes por qué hacer trampa. Algunos escuchan, aprenden y dejan de evadir al fisco. Otros continúan haciendo trampa porque son demasiado flojos para hacer las cosas de la manera correcta. En Italia la ley contempla incluso dos niveles de evasión: la evasión menor y la evasión mayor. Las sanciones son diferentes en cada caso. En nuestros viajes, Robert y yo nos hemos encontrado a gente en cuyos países la norma es evadir al fisco, pero no tiene por qué ser así. Si cuenta con educación financiera, cualquiera puede pagar menos impuestos de manera legal y dejar de temer que un día el recaudador lo sorprenda haciendo trampa.

El analfabetismo financiero distorsiona la realidad. Cuando la gente se siente estresada y ansiosa porque está en un agujero económico, rara vez tiene una visión clara de la realidad. Se le dificulta ver las opciones y las oportunidades que están abiertas. Muchos, por ejemplo, creen que tener una casa grande, un auto fabuloso, ropa linda, vinos caros y joyitas centelleantes los hace ricos.

Paso a paso

La educación financiera, como muchas otras cosas en la vida, es un proceso:

La educación financiera mejora el alfabetismo financiero.

El alfabetismo financiero aumenta la capacidad de una persona para resolver problemas económicos.

Resolver problemas económicos hace que la persona sea más inteligente financieramente hablando.

La gente que es más inteligente financieramente hablando, tiene más riqueza.

P: *¿Estás diciendo que entre más problemas económicos resuelva, más rico seré?*

R: Sí. Por lo general, una persona rica puede resolver problemas financieros que los pobres y la clase media, no.

P: *Entonces, si evito resolver mis problemas de dinero, ¿seré más pobre?*

R: Sí. Además, si no resuelves tus problemas, éstos se acumulan como las facturas sin pagar, y eso te lleva a dificultades mucho mayores.

P: *Nuestro gobierno está haciendo lo mismo, ¿no?*

R: Así es.

P: *¿Entonces cómo cambiamos al mundo?*

R: Ésa es la pregunta, ¿no crees? Mi Padre rico solía decir: "Si quieres cambiar el mundo, comienza por cambiar tú."

Cada vez que me quejaba y hacía berrinche por algo, mi padre me obligaba a repetirme: "Para que las cosas cambien… primero tengo que cambiar yo."

¿Qué es el alfabetismo financiero?

Una de las lecciones más importantes de Padre rico es: "La forma en que resuelves tus problemas determina el resto de tu vida."

En 1997 se publicó *Padre Rico, Padre Pobre*. Es un libro sobre el alfabetismo financiero, sobre chicos de nueve años: el hijo de Padre rico y yo. Para quienes ya lo leyeron, esto será como un repaso… con uno que otro adorno.

El estado financiero

A continuación verás el sencillo diagrama que usó Padre rico para desarrollar nuestro alfabetismo. Es su versión de un estado financiero.

Este simple diagrama cambió la dirección de mi vida. De no ser por esta sencilla manera de visualizar y entender los conceptos de ingreso, gasto, activos y pasivos, probablemente yo habría seguido los pasos de mi Padre pobre y me habría convertido en el típico empleado que es muy trabajador pero tiene problemas económicos toda su vida.

ESTADO FINANCIERO

Ingreso
Gasto

BALANCE GENERAL

Activos	Pasivos

El estado financiero es la piedra angular del alfabetismo financiero. Padre rico solía decir: "Mi banquero nunca me pide mi boleta de calificaciones porque no le importa en qué escuela estudié ni cuál era mi promedio. Lo que él quiere ver es mi estado financiero. Tu estado financiero es tu boleta de calificaciones cuando sales de la escuela, tu boleta de la vida real."

El alfabetismo financiero y las bases que recibí siendo muy pequeño, me dieron una dirección más clara en la vida.

La gente que no puede leer estados financieros es analfabeta financiera. Como sabes, hay mucha gente muy instruida que no puede leerlos. Ésta es la verdadera crisis que enfrentamos.

Imágenes, no palabras

Como el hijo de Padre rico y yo sólo teníamos nueve años cuando empezó nuestra educación financiera, Padre rico usaba imágenes y pocas palabras. Ahora soy adulto, pero de todas maneras prefiero este sistema.

ESTADO FINANCIERO

Ingreso
Padre pobre se enfocaba en esta parte
Gasto

BALANCE GENERAL

Activos	Pasivos
Padre rico se enfocaba en esta parte	

Mi Padre pobre trabajaba para mantener su empleo seguro y recibir un cheque de nómina. Padre rico trabajaba para acumular activos que produjeran flujo de efectivo. ¿En qué columna estás enfocado? ¿En la de Ingreso o en la de Activos?

Lecciones de Tom en materia fiscal

El poder de los estados financieros

Yo puedo saber cuál es el nivel de alfabetismo financiero de una persona con sólo ver qué estados financieros usa y de qué forma lo hace. Los empleados suelen ver el ingreso nada más. En una declaración de impuestos, los empleados sólo tienen que reportar su ingreso porque muy pocos de sus gastos son deducibles. Por eso, para quienes viven en el cuadrante E, el talón de pago es el estado financiero.

Los dueños de negocios pequeños suelen mirar el ingreso y el gasto. Éste es su estado financiero, les dice cuánto ganaron y cuánto gastaron. En su declaración, los dueños de negocios pequeños sólo tienen que reportar su ingreso y su gasto; ya que no se les exige contar con un balance general. Para quienes viven en el cuadrante A, el único estado financiero que cuenta es el de ganancias y pérdidas.

La gente de los cuadrantes D e I utilizan por lo menos dos estados financieros más. Usan el balance general, el cual reporta sus activos y pasivos, y usan el estado de flujo de dinero, el cual muestra de dónde salieron sus ingresos y adónde fueron. En su declaración, los dueños de negocios grandes y los inversionistas profesionales están obligados a mostrar el estado financiero y el balance general. También es necesario que, además de estos documentos, le presenten a su banquero un estado de flujo de dinero.

Cuando preparamos las declaraciones en mi despacho contable, les pedimos a todos nuestros clientes inversionistas y empresarios, sin importar cuán grandes o pequeños sean, que nos preparen un estado financiero y un balance general. De esta manera nos aseguramos de que la información que nos provean sea precisa. Los recaudadores necesitan lo mismo. Si un negocio sólo presenta el estado financiero, corre cinco veces más el riesgo de que le hagan una auditoría, que si presenta también el balance general.

Seis palabras importantes

Hay seis palabras fundamentales para el alfabetismo financiero:

1. Ingreso
2. Gasto
3. Activos
4. Pasivos
5. Efectivo (o dinero)
6. Flujo

Pregúntale a cualquier empresario cuáles son las dos palabras más importantes, y seguramente te dirá flujo de efectivo (o de dinero).

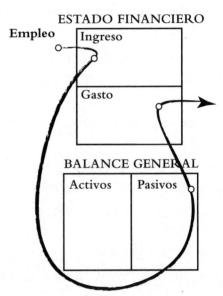

P: *¿Por qué flujo y efectivo son las dos palabras más importantes?*

R: Porque flujo y efectivo determinan si algo es ingreso, gasto, activo o pasivo.

Por ejemplo, ingreso significa flujo de efectivo que entra. Gasto significa flujo de efectivo *que sale.*

En el mundo real esto podría verse como una chequera: ingreso entra y gasto sale.

P: *¿Por eso dices que hacer el balance de una chequera realmente no es educación financiera?*

R: Exactamente.

P: *¿Porque la chequera no incluye activos y pasivos?*

R: Así es. Mi mamá y mi papá hacían el balance de su chequera, pero no tenían idea de lo que eran los activos ni los pasivos, por eso eran pobres.

Cada mes se preguntaban adónde se iba su dinero porque no sabían que se les estaba escapando a través de los pasivos como su casa y su automóvil... Para colmo, a los pasivos les llamaban activos.

ESTADO FINANCIERO

Ingreso
Gasto
Los pobres

BALANCE GENERAL

Activos	Pasivos
Los ricos	La clase media

P: *¿Entonces los activos y los pasivos determinan si alguien es rico, pobre o si pertenece a la clase media?*

R: Sí. Las clases se enfocan en distintas columnas del estado financiero. La siguiente imagen lo explica.

P: *¿Quieres decir que los pobres siempre tratan de reducir sus gastos para ahorrar?*

R: Sí.

P: *¿Entonces por qué la gente de la clase media se enfoca en los pasivos?*

R: Porque en la mayoría de los casos no distinguen entre activos y pasivos.

P: *¿Por eso tu Padre pobre decía que su casa era un activo y tu Padre rico pensaba que era un pasivo?*

R: Así es.

P: *¿Por qué sucedía eso?*

R: Porque el primero era analfabeto financiero y el segundo estaba en la otra cara de la moneda.

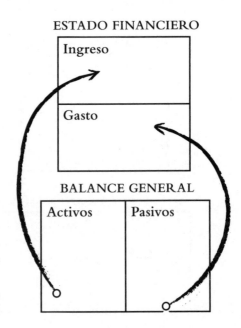

ESTADO FINANCIERO

Ingreso

Gasto

BALANCE GENERAL

Activos | Pasivos

El poder de las palabras

Aquí tenemos dos distinciones importantes que hacía padre rico para ayudarnos a entender la diferencia entre un activo y un pasivo.

Los activos llevan dinero a tu bolsillo, trabajes o no.

Los pasivos sacan dinero de tu bolsillo, incluso cuando su valor aumenta.

> P: *¿Entonces la dirección del flujo de efectivo o de dinero determina si algo es un activo o un pasivo?*
>
> R: Sí.

> P: *¿Una casa podría ser activo si llevara dinero a tu bolsillo?*
>
> R: Ya lo entendiste. Cualquier cosa puede ser un activo o un pasivo, todo lo define la dirección del flujo de efectivo. A la mayoría de la gente se le escapa el dinero entre los dedos porque insiste en que su casa o su auto es un activo.

Lecciones de Tom en materia fiscal

Pasivos y flujo de efectivo o de dinero

Otra forma de describir el estado financiero es decir que se trata de un "estado de condición financiera". La condición financiera de una persona será buena si el dinero que fluye hacia adentro excede al que fluye al exterior. Si no tuvieras empleo, tu flujo de ingresos lo determinarían exclusivamente tus activos, y tu flujo de gasto lo determinarían tus pasivos. Por eso a los activos se les puede definir literalmente como todo aquello que produce flujo de dinero que entra, y a los pasivos se les define como todo aquello que genera flujo de dinero que sale. A la diferencia entre tus activos y tus pasivos, o entre el flujo de efectivo que entra y sale, se le llama valor neto o riqueza.

Repasemos las seis palabras base del alfabetismo financiero: *ingreso, gasto, activo, pasivo, flujo* y *efectivo o dinero.*

> P: *¿Por eso combinaste las palabras flujo y efectivo en inglés, y usaste la palabra CASHFLOW para tu juego de mesa?*
>
> R: Sí. Porque en el mundo real lo más importante es la capacidad de controlar la dirección del flujo de dinero. Los ricos saben cómo controlarlo para que entre, en tanto que los pobres y la clase media no saben qué hacer para evitar que se fugue.

> P: *¿Por eso el mundo enfrenta una crisis financiera? ¿Porque nuestros líderes producen pasivos y el dinero fluye hacia afuera?*
>
> R: Sí. Para colmo, nuestros líderes están imprimiendo billetes para disfrazar el hecho de que el dinero se está escapando.

Cambio de enfoque

Los millonarios de la puerta de al lado se enfocan en estos dos activos.

ESTADO FINANCIERO

Ingreso
Gasto

BALANCE GENERAL

Activos	Pasivos
Ahorros Acciones	

El mayor problema en la actualidad es que estos dos activos, los ahorros y las acciones, son tóxicos.

Recuerda que entre 1971 y 2000, a la gente que ahorró dinero e invirtió a largo plazo en la bolsa de valores, le fue muy bien. Pero luego, en el año 2000, el mundo cambió.

Cualquier persona con alfabetismo financiero podrá ver la siguiente gráfica, que ya revisamos antes y entender lo que nos quiere decir.

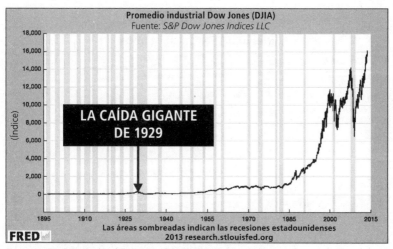

Fuente: FRED–Federal Reserve Economic Data

P: *¿Por qué estás tratando de asustarme?*

R: No es mi intención asustarte. Sé que el panorama es aterrador, pero el trabajo que realizo para promover la educación financiera, lo hago porque quiero que la gente esté preparada para lo que se avecina.

P: *¿De qué se trata?*

R: No lo sé. En realidad nadie lo sabe porque nunca habíamos llegado a la situación en que nos encontramos.

El 7 de septiembre de 2010 Warren Buffett dijo: "Lo único que les puedo decir es que lo peor que pueden hacer es invertir en efectivo.

Todos dicen que el efectivo es el rey y ese tipo de cosas, pero con el tiempo, el efectivo va a valer menos."

A la gente que escuchó a Buffett, los que renunciaron a su liquidez y prefirieron entrar a la bolsa de valores en 2010, les fue muy bien. El problema es que, ahora que estoy escribiendo el libro, en 2017, la bolsa de valores ha llegado a su máximo punto. La pregunta es: ¿Podrá Warren salvarlos de esta caída?

Analiza de nuevo el desempeño de Buffett en las tres primeras crisis de este siglo.

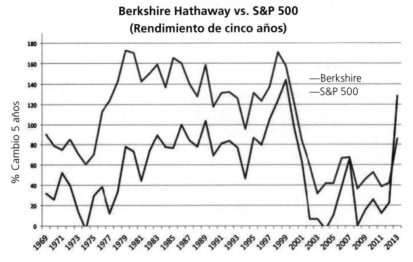

Fuente: Business Insider/Andy Kiersz, información de Berkshire Hathaway y Yahoo! Finance

Esta gráfica muestra que los marcadores vuelven a subir. ¿Será posible que los inversionistas, incluso los que son tan avezados como Warren Buffet, encuentren la manera de no perder dinero en la próxima crisis?

¿Cuentas con alfabetismo financiero?

Cuando reflexiones sobre estas acciones y reacciones, sobre las lecciones acerca del alfabetismo y el analfabetismo financiero, piensa en tus respuestas. ¿Qué has pensado? ¿Qué has sentido? Aquí te presento un resumen de la manera en que tal vez responderían los analfabetos financieros si se presentara otro colapso.

- El analfabetismo financiero paraliza a la gente.
- El analfabetismo financiero destruye la autoestima.
- El analfabetismo financiero hace que la gente se sienta frustrada y molesta.
- Los analfabetos financieros tienen ideas inamovibles.
- Los analfabetos financieros creen que son víctimas.
- El analfabetismo financiero provoca ceguera.
- El analfabetismo financiero causa pobreza.
- Los analfabetos financieros son inversionistas mediocres.
- El analfabetismo financiero da como resultado un juicio deficiente.
- El analfabetismo financiero hace que la gente odie la vida.
- El analfabetismo financiero conduce a actos inmorales.

P: *¿Entonces qué puede hacer un analfabeto financiero?*
R: Empezar a estudiar. Comenzar por entender las seis palabras básicas de la educación financiera:

1. Ingreso
2. Gasto
3. Activos
4. Pasivos
5. Efectivo o dinero
6. Flujo

Acepta el desafío de:

- Entender de qué manera el flujo de dinero determina si algo es un activo o un pasivo.
- Entender por qué una casa no es un activo.
- Entender por qué los ahorradores son perdedores.
- Entender por qué tu portafolio de inversión podría ser un pasivo, no un activo.
- Entender por qué los mercados están agitados.

- Entender por qué los dos principales activos de los millonarios de la puerta de al lado —los ahorros y las acciones—
  podrían convertirse en pasivos.
- Entender por qué "¡Es la economía, estúpido!"

Si logras comprender y explicar estos principios e ideas, estarás en el camino correcto para convertirte en un genio financiero.

Segunda parte

El dinero es un lenguaje. Aprender a ser rico es muy parecido a aprender otro idioma: toma tiempo, práctica y dedicación.

La gente pobre habla el mismo lenguaje. Los pobres hablan el lenguaje de la pobreza. Creen en las palabras de los desposeídos y las usan para comunicarse. Es común escucharlos decir: "No puedo darme ese lujo", y "no puedo hacer eso". Hasta que no cambien su manera de hablar, no cambiará su vida.

Henry Ford dijo:

> Si crees que puedes, puedes.
> Si crees que no puedes, no puedes.
> De cualquier manera tienes razón.

La clase media habla el mismo lenguaje. Las palabras y términos preferidos de la clase media son: seguridad en el empleo, cheque de nómina constante y prestaciones. La gente perteneciente a esta clase evita las palabras riesgo y deuda. Creen que ahorrar dinero es inteligente. Bueno, de hecho lo fue, pero hasta 1971.

Hasta que la clase media no cambie su manera de hablar, no cambiará su vida.

El lenguaje de los ricos es distinto. Los ricos, es decir, la gente que tiene educación financiera, habla distintos lenguajes. Los empresarios hablan de manera distinta a sus empleados. Los inversionistas en bienes raíces hablan un lenguaje distinto al de los inversionistas en la bolsa de valores. Un inversionista inmobiliario usará términos como *tasas de capitalización*, y un inversionista de la bolsa de valores hablará de *ratio p/e* aunque las dos cosas signifiquen casi lo mismo. El punto es: "Nos convertimos en nuestras palabras".

¿Tienes educación financiera real?
La segunda parte del libro se ha tratado de:

> Lo que la educación financiera no es.
> ¿Qué es el alfabetismo financiero?

La tercera parte se enfocará en:

> ¿Qué es la educación financiera real?

La buena noticia es que la educación financiera real comienza con las palabras, con el verdadero lenguaje del dinero, el lenguaje de los ricos. Y lo mejor es que tú te conviertes en tus palabras y las palabras son gratuitas.

¿Qué es la educación financiera real?

Introducción a la tercera parte

Deuda e impuestos

Apuesto que mucha gente estará de acuerdo conmigo en que las dos palabras más espantosas del vocabulario financiero mundial son *deuda* e *impuestos*.

La deuda y los impuestos son la verdadera causa de la creciente brecha entre los ricos y todos los demás, por eso el año de 1913 fue crucial en la historia. En 1913 se fundó el Banco de la Reserva Mundial de Estados Unidos. También fue el año en que se ratificó la decimosexta enmienda, acto que condujo a la creación del Servicio de Impuestos Internos (IRS): el temido departamento fiscal de nuestro país.

Estas dos instituciones necesitaban coexistir para que pudiera tener lugar lo que el doctor Fuller llamó GRUNCH: El fragrante atraco universal.

En la actualidad, la deuda y los impuestos son como un cáncer, devoran las entrañas y el alma de las clases media y pobre. La deuda interna de Estados Unidos es un desastre inminente, pero en la otra cara de la moneda, la deuda y los impuestos siguen sirviendo para que los ricos obtengan mayor riqueza aún.

La verdadera educación financiera no se trata de cuáles acciones, bonos, fondos negociados en bolsa o fondos mutualistas comprar; ni tiene que ver con la diversificación. Warren Buffett dice: "La diversificación es una protección contra la ignorancia. Si en verdad sabes lo que estás haciendo, no te sirve de gran cosa."

¿Pero cómo podría saber una persona lo que está haciendo si está tan desinformada respecto a la deuda y los impuestos?

Cada vez que digo: "Yo gano millones de dólares y pago muy poco en impuestos, de forma legal", a mucha gente se le cierra la mente de golpe y le da un ataque cardíaco. Creo que hay muy pocas personas tan odiadas como el recaudador de impuestos. Pocas cosas son tan dolorosas como una auditoría del gobierno, pero no tendría por qué ser así si, como Buffett dice, "supieras lo que estás haciendo".

El hecho de contar con Tom Wheelwright como mentor, maestro y asesor fiscal, me da una enorme confianza en lo que hago cotidianamente como empresario e inversionista profesional. Antes de tomar cualquier decisión con la que pudiera pasarme de la raya, verifico con Tom. La vida es mucho más sencilla cuando obedeces las reglas, en especial las leyes fiscales.

Tom siempre dice: "Las reglas fiscales son principalmente incentivos, lineamientos del gobierno para que seas su socio y hagas lo que él quiere y necesita." Por eso las distintas legislaciones fiscales del mundo favorecen a los empresarios y a los negocios grandes.

En pocas palabras:

El código fiscal castiga a la gente de los cuadrantes E y A.
El código fiscal premia a la gente de los cuadrantes D e I.

Ésta es la razón por la que la educación financiera real debe empezar con la deuda y los impuestos. La educación financiera real debe voltear a la otra cara de la moneda de la deuda y los impuestos.

La educación financiera real debe enseñarle al estudiante la forma en que la deuda y los impuestos enriquecen aún más a los ricos.

La educación financiera real también debe enseñarle al estudiante cómo hacer que suceda lo mismo para él o para ella.

Por todo esto, le pedí a mi asesor personal, Tom Wheelwright que me ayudara a escribir este libro. La deuda y los impuestos son el corazón de la educación financiera real.

Lecciones de Tom en materia fiscal

El verdadero propósito de la legislación fiscal

Las leyes fiscales sirven para reunir recursos para el gobierno, pero también tienen el importante propósito de motivar a la gente a obedecer las políticas gubernamentales. Los gobiernos del mundo quieren que los negocios contraten a más gente e inversionistas para generar más viviendas, energía y alimentos. Por eso se ofrecen tantos incentivos fiscales en los cuadrantes D e I.

Capítulo nueve

Por qué los ricos juegan Monopoly

Padre pobre:
"Consigue un empleo."
Padre rico:
"No trabajes por dinero."

A lo largo de los años he asistido a muchos seminarios, conferencias y pláticas sobre el dinero. Los oradores siempre tienen algo en común: hacen las cosas complicadas, confusas y frustrantes.

Muchos de ellos parecen hablar en otro idioma. Sospecho que muchos usan la "jerga financiera", no para comunicarse con eficiencia, sino para sentirse superiores. Siempre quieren probar lo inteligentes que son.

La educación financiera real no tiene por qué ser compleja ni confusa. A menudo pienso en la frase que le atribuyen a Albert Einstein: "Si no puedes explicárselo a un niño de seis años, entonces tú mismo no lo entiendes."

La educación financiera real puede ser muy sencilla: tanto como jugar Monopoly.

Tres ingresos

Cuando le recomiendas a un joven lo mismo de siempre, "ve a la escuela, consigue un empleo, trabaja arduamente e invierte dinero a largo plazo en un plan 401(k)", en realidad necesitas un poco de asesoría fiscal.

La persona que da este tipo de consejos y que cree que ésta es la fórmula del éxito, debería añadir: "Y siempre pagarás el porcentaje más alto de impuestos."

Si el joven supiera esto, tal vez se preguntaría: "¿Qué debo hacer para pagar menos impuestos?" Esta pregunta llevaría a ese mismo joven a preguntar cosas como: "Qué es la educación financiera real?"

Esta pregunta y otras similares le permitirían al joven pararse en el canto de la moneda, el punto desde donde podría ver ambas caras. Y entones el joven, o la joven, podrían observar el lado en donde viven los ricos, quienes no trabajan por dinero.

La educación financiera real no tiene por qué ser compleja. El tema del dinero empieza con el tipo de ingreso por el que cada persona trabaja. Existen tres:

1. Ingreso ganado u ordinario
2. Ingreso de portafolio
3. Ingreso pasivo

El ingreso ganado es el más gravado de los tres, por eso, cada vez que le recomiendas o animas a una persona a "conseguir un empleo", esa persona empieza a pensar como empleado y a trabajar para obtener ingreso ganado.

Cuando alguien dice: "Regresa a la escuela y lleva tu carrera al siguiente nivel", también está ofreciendo una recomendación para trabajar por ingreso ganado.

Lo mismo sucede cuando alguien te sugiere "ahorrar dinero", ya que los ahorros también se toman en cuenta para cuestiones fiscales. De hecho, los intereses de los ahorros se gravan como ingreso ganado.

Cuando alguien te recomienda "ahorrar para el retiro a través de un plan 401(k)", deberías considerar las consecuencias a largo plazo, es decir, el hecho de que el ingreso por este tipo de planes también es ingreso ganado.

Lecciones de Tom en materia fiscal

El ingreso ganado u ordinario es el peor de todos

El ingreso de portafolio y el ingreso pasivo se gravan a tasas especiales y tienen ciertos estímulos fiscales. El gobierno prefiere este tipo de ingresos, y por eso ofrece incentivos a quienes trabajan por ellos. Cualquier otro tipo de ingreso es ganado u ordinario. El gobierno ha elegido no ofrecer estímulos a quienes trabajan por dinero ni a quienes lo ahorran.

El incentivo fiscal por guardar una parte de tu dinero para el retiro a través de un plan 401(k) en Estados Unidos, o un plan RRSP en Canadá, consiste en diferir los impuestos hasta que saques el dinero. Además de que los planes 401(k) se gravan a tasas ordinarias, la ley penaliza a quienes sacan sus ahorros antes de llegar a la edad requerida para jubilarse. Es decir, este ingreso no sólo es el que tiene el más alto gravamen, también es un problema acceder a él porque tienes que llegar a la edad exigida o, de lo contrario, pagar una tasa fiscal muy alta y una penalización.

P: *Entonces ir a la escuela, conseguir un empleo, ahorrar dinero e invertir a largo plazo en ciertos planes de retiro patrocinados por el gobierno, ¿es lo mismo que trabajar por ingreso ganado?*

R: Sí.

P: *Y cuando una persona se vuelve empresaria y deja de ser emplea-*
do del cuadrante E para ir al cuadrante A, ¿paga un porcentaje
todavía mayor de impuestos?

R: Sí.

P: *¿Por qué?*

R: La respuesta más sencilla y breve es porque los empresarios de A trabajan por dinero. Recuerda la lección #1 de
Padre Rico, Padre Pobre: "Los ricos no trabajan por dinero."
También recuerda que a partir de 1971 todo el dinero se
convirtió en deuda. ¿Para qué trabajar por dinero si todos
los días se imprime más y más? ¿Para qué salir de deudas
si el dinero mismo es deuda? Todo se resume en una sola
frase: "¡Es la economía, estúpido!"

Las escuelas les enseñan a los estudiantes a trabajar por dinero. Ésta
es la principal razón por la que la brecha entre los ricos, los pobres
y la clase media no deja de crecer.

Darle más dinero a la gente no sirve de nada. Tener más programas de subsidios sólo sirve para que los pobres y la clase media sean
aún más pobres. Los programas de subsidios se pagan con los impuestos… mismos impuestos que pagan los pobres y la clase media:
la gente que trabaja por dinero.

P: *¿Te parece justo?*

R: Otra vez estás usando una palabra peligrosa. ¿Quién dijo
justo? Yo no dije que fuera justo. Si la vida fuera justa, yo
sería tan guapo como Brad Pitt. Lo que no es justo es la
falta de educación financiera real en las escuelas. La carencia de educación financiera es lo que tiene a miles de
millones de personas sumidas en una crisis financiera.

Las escuelas les enseñan a los estudiantes a trabajar por ingreso ganado. Punto. Ahí comienzan las dificultades.

Ingreso de los ricos

Los ricos trabajan para conseguir ingreso de portafolio e ingreso pasivo.

Ingreso de portafolio: También se le llama ganancias de capital. La ganancia de capital se produce cuando compras barato y vendes caro. Digamos, por ejemplo, que compras acciones por 10 dólares y las vendes por 16. Ahí vas a obtener una ganancia de capital de 6 dólares por acción. Esos 6 dólares son ingreso de portafolio. Sucede lo mismo cuando compras bienes raíces durante un colapso y luego esperas a que aumente su valor para venderlos. Comprar y vender inmuebles para ganar y quedarte con la diferencia, es lo mismo: compras barato y vendes caro.

Técnicamente, el ingreso ganado se produce cuando trabajas por dinero, y el ingreso de portafolio se produce cada vez que compras barato y vendes caro... o sea, cuando el dinero trabaja duro para ti en lugar de que tú trabajes para él.

En Estados Unidos el ingreso de portafolio tiene un gravamen de 20%.

Lecciones de Tom en materia fiscal

Ingreso de portafolio en todo el mundo

Estados Unidos no es el único país que favorece la inversión. La mayoría de los países tiene una tasa fiscal más baja para el ingreso de portafolio que para el ingreso ganado. Casi todos los gobiernos quieren que sus ciudadanos inviertan, por eso les dan incentivos: tasas especiales para el ingreso de portafolio.

Ingreso pasivo: Es el dinero que fluye de un activo. Tu activo produce dinero. En el ámbito inmobiliario, al ingreso pasivo se le llama *ingreso por rentas*. Por ejemplo, si yo compro una propiedad para rentar por 100 000 dólares, y mi ingreso mensual neto por rentas es de 1 000 dólares, esos 1 000 dólares son el ingreso pasivo.

El ingreso pasivo proveniente de los bienes raíces es el que ofrece la tasa más baja de impuestos. A veces es de 0%.

Como puedes ver, aquí es donde las cosas empiezan a ponerse confusas. Hay muchas palabras distintas para decir lo mismo. La gente del ámbito inmobiliario lo dice de una manera, los de la bolsa de valores lo dicen de forma distinta, y los que venden bonos hablan otro idioma.

Con el afán de mantener las cosas simples, a mí me gusta recordar que existen tres tipos de ingresos: ganado, de portafolio y pasivo. Si estoy en una conferencia y el orador habla en un lenguaje "desconocido", sólo levanto la mano y pregunto: "¿Hablas de ingreso ganado, de portafolio o pasivo?" Si el orador no distingue entre estos tres tipos, es porque no sabe de qué está hablando. Como ya dije anteriormente en este mismo capítulo: "Si no puedes explicárselo a un niño de seis años, tú mismo no lo entiendes."

> P: *¿Entonces la educación financiera real debe incluir conocimiento sobre los tres tipos de ingreso y sus diferencias?*
>
> R: Sí, porque ahí empieza la brecha entre los ricos, los pobres y la clase media. Todo depende de por qué tipo de ingreso trabaja la gente.

El juego del Monopoly

Padre rico usaba el juego Monopoly como herramienta didáctica. El tablero era su salón de clases. Así nos enseñó a no trabajar por dinero, es decir, por ingreso ganado. Padre rico nos enseñó a trabajar por ingreso de portafolio y por ingreso pasivo. Por ejemplo, si yo tenía una casa verde y el ingreso por renta de esa casita era de 10 dólares, entonces esos 10 dólares eran mi ingreso pasivo: el ingreso por el que menos se pagan impuestos.

P: *¿Entonces aprendiste desde muy niño las diferencias entre los tres distintos tipos de ingreso?*

R: Así es. Como se menciona en la introducción a la tercera parte del libro, la educación financiera real debe enseñarles a los estudiantes todo sobre la deuda y los impuestos. Lo más importante es que aprendan de qué manera la deuda y los impuestos pueden enriquecerlos. Jugar Monopoly sentó las bases para que yo entendiera la manera en que la deuda y los impuestos podían volverme rico, y cuáles eran los tres tipos de ingreso.

Cuando terminábamos de jugar Monopoly Padre rico nos llevaba a ver sus "casitas verdes" de la vida real: las propiedades que rentaba. Usaba términos como ingreso por rentas y flujo de efectivo, y siempre nos decía: "Algún día estas casitas verdes se convertirán en un hotel rojo."

Después de ver las propiedades de Padre rico yo volvía a casa y mi Padre pobre me preguntaba: "¿Ya hiciste tu tarea? Si no sacas buenas calificaciones no podrás estudiar en una escuela de prestigio y no conseguirás un buen empleo."

P: *¿Uno de tus padres te recomendaba trabajar por ingreso ganado y el otro por ingreso de portafolio y por ingreso pasivo?*

R: Efectivamente. Claro, como sólo tenía nueve años, todavía no entendía los tres tipos de ingreso, ni la deuda ni los impuestos. No obstante, Padre rico estaba sentando las bases de mi futuro. Yo estaba de un lado de la moneda… pero podía ver lo que me esperaba más adelante. Podía ver que mi travesía al otro lado comenzaría por aprender a jugar Monopoly en la vida real.

Grandes hoteles rojos

Diez años después, cuando tenía diecinueve años, regresé a Hawái. Venía de la escuela en Nueva York para asistir a la gran inauguración del hotel rojo de Padre rico, justo en medio de las playas de Waikiki. Era uno de los inmuebles más prestigiosos de Hawái y el mundo entero.

Actualmente Kim y yo poseemos un gran hotel rojo en Arizona. En él trabajan cientos de empleados y las instalaciones incluyen cinco campos de golf. Lo único que hicimos fue jugar Monopoly en la vida real.

Kim y yo no nos volvimos ricos trabajando por ingreso ganado. Trabajamos por ingreso de portafolio y por ingreso pasivo.

> P: *¿Por eso tú y tu esposa desarrollaron el juego CASHFLOW? ¿Para enseñarle a la gente a invertir?*
>
> R: Sí. Kim y yo alcanzamos la libertad financiera en 1996. Kim tenía 37 años y yo 47. Nos tomó 10 años. Cuando éramos recién casados no teníamos nada. Alcanzamos la libertad financiera sin empleo, sin ahorrar dinero y sin un plan 401(k).

Cuando la gente nos preguntaba cómo lo logramos, no podíamos explicarle con exactitud. Incluso tratamos de jugar Monopoly con algunas personas para explicarles el proceso. Eso nos llevó a desarrollar el juego CASHFLOW y a lanzar la versión comercial en 1996.

En 1997 publicamos *Padre Rico, Padre Pobre* por nuestra cuenta. Más que un libro, era una especie de folleto par explicar cómo se jugaba CASHFLOW. Lo escribí para vender el juego. Como ya sabes, todos los editores a los que nos acercamos lo rechazaron.

> P: *Los editores a quienes contactaron no veían la otra cara de la moneda.*
>
> R: Eso creemos. Al parecer se les dificultaba entender por qué los ricos no trabajan por dinero, por qué los ahorradores son perdedores y por qué tu casa no es un activo. La mayoría de los editores eran empleados que trabajaban por

dinero, es decir, por ingreso ganado. Mi libro y el juego CASHFLOW enseñaban a la gente sobre el ingreso de portafolio y, particularmente, sobre el ingreso pasivo.

P: *Los editores tal vez no entendieron el mensaje del libro, pero Oprah Winfrey sí. Por eso te invitó a su programa en el año 2000, ¿no es cierto?*

R: Cierto. Oprah es una de las mujeres más ricas del mundo. Ella entendió bien la historia de Padre rico y Padre pobre. Su vida comenzó del lado pobre de la moneda, luego se movió al lado de la riqueza. Actualmente vive ahí. Oprah no necesita un empleo seguro.

¿Por qué se produjo la burbuja de la bolsa de valores?

Anteriormente dije que la *financialización* era una de las razones por las que los ricos eran cada vez más ricos. La industria de la financialización nos trajo la crisis financiera por medio de la construcción de armas de destrucción masiva. Hablo específicamente del producto conocido como derivados. Esta industria mantiene a la economía mundial en una burbuja a la que le inyecta billones de dólares en deuda. Luego mantiene las tasas de interés por debajo de cero, con la esperanza de que no se produzca un gran colapso.

La financialización afecta los pagos de los ejecutivos de las corporaciones. De acuerdo con el Instituto de Política Económica, el pago de los directores ejecutivos ha crecido de forma exponencial desde 1970. Desde ese año los pagos se han incrementado casi 1 000%. El pago de los empleados, en cambio, sólo ha aumentado 11% en ese mismo periodo.

Los ejecutivos de las corporaciones no trabajan por dinero

En el mundo corporativo, buena parte de la compensación de un ejecutivo se le entrega en opciones de acciones en lugar de un cheque de nómina. A los ejecutivos de más alto nivel no les gustan los cheques porque no quieren ingreso ganado.

Digamos que el director ejecutivo tiene la opción de comprar acciones de su empresa a 10 dólares la acción. El ejecutivo hace un gran trabajo y el precio de las acciones sube a 16 dólares. Luego el ejecutivo ejerce la opción de comprar las acciones a 10 dólares cada una, y las vende de inmediato a 16 dólares, obteniendo así 6 como ganancia. Si tiene un millón de acciones, sus ganancias de capital son de 6 millones. Los impuestos que se pagan por las ganancias de capital de 6 millones de dólares de ingreso de portafolio son mucho menores que los impuestos por 6 millones de ingreso ganado a través de un salario. Si el director ejecutivo hubiera recibido esa misma cantidad como ingreso ganado, habría pagado aproximadamente 45% en impuestos federales y estatales.

45% de 6 millones de dólares = 2.7 millones de impuestos.

Si el ejecutivo o la ejecutiva hubiera recibido los 6 millones como ganancias de capital a largo plazo o como ingreso de portafolio, habría pagado alrededor de 25% en impuestos federales y estatales.

25% de 6 millones de dólares = 1.5 millones de impuestos.

Los empleados de esa misma empresa trabajan por ingreso ganado y los ejecutivos trabajan por ingreso de portafolio. Ésta es una razón más por la que los ricos son cada vez más ricos.

Si un ejecutivo confía en que puede hacer que los empleados trabajen más y el precio de las acciones de la empresa se incremente, podría tomar 1 dólar como salario, es decir, como ingreso ordinario, y el resto podría cobrarlo en opciones de acciones o ingreso de portafolio. Lee Iacocca hizo eso cuando fue director ejecutivo de Chrysler, también lo hizo Steve Jobs en Apple. Te repito que los ricos no trabajan por dinero, y los impuestos son una de las razones para no hacerlo.

Visión de burbuja

Tras el colapso financiero de 2008 los negocios estadounidenses batallaron mucho para crecer, y como podrás imaginar, si los negocios no crecen y si el precio de las acciones no aumenta, los directores y los otros ejecutivos no ganan mucho dinero.

A partir de esa fecha la financialización comenzó a despegar. Las tasas de interés habían alcanzado su nivel más bajo, los directores ejecutivos empezaron a pedir dinero prestado y utilizaron el buen crédito que tenían las empresas con los bancos para comprar acciones de las mismas. A esta operación se le llama recompra de acciones y significa que el director ejecutivo y su personal no pueden hacer crecer el negocio. Por eso, en lugar de pedir dinero prestado para invertir en investigación y desarrollo, y para crear nuevos productos y mercados —lo cual fortalecería a la empresa—, el director pide dinero y lo invierte en la bolsa de valores. Recompra las acciones de la empresa y así empuja para que su valor aumente. Luego vende las acciones y gana ingreso de portafolio en lugar de ingreso ganado.

La mayoría de los negocios pequeños, es decir, los negocios de los inversionistas de la puerta de al lado, cree que recomprar acciones es maravilloso porque su portafolio para el retiro y las acciones aumentan de valor. Creen que de esta manera fortalecen a la empresa y que el director ejecutivo está haciendo un gran trabajo porque, aparentemente, promueve su crecimiento.

El problema es que en la mayoría de los casos la empresa se debilita y ya no puede competir porque no tiene productos nuevos ni una visión para el futuro. Para colmo, termina profundamente endeudada. Para ese momento, los ejecutivos abandonan la empresa flotando en sus "paracaídas dorados" y con sacos llenos de ingreso de portafolio.

Los empleados son quienes se quedan en un barco cargado de deuda que está por hundirse, y siguen trabajando por ingreso ganado, ahorrando para ganar intereses (más ingreso ganado), e invirtiendo en un plan 401(k) de retiro… que también es ingreso ganado.

Si los empleados carecen de educación financiera real, ¿cómo pueden saber que trabajar, ahorrar e invertir para obtener ingreso ganado u ordinario no es la mejor ópción? ¿Cómo podrían entender por qué la brecha entre ellos y la gente rica sólo sigue ensanchándose?

Es hora de ponerse en huelga

Después de algún tiempo los empleados perciben que algo anda mal porque huele a rata y porque sus salarios no aumentan. Los líderes sindicales convocan a huelga y exigen salarios más altos. Los trabajadores ganan, pero sólo siguen obteniendo más ingreso ganado.

Pagar sueldos más altos debilita a la empresa, que entonces se convierte en "blanco de absorción". La mesa directiva —esa misma gente que ya hizo millones de dólares en ingreso de portafolio—, admite que ha llegado el momento de cambiar. Como ya hicieron suficiente dinero, le venden la empresa a alguien más. En cuanto el trato se concreta, los nuevos dueños "limpian la casa", lo que con frecuencia significa que despiden empleados.

Los empleados que fueron despedidos regresan a estudiar. Muchos solicitan préstamos estudiantiles —el peor tipo de deuda conocida para el hombre—, y rezan para conseguir un nuevo empleo en el que, una vez más… trabajarán por ingreso ganado.

En lugar de ir a las reuniones sindicales, de exigir más ingreso ganado, o de volver a la escuela para más de lo mismo, los empleados debieron jugar Monopoly a la hora del almuerzo. Así habrían aprendido por qué la renta de una casita verde es mejor que un cheque de nómina.

Lecciones de Tom en materia fiscal

Los impuestos de la educación

Cuando alguien regresa a la escuela para impulsar su carrera y conseguir un empleo, realiza pagos por su educación que no son deducibles. Esto se debe a que está estudiando para hacerse de una profesión completamente nueva. En cambio, si va a seminarios de educación financiera para mejorar su conocimiento sobre inversión, lo que pague será deducible de impuestos porque a estos cursos se les considera complementarios a la carrera previa, o de educación continua.

Capítulo diez

Ingreso fantasma: el ingreso de los ricos

Padre pobre:
"Necesito mi cheque de nómina."
Padre rico:
"No necesito un cheque de nómina."

Hablar del ingreso fantasma es como tratar de describir a un espíritu en una habitación. Este capítulo es muy importante, y por esa razón me he esforzado en que sea sencillo y fácil de entender. El ingreso fantasma es el ingreso que reciben los más ricos. Es un ingreso que mucha gente ni siquiera sabe que existe.

Te sugiero lo siguiente: si te parece que este capítulo es confuso, reúnete con un amigo, alguien a quien le gusten las matemáticas. Primero lean el capítulo por separado y luego discútanlo. Si el concepto del ingreso fantasma aún es muy complejo, habla con un contador y esfuérzate por entenderlo porque es un tema muy importante. Si la gente no adquiere educación financiera, le será imposible entender lo que significa ingreso fantasma. Este capítulo es esencial porque habla del ingreso de los más ricos.

Un nivel más elevado de inteligencia financiera

En 1973 regresé de Vietnam y Padre rico me sugirió iniciar mi educación financiera tomando clases de inversión en bienes raíces. "¿Crees que deba obtener una licencia de corredor de bienes raíces?", le pregunté. Pero Padre rico se rio y contestó: "No. Las licencias de corredores son para la gente del cuadrante A. Lo que tú necesitas es educación financiera para el cuadrante I."

Los corredores del mercado inmobiliario trabajan por ingreso ganado y los inversionistas en bienes raíces trabajan por ingreso de portafolio y por ingreso pasivo. No tiene nada de malo obtener una licencia, pero la mayoría de los corredores de bienes raíces no se dedica a la inversión. Padre rico solía decir: "Les llaman corredores porque tienen que correr más que tú para conseguir su dinero."

En aquel tiempo yo todavía volaba para el Cuerpo de Infantería de Marina. Una noche, después de una misión, regresé a mi condominio en Waikiki, ya bastante tarde. Encendí la televisión y vi un anuncio sobre inversión en bienes raíces. El promotor prometía enseñarte a comprar bienes raíces "sin enganche". Como los pilotos del Cuerpo de Infantería de Marina no ganábamos gran cosa, la idea de comprar un inmueble sin pagar enganche en Hawái, uno de los lugares más caros del mundo, me interesó de inmediato. Llamé al número que apareció en la pantalla e hice una reservación para asistir al "seminario gratuito" inicial.

En el seminario vi a mucha gente como yo, gente que buscaba un camino distinto en la vida y que estaba cansada de los empleos de 9 am a 5 pm. En el seminario gratuito estaban promoviendo un segundo seminario de tres días que costaba 385 dólares, lo cual era una fortuna en aquel entonces: casi la mitad de mi salario mensual como piloto.

Cuando le pregunté a Padre rico si le parecía buena idea que asistiera al seminario, sonrió y me dijo: "¿Cómo saberlo? Yo no he tomado ese seminario. Sólo hay una manera de averiguarlo:

tómalo. De todas formas aprenderás algo, y actuar siempre es mejor que no mover un dedo… que es lo que hace la mayoría de la gente."

El académico *vs* el hombre de los seminarios

Ésta era otra de las diferencias entre Padre rico y Padre pobre. Mi Padre pobre era un académico y creía en la educación tradicional. Si el curso no se impartía a través de una universidad de prestigio, entonces no era educación legítima. Si el instructor no tenía un doctorado, no era un verdadero maestro.

Padre rico era un hombre de seminarios. Disfrutaba particularmente los cursos de Dale Carnegie porque le parecían prácticos y útiles, y porque eran una inversión relativamente económica en cuestión de tiempo y dinero. A Padre rico no le preocupaban los logros académicos del instructor, le inquietaba más que tuviera carisma. Sabía, por ejemplo, que en la empresa de Carnegie no toleraban a los instructores aburridos, que los despedían de inmediato. Por eso estaba seguro de que siempre que tomara un seminario ahí, los maestros lo mantendrían atento y le enseñarían varias cosas.

A Padre pobre le preocupaban mucho los diplomas y los títulos. Estaba muy orgulloso de haber salido de la preparatoria con el promedio más alto para luego estudiar una licenciatura, una maestría y un doctorado. Los grados académicos y los títulos son muy importantes en los cuadrantes E y A.

A Padre rico sólo le interesaba triunfar en los cuadrantes D e I.

Warren Buffett: hombre de seminarios

Incluso Warren Buffett asiste a seminarios. Por lo que sé, un día dijo: "En la pared de mi oficina no tengo colgado mi título universitario. Tengo el certificado que me dieron por asistir al curso de cómo hablar en público de Dale Carnegie porque ahí aprendí a evitar que me temblaran las manos y los pies cada vez que hablaba en las reuniones de accionistas."

Warren ofrece uno de los seminarios más populares del mundo: la conferencia anual de inversionistas de Berkshire Hathaway. A este seminario le llaman "el Woodstock de los capitalistas."

Un verdadero maestro

El seminario de tres días sobre inversión en bienes raíces fue fantástico. Mi maestro era un inversionista real. Era rico, había alcanzado la libertad financiera y era feliz. Exactamente todo lo que yo deseaba.

Fue un seminario práctico, nada de tonterías. El instructor usó ejemplos de la vida real, no teoría sacada de un libro de texto. Nos habló de sus éxitos y de sus pérdidas, y al igual que Padre rico, hizo mucho énfasis en la importancia de equivocarse. Nos dijo que los errores eran valiosos llamados de atención que te decían: "Despierta, no lo sabes todo… aquí hay algo nuevo que puedes aprender."

Nos habló de la importancia de tener buenos socios y de las lecciones dolorosas que se aprenden cuando te asocias con la gente equivocada, en especial, con gente deshonesta. Nos habló del valor de la confianza, el honor y la humildad, de la importancia de tratar a todos tus colaboradores con amabilidad y respeto. Para él, pensar que eras más inteligente o mejor que la persona de junto, era un pecado, un crimen en contra de tus semejantes.

Al final del seminario de tres días descubrí que ser inversionista en bienes raíces no tenía que ver con hacer dinero, sino con convertirse en un empresario en el ámbito inmobiliario, con ofrecerle viviendas seguras y accesibles a la gente. Y si hacías un buen trabajo, entonces tendrías la oportunidad de empezar a hacer un montón de dinero.

Si hacías un buen trabajo, los bancos te prestaban más dinero y el gobierno te daba estímulos fiscales. Ser inversionista en bienes raíces te convertía en socio del gobierno e implicaba hacer lo que él quería.

Ser inversionista en bienes raíces no se trataba de "especular" con propiedades para obtener *ganancias de capital*. Quienes especulan son *comerciantes inmobiliarios*, una clase distinta a la de los inversionistas en bienes raíces. La gente que especula provoca que las viviendas se vuelvan más costosas porque siempre quiere que los precios suban, y eso la obliga a pagar una tasa de impuestos más alta.

Lecciones de Tom en materia fiscal

La especulación genera ingreso ganado

La especulación exige un esfuerzo personal por parte del inversionista, por eso la especulación se grava como ingreso ganado y los especuladores pagan las mismas tasas de impuestos que toda la demás gente del cuadrante A.

La mayoría de los inversionistas de la bolsa de valores es como los especuladores del mercado inmobiliario. Realmente no quieren conseguir el activo, sólo quieren que éste aumente de precio. En cuanto ya hay suficientes ganancias de capital, lo venden en cuestión de días o incluso de horas. Así es como ganan dinero. Por esta razón, los impuestos sobre las ganancias de capital, particularmente las generadas a través de la especulación, son más altos que los que pagan los inversionistas pasivos, en especial, los inversionistas del mercado inmobiliario que invierten para obtener flujo de efectivo.

Los especuladores, o cambistas inmobiliarios, creen en la "Teoría del más tonto" de la inversión. Un cambista compra, y luego espera a que llegue alguien más tonto que él, alguien que esté dispuesto a pagar un precio más alto. En general, un cambista no le añade ningún valor al activo. Si acaso, hay algunos que "arreglan" el inmueble y luego lo venden. Cuando especulas con una propiedad o con acciones, estás trabajando por ingresos. Los especuladores de la bolsa y del mercado inmobiliario pagan una tasa de impuestos más alta que la que pagan los verdaderos inversionistas en bienes raíces.

Caídas del mercado

A los cambistas o especuladores sólo les va bien si otro tonto más tonto aparece y les compra, pero cuando los tontos dejan de comprar, los mercados colapsan. Eso fue lo que sucedió en 2000, 2007 y 2008. Los colapsos se presentan cuando los tontos se espabilan.

Los inversionistas en flujo de efectivo esperan a que se presenten las crisis. En ese momento, los tontos corren y se esconden, y los inversionistas legítimos salen de su letargo y empiezan a buscar las ofertas.

Flujo de efectivo fantasma

El instructor del seminario de tres días fue más allá del tema de cómo buscar y comprar una propiedad sin pagar enganche. Al igual que Padre rico, nos habló del flujo de efectivo fantasma, es decir, del ingreso invisible. "El flujo de efectivo fantasma es el ingreso real de los ricos. Es un ingreso que los pobres y la clase media no pueden ver", nos explicó.

Dicho de otra manera, el flujo de efectivo fantasma no es ingreso ganado, ni de portafolio ni pasivo. No es visible. La gente que carece de educación financiera no puede verlo. El flujo de efectivo fantasma es un ingreso invisible, derivado de la deuda y los impuestos.

> P: *¿La deuda y los impuestos generan flujo de efectivo fantasma?*
> R: Sí. Por eso la educación financiera se centra en estos dos elementos. Nunca olvides lo siguiente: La educación financiera real está relacionada con la deuda, los impuestos y el flujo de efectivo fantasma... el ingreso invisible de los ricos.

El resto de este capítulo versará sobre la manera en que podrás ver los espíritus en la habitación: el ingreso fantasma.

Nota: Por favor toma en cuenta que todos los ejemplos que aquí ofrezco son extremadamente sencillos y sólo los he incluido con un propósito didáctico. Para quienes deseen más información y vivir en el cuadrante I, he preparado una lista de 7 libros sobre este tema que me parecen esenciales.

La deuda es flujo de efectivo fantasma

Cada vez que la gente da un enganche, o sea, el depósito para comprar una casa, por ejemplo, usa dólares sobre los que ya se pagaron impuestos. Digamos por ejemplo que para comprar un inmueble de 100 000 dólares se necesita un enganche del 20%. Eso significa que el comprador o inversionista debe conseguir ese dinero. Si él o ella se encuentra en la categoría de 40%, en realidad esos 20 000 dólares le costaron 35 000 dólares en ingreso ganado o en dinero de cheque de nómina porque alrededor de 15 000 se los quedó el gobierno en forma de impuestos.

Pide prestado el dinero

La pregunta es: ¿Qué pasaría si el inversionista pidiera prestados esos 20 000 dólares en lugar de usar su propio dinero que, en realidad, es dinero por el que ya se pagaron impuestos?

La respuesta: El inversionista ahorraría 15 000 dólares. Esos 15 000 son ingreso fantasma, un dinero por el que el inversionista no tuvo que trabajar, por el que no pago impuestos, y el cual no tuvo que ahorrar.

> P: *¿Entonces al usar la deuda el inversionista saca una ventaja de 15 000 dólares? ¿No es eso como dejar a un corredor salir antes de tiempo para que vaya a la cabeza?*
>
> R: Así es. Mientras los negocios pequeños están ahorrando dólares por los que ya pagaron impuestos para dar un enganche, el inversionista profesional que sabe usar la

deuda como dinero, le lleva una fuerte ventaja. El inversionista profesional ya está pensando en su siguiente inversión mientras los dueños de los negocios pequeños apenas van a salir de casa para ir a trabajar.

P: *Y sólo porque el inversionista profesional aprovecha la deuda y el inversionista amateur usa ahorros por los que ya pagó impuestos.*

R: Ya lo estás comprendiendo. Piénsalo, piensa cuánto tiempo y dinero ahorrarías si no tuvieras que trabajar, pagar impuestos y vivir con frugalidad sólo para ahorrar esos 20 000 dólares para el enganche.

P: *¿Quieres decir que sólo debo pedir prestados los 20 000 dólares?*

R: Sí. Míralo de esta manera: hay mucha gente para la que 20 000 dólares en realidad no es demasiado dinero. ¿Pero qué pasa cuando necesitas 200 000 dólares o 2 millones, o 20 millones para dar un enganche?

P: *No podría pagarlo. ¿Entonces los ricos son cada vez más ricos porque saben pedir prestado el dinero para dar enganches más fuertes al comprar inmuebles?*

R: Así es. Si eres una persona trabajadora que vive en el cuadrante E, y te esfuerzas por ahorrar para volverte rico, te va a ser difícil jugar en el cuadrante I. El cuadrante I está relacionado con la deuda, los impuestos y el ingreso fantasma. La gente del cuadrante E que no cuenta con educación financiera, no puede ver lo que está sucediendo realmente en el cuadrante I.

Ésta es la razón por la que las acciones, los bonos y los fondos mutualistas son mejores para la gente de los cuadrantes E y A, porque para comprar activos de papel no se necesita dar enganche.

P: *¿Entonces en el cuadrante I, la clave es la deuda?*

R: Sí. La deuda, los impuestos y el ingreso fantasma. Recuerda que la deuda está exenta de impuestos. Cuando rentas dinero en lugar de trabajar por él, te ahorras mucho tiempo y dinero.

P: *Pero para hacer eso se necesita mucha habilidad, ¿no es cierto?*

R: Sí. Ahí es donde entra en juego la educación financiera. Repetiré las palabras de Donald Trump: "Ya saben que soy el rey de la deuda. Me encanta la deuda, pero es compleja y peligrosa."

P: *Por eso Padre rico te sugirió tomar un curso de bienes raíces antes de convertirte en inversionista. Porque los bienes raíces se basan en la deuda, los impuestos y el ingreso fantasma, ¿cierto?*

R: Sí.

P: *¿Por qué no te enseñó eso él mismo?*

R: Me dijo que ya me había llevado lo más lejos posible, que había llegado la hora de que buscara mejores maestros. Era lo mismo que él hacía. Padre rico viajaba constantemente en avión para asistir a seminarios y buscar nuevos maestros en distintas ciudades.

Padre rico a menudo me pedía que recordara a los tres reyes magos que seguían a una estrella en los cielos. Aunque ya eran ricos e instruidos, nunca dejaron de buscar maestros nuevos y más sabios.

El inversionista sofisticado

Como lo mencioné, en la educación financiera hay 6 palabras elementales. Son las palabras del estado financiero:

- Ingreso
- Gasto

- Activos
- Pasivos
- Efectivo o dinero
- Flujo

Recuerda que tu banquero no te va a pedir que le muestres tu boleta de calificaciones, lo que realmente quiere ver es tu estado financiero. Por desgracia. La mayoría de la gente no cuenta con uno.

Ahora hagamos un resumen de los tres tipos de ingreso: ganado, de portafolio y pasivo.

Los porcentajes que se presentan a continuación son aproximados y sólo te los muestro con fines didácticos:

- Ganado   40%
- Portafolio   20%
- Pasivo   0%

En la mayoría de los casos, los pobres y la gente de la clase media sólo reciben ingreso ganado u ordinario. Éste es el ingreso por el que más se pagan impuestos. Los ahorros y los planes 401(k) también se gravan como ingreso ganado. El millonario de la puerta de al lado trabaja por ingreso ganado y por ingreso de portafolio.

El inversionista sofisticado trabaja por ingreso fantasma. El ingreso fantasma exige un nivel muchísimo más alto de alfabetismo y educación financiera real porque es invisible.

Los siguientes son ejemplos de ingreso fantasma:

La deuda es dinero exento de impuestos. El ingreso fantasma proveniente de la deuda es el tiempo y el dinero que ahorras cuando "rentas" dinero en lugar de trabajar para ganarlo, pagar impuestos sobre él y ahorrarlo.

En el ejemplo que usé expliqué que un enganche de 20 000 dólares en realidad costaba 35 000 dólares de ingreso ganado. La diferencia de 15 000 es el ingreso fantasma: dinero y tiempo ahorrados.

Si sabes cómo usar la deuda como dinero, te puedes volver rico en mucho menos tiempo.

La apreciación es ingreso fantasma. La apreciación ocurre cuando el precio de una propiedad aumenta. Digamos, por ejemplo, que un inmueble de 100 000 dólares llega a valer 150 000. La diferencia de 50 000 dólares es el ingreso fantasma conocido como *apreciación*.

El problema es que para ponerle las manos encima a esos 50 000 dólares, la mayoría de la gente tiene que vender su inmueble. La venta desencadena un suceso gravable que se ve reflejado en los impuestos por ganancias de capital.

Si la ganancia de capital es de 50 000 dólares:

50 000 × 20% de impuestos = 10 000 en impuestos.

Una manera menos costosa

Kim, Ken McElroy y yo hemos diseñado una estrategia para no tener que vender una propiedad. Sacamos nuestros 50 000 dólares de apreciación a través de la deuda en lugar de vender el inmueble. Los propietarios hacen esto todo el tiempo con lo que se conoce como *préstamo con garantía hipotecaria.*

La *apreciación*, es decir, el ingreso fantasma, sale como deuda y va a nuestros bolsillos libre de impuestos.

La gran diferencia

La gran diferencia es que quienes cubren el gasto de los intereses sobre los 50 000 dólares de nuestro inmueble son los inquilinos; y en el caso del préstamo como garantía hipotecaria, son los propietarios de la casa.

A menudo los propietarios solicitan un préstamo de 50 000 dólares para pagar su deuda de tarjetas de crédito, así como otros préstamos con intereses mayores, como los estudiantiles. Esto puede reducir el gasto total mensual por concepto de intereses de una familia, pero al mismo tiempo, le impedirá prosperar.

El inversionista profesional tomará los 50 000 dólares y los usará como enganche para comprar otro inmueble. Digamos que toma los 50 000 dólares de una propiedad ya existente y adquiere dos más. Su estado financiero ahora incluye tres propiedades en la columna de activos en lugar de solamente una.

> P: *¿Pero no aumentó también su deuda porque ahora tiene dos hipotecas?*
>
> R: Sí, pero si hizo las cosas bien, también aumentó su ingreso pasivo, con el cual se pagarán los intereses de las nuevas hipotecas. Además, una parte de ese nuevo ingreso irá a su bolsillo.

> P: *¿El inversionista también recibe más ingreso fantasma?*
>
> R: A continuación daré más ejemplos de ingreso fantasma.

Lecciones de Tom en materia fiscal

Más bienes raíces = más ingreso fantasma

Supongamos que tienes una propiedad para renta que cuesta 100 000 dólares, y no tienes deudas. Todo esto provino de ingreso por el que ya habías pagado impuestos. Luego pides prestados 200 000 dólares y compras tres inmuebles más. Ahora tienes bienes raíces por un valor de 300 000 dólares. Digamos que la apreciación sobre los mismos es de 10%. Si tienes una propiedad, la apreciación o ingreso fantasma es de 10 000 dólares (100 000 × 10%). Pero si tienes tres propiedades por 300 000, la apreciación o ingreso fantasma es de 30 000 (300 000 × 10%). En este caso, la deuda te sirvió para triplicar tu ingreso fantasma.

Más ejemplos de ingreso fantasma:

La amortización es un ingreso fantasma. Amortización es la reducción de tu deuda. Cada vez que haces un pago de tu hipoteca, tu tarjeta de crédito o tu autofinanciamiento, el balance del préstamo se amortiza, es decir, se va pagando.

Los dueños de pequeños negocios amortizan su deuda con ingreso ganado por el que ya pagaron impuestos, o sea, usan su propio dinero. Esto es muy distinto a la deuda de los inversionistas en bienes raíces, la cual es una deuda que el inquilino amortiza. La reducción de la deuda es otra fuente de ingreso fantasma para los inversionistas profesionales.

Yo adoro los bienes raíces porque mis inquilinos son quienes amortizan mi deuda, no yo. Recuerda que la deuda buena es la deuda que alguien más paga por ti. Cada mes Kim y yo somos más ricos porque nuestros inquilinos están amortizando nuestra deuda.

La depreciación es ingreso fantasma. A la depreciación también se le conoce como *desgaste.* El departamento de impuestos te da condonaciones fiscales porque, en teoría, tu propiedad va bajando de valor debido al desgaste.

Incluso si tu propiedad se está apreciando y aumentando de valor, el recaudador te da un respiro fiscal por concepto de depreciación, como si la propiedad estuviera bajando de valor.

La depreciación es una fuente importante de ingreso fantasma para los inversionistas profesionales reales.

Lecciones de Tom en materia fiscal

La magia de la depreciación

En el capítulo 7 de mi libro *Riqueza libre de impuestos* explico con mayor detalle la magia de la depreciación, que en realidad es ingreso fantasma. Imagina recibir una deducción de impuestos, no tener que pagar cierta cantidad. Incluso si pides dinero prestado para comprar bienes raíces, te dan una deducción por depreciación. Incluso si la propiedad aumenta de valor, recibes el descuento por este rubro. La mayoría de los países permiten esta deducción, pero sólo en propiedades que producen flujo de efectivo. Las residencias personales no generan una deducción por depreciación.

Por qué los ahorradores son perdedores

Lo son porque:

1. Los ahorradores pagan impuestos en ganancias por interés, y a menudo lo hacen con dinero por el que ya pagaron impuestos, proveniente de ingreso ganado.
2. Los ahorradores están perdiendo dinero porque el poder adquisitivo de sus ahorros disminuye debido al sistema bancario. (Tanto la expansión cuantitativa como la reserva bancaria fraccionaria son factores.)

> P: *¿Entonces a los ahorradores les cobran impuestos al mismo tiempo que su dinero pierde su valor?*
> R: Sí.

> P: *¿Y los inversionistas en bienes raíces ganan porque reciben estímulos fiscales cuando sus propiedades se aprecian?*
> R: Sí.

El siguiente ejemplo es de cómo el ingreso fantasma realmente enriquece a los ricos.

El dinero de McDonald's es flujo de efectivo fantasma. En una ocasión Ray Kroc dijo que McDonald's era una empresa de bienes raíces. McDonald's es una de las cadenas de restaurantes de comida rápida más grandes del mundo, pero también es una empresa inmobiliaria por una razón: el ingreso fantasma.

Dejemos que el Cuadrante del flujo de dinero nos lo explique.

Negocio de hamburguesas de McDonald's

Negocio de bienes raíces de McDonald's

Digamos que el negocio de comida rápida de McDonald's gana un millón de dólares en ingreso gravable. Ahora digamos que el negocio de bienes raíces cuenta con un millón en depreciación.

El millón en ingreso gravable del negocio de alimentos se compensa con el millón en depreciación del negocio de bienes raíces. Eso significa que el negocio de las hamburguesas paga cero impuestos.

Lecciones de Tom en materia fiscal

Ingreso gravable

Si McDonald's no tuviera bienes raíces, pagaría cerca de 450 000 en impuestos por su millón de ingreso gravable (1 000 000 × 45% de la tasa de impuestos). La deducción por depreciación reduce el ingreso gravable de McDonald's a cero (1 000 000 de ingreso, menos la deducción de 1 000 000). En resumen, McDonald's no paga impuestos sobre el ingreso de 1 millón recibido a través del negocio de comida rápida, y ahorra 450 000 dólares de contribuciones.

P: *¿Entonces McDonald's se vuelve rico de muchas otras maneras aparte del ingreso?*

R: Sí. Te daré más ejemplos:

1. El millón en depreciación por bienes raíces es el ingreso fantasma.
2. Su apreciación por los bienes raíces es un ingreso fantasma.
3. El incremento en el valor del negocio de hamburguesas de McDonald's es ingreso fantasma.
4. La deuda en los negocios y en los bienes raíces es amortizada por el negocio mismo, lo cual implica más ingreso fantasma.
5. Muchas empresas estadounidenses pueden ganar ingresos en Estados Unidos y mantenerlos fuera del país y del alcance del fisco. Más ingreso fantasma.
6. Esta lista podría continuar dependiendo de cuán ingeniosas sean las estrategias fiscales y los estrategas mismos, o sea, cuán inteligentes sean los Tom Wheelwright de las empresas en cuestión.

Empleados de McDonald's

Mientras tanto, los empleados de McDonald's trabajan por un cheque de nómina, ahorran dinero, batallan para salir de deudas e invierten en planes 401(k). Recuerda que todo lo anterior está sujeto a gravámenes por ingreso ganado.

Y luego nos preguntamos por qué los ricos se vuelven más ricos.

P: *¿Ustedes siguen la fórmula de McDonald's para su negocio?*

R: Sí. Lo único que tienes que hacer es cambiar "McDonald's" por "The Rich Dad Company" en el cuadrante D de la ilustración anterior.

Volvamos al Cuadrante del flujo de dinero y veamos qué nos dice.

Negocio de hamburguesas de McDonald's

Negocio de bienes raíces de McDonald's

The Rich Dad Company

Negocio de bienes raíces de Robert Kiyosaki

Una de las diferencias entre nuestros negocios es que nosotros en Rich Dad Company traemos de vuelta a Estados Unidos todo el ingreso ganado en el extranjero porque nuestro centro operativo está aquí. Además, nos parece que eso es lo correcto.

> P: *Aunque traigas todos tus ingresos de The Rich Dad Company de vuelta a casa, ¿de todas formas puedes pagar cero impuestos?*
>
> R: Sí. Cada vez que hacemos más dinero con The Rich Dad Company en el cuadrante D, compramos más inmuebles a través de los negocios del cuadrante I.

> P: *Entonces te vuelves más rico en ambos cuadrantes. ¿También aumentas los ingresos y la deuda, pagas menos en impuestos e incrementas el ingreso fantasma?*
>
> R: Ya estás comprendiéndolo.

P: *Una persona de los cuadrantes E o A, ¿puede hacer lo mismo? ¿Puede recibir ingreso fantasma?*

R: Sí, pero tiene que ser inversionista profesional del cuadrante I. La gente como el millonario de la puerta de al lado no califica porque suele invertir en acciones, bonos, fondos mutualistas, fondos negociados en bolsa (ETF) y planes de pensión. Las inversiones pasivas de este tipo de inversionistas no reciben los mismos niveles de ingreso fantasma.

P: *¿Por eso tomaste los seminarios de bienes raíces antes de invertir?*

R: Sí. Invertir en bienes raíces exige más educación financiera que invertir en acciones, bonos, fondos mutualistas y fondos negociados en bolsa.

Comprensión de los tipos de activos

Los activos de papel son líquidos. Si cometes un error al invertir en ellos, puedes entrar y salir rápidamente del mercado, es decir, puedes frenar tus pérdidas de inmediato.

En la inversión en bienes raíces, en cambio, un error podría llevarte a la quiebra porque los bienes raíces no son líquidos y no puedes frenar las pérdidas.

P: *¿Qué cursos de bienes raíces recomiendas?*

R: Muchas empresas ofrecen cursos de bienes raíces, entre ellas, The Rich Dad Company. Nosotros tenemos muchas opciones de entrenamiento; y aunque creo que Rich Dad ofrece los mejores cursos y programas, es importante que tú decidas qué es lo mejor para ti.

También puedes aprovechar Rich Dad Radio y nuestro programa de radio semanal, el cual ofrece acceso a los *podcasts* en cualquier lugar del mundo a través de RichDad.com. Cada semana Kim y yo entrevistamos a pensadores de avanzada y hablamos de una amplia variedad de temas que son especialmente relevantes para los empresarios y los inversionistas profesionales. También te invito a que conozcas la programación de RDTV en RichDad.com/ RDTV.

Comienza por los libros

Los libros son los mejores maestros del mundo, y la buena noticia es que no son caros y, al igual que los maestros de verdad, pueden explicarte las cosas con mayor detalle. Tal vez lo mejor de todo es que te enseñan a tu paso, cuando tú tienes tiempo. Además no tienes que ir a buscarlos. Si no entiendes algo, este maestro estará feliz de verte cuando regreses a él y vuelvas a leer las partes que no te quedaron claras.

A lo largo de los años les he pedido a mis asesores que escriban libros en los que expliquen en detalle lo que hacen. Todos mis asesores de *Padre Rico* son empresarios, gente que construyó su éxito sola y genios en sus diferentes ámbitos de trabajo.

Tenemos libros de nuestros asesores para los cuadrantes A y D, y también para el cuadrante I.

Si quieres aprender más acerca del ingreso fantasma y el cuadrante I, te puedo recomendar los siguientes libros.

El asesor de *Padre Rico*, Ken McElroy ha escrito tres libros para la gente interesada en invertir en bienes raíces desde el cuadrante I. Ken, Kim y yo hemos hecho millones de dólares trabajando en equipo. A menudo usamos 100% de deuda, buena parte de la cual está exenta de impuestos. Ken es una de las mentes más brillantes del ámbito inmobiliario actualmente. Además es un experto en el uso de la deuda para adquirir proyectos inmobiliarios multimillonarios. Sus libros son:

El ABC de la inversión en bienes raíces
El ABC de la administración de propiedades
Guía avanzada de inversión en bienes raíces

También puedes disfrutar del libro *Loopholes of Real Estate* de Garrett Sutton. Garrett es abogado e inversionista en bienes raíces.

Pero, por supuesto, los bienes raíces no son para toda la gente. A quienes prefieren los activos de papel debo recomendarles a mi asesor Andy Tanner. Su libro se llama *El flujo de efectivo del mercado de valores*. Éste es un libro invaluable para el millonario de la puerta de al lado, una persona que tiene muchísimo dinero atado a activos de papel de bajo o nulo desempeño.

Andy enseña una materia que todo inversionista debe dominar: cómo hacer dinero cuando los mercados empiezan a subir… y cuando caen en picada. Andy nos dice: "Los colapsos de los mercados enriquecen aún más a los ricos."

A pesar de que los activos de papel no ofrecen las mismas ventajas en deuda, impuestos e ingreso fantasma que ofrecen los bienes raíces, tienen otros estímulos para el inversionista del cuadrante I.

Estoy seguro de que para este momento ya estás de acuerdo en que Tom Wheelwright, mi contador y estratega fiscal, es un genio en lo que se refiere a pagar menos impuestos de manera legal. Tom nos ha ahorrado a Kim y a mí millones de dólares en impuestos. El libro de Tom que aparece en la serie de asesores de *Padre Rico* se llama *Riqueza libre de impuestos*.

Si planeas volverte rico en el cuadrante I, debes saber cómo proteger tus activos de dos depredadores importantes: las demandas y los impuestos.

Garrett Sutton es abogado. Él es mi asesor legal en lo que se refiere a protección de activos. Si no fuera por Garrett, Kim y yo ya habríamos perdido todo por culpa de demandas frívolas. Garrett es un genio en la protección de activos y en defender tu riqueza de otras personas y del gobierno.

Para blindar tu riqueza tienes que proteger tus activos de la misma forma que lo hacen las corporaciones del cuadrante D. Los libros de Garrett Sutton respecto a este tema son:

Inicie su propia corporación
Run Your Own Corporation
How to Use LLCs and LPs

Si quieres convertirte en inversionista profesional del cuadrante I, debes tener estos libros en tu biblioteca.

El espíritu de la ley

El instructor de inversión en bienes raíces del curso de tres días que tomé hace años, nos dijo: "El propósito de un inversionista de bienes raíces es ofrecer viviendas seguras y accesibles." Si haces eso, la mayor parte de los gobiernos del mundo se asociará contigo a través de incentivos fiscales y oportunidades para ganar ingreso fantasma que no existen en los cuadrantes E y A.

Lecciones de Tom en materia fiscal

El gobierno quiere que seas rico

Al gobierno le encanta ser socio de inversionistas y de dueños de negocios. Se ha asociado con McDonald's a través de estímulos fiscales por 450 000 dólares para invertir en bienes raíces. Esto es el equivalente a una inversión de casi medio millón de dólares en el mercado inmobiliario, realizada por el gobierno. Si construyes viviendas, el gobierno te puede dar ventajas fiscales para que no tengas que correr con todo el riesgo. El gobierno comparte el riesgo dándote estímulos fiscales contra tu otro ingreso.

Es fundamental que sigas las reglas, las leyes estatales, las leyes financieras, la legislación fiscal y los reglamentos corporativos. Quienes viven en el cuadrante I están obligados a respetar el espíritu de la ley y obedecer las reglas al pie de la letra.

Lecciones de Tom en materia fiscal

Obedece la ley

Creo que para estas alturas ya quedó claro que los ricos tienen reglas distintas a las de las demás personas. También tienen requisitos más estrictos para obedecerlas. Si alguien de los cuadrantes E o A hace un poquito de trampa en su declaración de impuestos, sólo le dan una palmadita en el dorso de la mano. Si alguien del cuadrante D o I ignora cualquier parte de la ley, por pequeña que sea, termina en prisión. Así que si quieres estar en los cuadrantes D o I, tienes que aprender a obedecer la ley al pie de la letra.

P: *¿Es necesario ser inversionista en bienes raíces?*

R: No. Déjame darte un ejemplo de un tipo de inversionista de menor alcance. Como siempre, trataré de hacerlo lo más sencillo posible.

Mary es una empleada de 40 años que gana 100 000 dólares al año, está en la categoría de impuestos del 30% y paga 30 000 dólares anuales en impuestos. En su tiempo libre es inversionista profesional en bienes raíces y se mueve en el cuadrante I.

Después de algunos años, Mary llega a tener 10 inmuebles que, sumados, ascienden a 1 millón de dólares. Ella no obtiene ingresos de sus propiedades, y la depreciación de las mismas es de 100 000 al año.

Total de impuestos pagados por su ingreso = 30 000 dólares

Depreciación de sus bienes raíces = 100 000 dólares

Impuestos pagados = 0 (100 000 de ingreso menos 100 000 de depreciación).

P: *Mary no gana ingresos por renta de sus propiedades, pero ahorra 30 000 dólares en impuestos sobre el ingreso ganado que recibe de su empleo. ¿Es porque no tiene que pagar los 30 000 dólares? ¿Su ingreso fantasma asciende a esa misma cantidad?*

R: Sí, esos 30 000 dólares no salieron de su chequera.

P: *¿Y sigue recibiendo ingreso fantasma por los conceptos de apreciación y amortización?*

R: Correcto.

P: *¿Cuando se retire sus inmuebles continuarán estando libres de deuda?*

R: Sí, siempre y cuando no refinancie o venda los inmuebles.

P: *¿Recibirá ingresos por renta el resto de su vida?*

R: Sí, pero sólo si atiende bien a sus inquilinos y cuida sus inmuebles.

P: *¿Entonces Mary no tendrá por qué preocuparse de un enorme colapso del mercado de valores?*

R: No. Porque incluso si el mercado se desplomara y entráramos a otra Gran Depresión, la gente de todas formas necesita un techo bajo el cual guarecerse.

P: *¿Y puede ganar más dinero y pagar menos impuestos?*

R: Sí. En el espíritu del cuadrante I, si cuidas a tus inquilinos y tus inmuebles, el gobierno cuidará de ti.

Una lección muy importante

Al final del seminario de tres días de inversión en bienes raíces, nuestro instructor nos dijo: "Su educación comenzará en cuanto salgan de esta clase."

Luego nos hizo formar grupos de entre tres y cinco personas y nos dio la "tarea".

"Su tarea consistirá en analizar 100 inmuebles en los próximos 90 días. Van a aprender a identificar las mejores inversiones. Pondrán en acción lo que aprendieron y cometerán muchos errores porque su educación real está a punto de comenzar", explicó. "La educación empezará cuando toquen a la puerta de los agentes de bienes raíces, cuando vayan a reuniones de exhibición de los inmuebles, cuando peinen los clasificados del periódico en busca de oportunidades, y cuando manejen por los distintos vecindarios en busca de los letreros de *Se vende*. Cuando encuentren una opción viable, tendrán que inspeccionarla físicamente, analizarla y escribir un reporte de una página que contenga las ventajas y las desventajas del inmueble, la posibilidad de crecimiento del ingreso, y el pronóstico respecto a la deuda, los impuestos y el flujo de efectivo fantasma. En los siguientes tres meses tendrán que escribir 100 reportes de este tipo basándose en inmuebles reales", nos advirtió.

"¿Por qué vamos a hacer esto?", preguntó uno de los estudiantes. "Porque eso es lo que hacen los verdaderos inversionistas", contestó el instructor con una sonrisa. "Este radio de 100:1 es con el que los inversionistas encuentran los mejores tratos."

Creo que al principio éramos cinco en el grupo y todos estuvimos de acuerdo en hacer la tarea. Como ya te imaginarás, no pasó mucho tiempo antes de que algunos de mis compañeros dijeran que estaban muy ocupados, que tenían que llevar a los niños al entrenamiento de futbol, que iban a trabajar hasta tarde, o que tenían "problemas" conyugales.

Para cuando terminaron los 90 días ya sólo quedábamos dos. Teníamos nuestras carpetas con los 100 proyectos analizados y evaluados. Llevo más de cuatro décadas de ser inversionista en bienes raíces, y hasta la fecha sigo pensando que ése fue el mejor proceso educativo financiero al que me he sometido.

Gracias a este curso compré mi primer inmueble: un condominio de una recámara y un baño frente a una hermosa playa de la isla de Maui. El mercado inmobiliario había colapsado y los compradores se estaban escondiendo. La propiedad se ofrecía en remate, así que era perfecta para un inversionista. Costaba 18000 dólares y pedían un enganche del 10%. Saqué mi tarjeta de crédito, le cargué los 1800 dólares y compré la propiedad con 100% de deuda. Sólo ganaba 25 dólares al mes de flujo de efectivo positivo, pero el rendimiento era infinito porque había usado 100% de deuda y no puse ni un centavo de mi bolsa.

Poco después me ofrecieron una "cantidad estúpida" por mi condominio. El comprador me quería dar 42000 dólares: más del doble de lo que yo había pagado. Aunque no tenía el plan de vender, el ROI (rendimiento o retorno sobre la inversión) era demasiado bueno para dejarlo pasar. Vendí el condominio y metí la transacción a algo que se llama Intercambio 1031 de impuestos diferidos.

P: *¿Qué es un intercambio de impuestos diferidos?*

R: Significa que no tengo que pagar el impuesto por ganancias de capital de la venta. Mis ganancias de capital por 24000 dólares permanecerán exentas de impuestos, siempre y cuando siga las reglas del Intercambio 1031.

P: *Ganancias de capital exentas de impuestos… ¿Hablas de más ingreso fantasma?*

R: Sí, pero sólo si obedezco las reglas del Intercambio 1031, el cual me exige invertir en más bienes raíces. No podía gastar los 24000 dólares en cualquier cosa. En este caso, poco después compré tres inmuebles más. Usé estos 24000 dólares que tenía físicamente para dar el enganche de las nuevas propiedades.

Lecciones de Tom en materia fiscal

Intercambios 1031 y otros similares

El gobierno de Estados Unidos está dispuesto a condonar los impuestos por la venta de los bienes raíces si ese dinero se invierte de inmediato en más propiedades. Las ganancias de la propiedad vendida se transfieren a la nueva para que más adelante sean gravadas si el inversionista llegara a sacar su dinero del inmueble antes de morir. No obstante, si el dinero se queda invertido ahí de forma permanente, la ganancia se perdona y el inversionista no tiene que pagar esos impuestos jamás.

Empecé con la deuda de una tarjeta de crédito y seguí adelante siguiendo las reglas del ingreso fantasma.

> P: *¿A cuánto equivale esa propiedad de 18 000 dólares actualmente?*
> R: Pasé por ahí hace algunos años y vi que los inmuebles en ese mismo complejo se vendían entre 300 000 y 425 000 dólares. Sin embargo, estoy seguro de que los precios ya aumentaron.

> P: *¿Te arrepientes de haber vendido el condominio?*
> R: Sí y no. Gracias a las lecciones que recibí en mi curso de tres días pude convertir esos 24 000 dólares en millones. Actualmente Kim y yo tenemos 5 000 inmuebles para renta, tres hoteles, cinco campos de golf y mucho más. Todo lo construimos a partir de la deuda, los impuestos y el ingreso fantasma. Así que, aunque me habría gustado conservar mi primera propiedad, me fue mejor al comenzar de cero y convertir esa cifra en millones.

La velocidad del dinero

Al proceso de convertir cero dólares en millones, se le llama la velocidad del dinero. Se refiere a qué tan rápido puedo mantener mi dinero en movimiento, adquirir más activos, sacar la inversión de los mismos sin venderlos, y comprar otros más.

Otra de las razones por las que los ricos son cada vez más ricos es porque los pobres y la clase media estacionan su dinero en ahorros o invierten a largo plazo en una pensión. En lugar de dejar su dinero estancado, los inversionistas del cuadrante I lo mantienen en movimiento.

Lecciones de Tom en materia fiscal

Impuestos sobre ingreso estacionado *vs.* La velocidad del dinero

El ingreso que se queda estacionado en inversiones a largo plazo se grava con las mismas tasas que las ganancias de capital. Cuando un inversionista del cuadrante I mantiene su dinero en movimiento a través de la deuda y la inversión, no paga impuestos porque ya dijimos que no es dinero sino deuda. Además, puede obtener ingreso fantasma adicional gracias a la depreciación.

P: *¿Entonces la persona promedio no puede ver cómo se mueve el dinero?*

R: Así es. Lo único que la persona promedio sabe qué hacer es estacionar su dinero mientras la gente del cuadrante I lo pide prestado y lo mueve a toda velocidad.

P: *¿Por eso muchos te dicen "Aquí no se puede hacer eso"?*

R: Sí. Es algo que escucho todo el tiempo. Es porque la mayoría de esa gente se encuentra en los cuadrantes E y A. Mientras estas personas ponen en duda nuestras estrategias, yo me asomo por la ventana y veo los altos edificios llenos de gente que las está aplicando… justo ahí.

Si no entendiste alguna parte de este capítulo, por favor busca un compañero o un contador y discútelo con él o ella. Este capítulo es muy importante. Si no tienes problemas para comprender los conceptos, entonces seguramente ya estás viendo lo que la mayoría no puede, a pesar de tenerlo justo enfrente.

Capítulo once

Cuadrante I: los Amos del dinero

Padre pobre:
"Regresa a la escuela y estudia una maestría."
Padre rico:
"Conviértete en un Amo del Dinero."

En la primavera de 1974 me encontraba realizando uno de mis últimos vuelos para el Cuerpo de Infantería de Marina. Volar entre las espectaculares islas de Hawái me dificultaba aún más la decisión de dejar el Cuerpo. Yo adoraba volar, pero sabía que había llegado el momento de seguir adelante.

En junio de 1974 salí en mi automóvil de la base, le devolví al guardia el saludo por última vez y me fui hacia mi nueva vida en el centro de Honolulu. Unos días después comenzaría una nueva etapa en la Corporación Xerox.

¿Maestría? No
Mi Padre pobre quería que estudiara una maestría y que luego subiera por la escalera corporativa, pero yo dejé el programa universi-

tario seis meses después. Tras la escuela de vuelo y de volar durante cinco años, el aburrimiento de la educación tradicional se me hacía insoportable.

Mi padre estaba decepcionado pero me entendió. Sabía que yo había llegado a una encrucijada, que no iba a seguir sus pasos. Sabía que no trataría de subir por la escalera corporativa, que en realidad quería convertirme en empresario.

Las habilidades de un empresario

Mi Padre rico me sugirió que consiguiera un empleo en el área de ventas. "La habilidad más importante del empresario es la de vender", me dijo. A menudo repetía: "Ventas = Ingreso" y "si quieres más ingresos, vende más."

Mientras estaba todavía en el Cuerpo de Infantería de Marina solicité un empleo en Xerox porque ellos tenían el mejor entrenamiento de ventas entre las corporaciones estadounidenses. Poco después de que me contrataron volé a Leesburg, Virginia, para participar en un programa de entrenamiento de ventas de cuatro semanas. Fue una experiencia fabulosa.

Yo llevaba mucho tiempo en la escuela militar y había estado en el ejército desde los 18 años. En 1974, a los 27 años de edad, regresé por fin al mundo real.

El problema fue que, a pesar de haber tomado el curso de ventas, seguí teniendo problemas. Iba por las calles de Honolulu tocando de puerta en puerta y viendo como mucha gente me la cerraba justo en las narices. No estaba ganando nada de dinero porque no vendía nada. Quería renunciar, pero seguía escuchando las palabras de Padre rico: "El fracaso es la manera de aprender en el mundo real. Tienes que fracasar hasta que tengas éxito." Por eso seguí tocando puertas.

Dos años después ya me iba un poco mejor. Mi mente y mi cuerpo ya habían aceptado de lleno el lema del vendedor: "La venta comienza en cuanto el cliente dice *No*."

Al principio me dolían los *No*, pero después de dos años y cientos de negativas, más bien me emocionaba cada vez que un cliente me decía *No* porque sabía que había llegado el momento de vender. Aunque era muy tímido y me aterraba el rechazo, la verdad es que adoraba vender. Así que aprendí a amar el rechazo.

Padre rico nos dijo a su hijo y a mí: "Tu vida se transforma en cuanto aprendes a amar aquello a lo que le temes."

Aprendí a amar mi miedo al rechazo y, tiempo después, sobreponerme a los *No* y darle la vuelta a las objeciones de un cliente, se convirtió en un emocionante juego.

Creo que sucede lo mismo con el romance. Toda mi vida he sido terrible cuando estoy con las mujeres. Nunca tuve el valor de acercarme. Era un as del vuelo, pero un idiota entre las chicas. Sin embargo, cuando aprendí a amar mi miedo al rechazo, todo cambió. La primera vez que vi a Kim resurgieron todos mis miedos porque... la verdad es que me quitó el aliento. De hecho estuve a punto de volver a mi antiguo comportamiento y de no invitarla a salir.

En 1984, cuando le pedí que saliera conmigo, me rechazó. Fue amable, pero me dejó muy claro que no estaba interesada en mí. Así que fui creativo, pero sin volverme insoportable, claro, y seguí insistiendo. Me rechazó seis meses más antes de decir *Sí*. Tuvimos nuestra primera cita y no nos hemos separado desde entonces. Hace poco celebramos nuestro trigésimo aniversario de bodas. Yo no estaría en donde estoy sin ella. Sé que no se casó conmigo por dinero, porque cuando nos conocimos no tenía nada, era un empresario en problemas de los cuadrantes A e I.

El mejor entrenamiento para empresarios

Padre rico estuvo muy feliz cuando conseguí el empleo en Xerox. "Todos los días irás a una verdadera escuela de negocios y aprenderás a ser un mejor empresario", me dijo.

Después de mi segundo año en las calles entendí de qué hablaba Padre rico. Mi trabajo diario consistía en entrar a los negocios y estudiar su "flujo de papel". Tenía que aprender de qué manera flotaban los documentos de un departamento a otro. Después de estudiar este flujo pude hacer una recomendación más informada para una nueva máquina de Xerox. Analizar estos flujos me permitió entender muchos negocios al derecho y al revés.

Pequeños empresarios

Como era un representante de ventas junior no me permitían venderle a cuentas corporativas importantes, o sea, a los negocios del cuadrante D. Sólo me dejaban trabajar con los negocios pequeños y sus dueños del cuadrante A. Esta experiencia, sin embargo, fue valiosísima. Llegué a la conclusión de que todos los empresarios de los negocios pequeños estaban locos de atar, todos eran distintos, todos eran grandes personajes. Los empleados que trabajaban para ellos, en cambio, eran similares, sanos y estables. El empresario era un tipo frenético, a tan sólo unos pasos de la casa de la risa. Sus puntos fuertes y sus puntos débiles eran evidentes, y también era obvio que eran la misma cosa. Estos empresarios jamás serían buenos empleados, y al mismo tiempo, eran demasiado independientes para hacer crecer un negocio y pasar al cuadrante D. En esa etapa aprendí mucho de la gente, que por cierto, es el elemento más importante de los negocios. Comprendí que casi todo mundo estaba atrapado en el cuadrante A.

Conforme mejoraron mis ventas y mis ingresos, supe que me estaba acercando al momento en que abandonaría el cuadrante E. Cuando Xerox anunció que yo era el empleado #1 en ventas, entregué mi renuncia: era hora de moverse al cuadrante A.

En 1978 dejé el cuadrante E. Mis compañeros de Xerox me hicieron una modesta fiesta de despedida y varios dijeron: "Vas a fracasar y tendrás que volver." Ya habían visto a gente como yo antes. Sí, varios empleados de Xerox ya habían renunciado para luego fracasar y regresar.

Sonreí y les agradecí los cuatro años de amistad. "Sé que voy a fracasar… pero no regresaré nunca", les dije.

Transiciones

Mi último día en el cuadrante E fue también mi primer día en el cuadrante A: un día gozoso de duda, terror y emoción. Dos años después, fracasé. Fui uno de los 9 de cada 10 empresarios que fracasan en los primeros 5 años del negocio. Perdí todo, pero nunca regresé al cuadrante E, me quedé en las profundidades del infierno del cuadrante A. Hay un viejo adagio que dice: "Cuando camines por el infierno… sigue adelante." Este dicho se convirtió en mi mantra.

Así pues, seguí caminando. Pasaron muchos años en los que a veces despertaba sin un centavo en el bolsillo, y además, tenía empleados a quienes debía pagarles. Para la hora de la cena ya les había pagado y tenía dinero para cubrir las facturas de la empresa. Estaba aprendiendo otra habilidad esencial de la vida del empresario: cómo conseguir dinero en minutos.

Los cuatro cuadrantes

Anteriormente te presenté el diagrama del Cuadrante del flujo de dinero. La mayoría de la gente va a la escuela, termina en el cuadrante E y nunca sale de ahí.

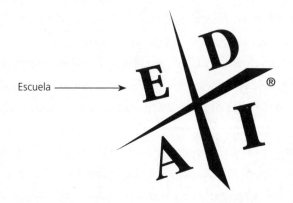

El entrenamiento para el cuadrante A

Algunos van a la escuela y se preparan profesionalmente para el cuadrante A. Estos estudiantes van a la facultad de medicina para ser médicos o a la de derecho para ser abogados; o tal vez aprenden sobre bienes raíces para convertirse en agentes, incluso hay quienes van a escuelas técnicas para ser electricistas o contratistas. Cuando te piensas mover del cuadrante E al A, siempre ayuda contar con algún tipo de educación profesional.

El viaje del cuadrante E al cuadrante A es muy difícil cuando el empresario no tiene antecedentes profesionales que le ayuden a suavizar la transición. Por ejemplo, si un empleado renuncia a su empleo para montar un restaurante, pasará un buen tiempo en el infierno del cuadrante A.

El lado derecho del Cuadrante del flujo de dinero

En algún momento, a principio de 1980, empezó a irme bien en el cuadrante A. Mi empresa de manufacturas fabricaba productos para la industria del surf y para la del rock and roll. La división del rock and roll se enfocaba en fabricar mercancía con licencia para bandas de rock como The Police, Duran Duran, Pink Floyd y Judas Priest. Cuando MTV llegó a la televisión, impulsó nuestro negocio y éste creció. Entonces surgieron nuevos problemas.

Al principio el fracaso estuvo a punto de matarme, ahora era el éxito lo que me amenazaba. Mi problema era que no podía seguirle el paso a la demanda. Todo el tiempo estaba reuniendo dinero y quedándome sin él. Por ejemplo, a veces reunía dinero en abril para fabricar productos, luego viajaba para vender los productos que fabricaríamos y les prometía a todos mis clientes de venta al menudeo que les entregaría en octubre, justo a tiempo para la temporada de vacaciones. Diciembre llegaba y se iba, y yo tenía que esperar hasta abril para que los distribuidores me pagaran. Después de pagarles a los inversionistas tenía que volver a pedir dinero para la siguiente temporada. Como dije, el éxito me estaba matando. Así descubrí que triunfar podía ser muy caro.

Una visita a Padre rico

Padre rico fue mi mentor y mi instructor en ese período crucial de mi vida. Me estaba yendo bien en el cuadrante A y en el cuadrante I, pero todavía no me estaba comiendo el mundo a mordidas. Nunca tenía dinero y estaba cansado de ser pobre, cansado de que los empleados siempre llamaran para reportarse enfermos y para pedir más dinero, más tiempo libre y más prestaciones. Estaba cansado de los vendedores que no podían vender. Cansado de los minoristas que querían que bajara los precios, que les diera más descuentos, más productos "gratuitos" y plazos más largos para pagar. Estaba cansado de las regulaciones y de los inspectores del gobierno.

El infierno en el cuadrante A

Estaba en el infierno del cuadrante A. Ganaba millones de dólares, pero también salían de mi empresa millones de dólares a una velocidad incontrolable.

Padre rico era mi entrenador y yo lo visitaba de manera regular, sobre todo cuando me sentía más sumergido en el infierno. Una noche que estaba sentado en su oficina le dije que quería rendirme. Estaba cansado y no tenía éxito. Había estado pensando que tal vez regresaría a volar porque me enteré de que el departamento de policía buscaba antiguos pilotos militares para que trabajaran ahí. La paga era buena, te daban bastante tiempo libre, prestaciones y una pensión del gobierno para el retiro. Justo lo que mi Padre pobre quería para mí.

Pero Padre rico sólo se rio porque siempre supo que llegaría ese día.

Sacó su libreta de apuntes amarilla y dibujó el Cuadrante del flujo de dinero. Luego escribió las siguientes palabras en cada cuadrante:

Mente
Cuerpo
Emociones

Espíritu

Reglas

Después me explicó: "Todos somos humanos, pero somos seres distintos. Todos los humanos tienen mente, cuerpo, emociones y espíritu. Nuestras diferencias son lo que nos hace seres distintos."

La mayoría de los empleados no abandona la seguridad del cuadrante E debido al miedo. Su miedo y la necesidad de un empleo seguro los mantiene ahí a pesar de que algunos saben que deberían irse.

"En este momento estoy estancado en el cuadrante A", dije. "No puedo salir. ¿Te refieres a eso?", le pregunté a Padre rico.

"Sí", contestó él con una sonrisa. "Todavía no dominas el cuadrante A. Es el peor de todos por distintas razones, empezando por las reglas. Las regulaciones fiscales y gubernamentales vapulean a los empresarios ahí."

"Sí, pero, ¿acaso no dijiste: *El cuadrante A es el más importante de todos?*"

"Sí", me contestó sonriendo. "Si sobrevives." Luego me preguntó: "Cuando eras representante de ventas de Xerox, ¿viste a los dueños de esos pequeños negocios luchando por sobrevivir?"

"Sí, todos los días. Ahora estoy haciendo lo mismo."

"Siempre recuerda cómo aprenden a caminar los bebés y cómo aprenden a andar en bicicleta los niños. Eso mismo pasa en todos los cuadrantes. Cuando trabajaste para Xerox aprendiste a manejarte en E, luego te moviste al cuadrante A. Hoy eres como un niño aprendiendo a andar en bicicleta, estás en el cuadrante A, pero todavía no vas a ninguna parte."

Reflexioné un momento y luego le pregunté: "¿Mi mente, mi cuerpo, mis emociones y mi espíritu todavía no maduran en el cuadrante A? ¿Todavía no crezco?"

"Correcto", dijo él. "Te está yendo bien, estás cerca, pero todavía faltan algunas piezas. Podrían ser mentales, físicas, emocionales, espirituales... o de todos los tipos."

Padre rico me recordó que la vida era como aprender a jugar golf. "A la gente le parece que el golf es un juego muy simple porque 60% se gana con los palos, y casi todo mundo sabe cómo usarlos. Pero en realidad es el juego más difícil de todos porque lo jugamos con la mente, el cuerpo, las emociones y el espíritu. Pasa lo mismo con los negocios. Nada está fuera de ti, todo está en el interior", me explicó Padre rico.

Salí de su oficina confundido. Ni siquiera sabía… ¡qué era lo que no sabía! Según yo, estaba haciendo lo correcto. Me detuve cerca de un restaurante local de comida china y tuve que tomar un momento para lidiar con mis emociones. Cuando ya me iba, la mesera me dijo: "Gracias", y me entregó una galleta de la fortuna. La partí en dos y leí lo que me deparaba la suerte:

"Siempre puedes darte por vencido más adelante, ¿para qué hacerlo ahora?"

A la mañana siguiente pegué el papelito de la galleta de la fortuna al teléfono para verlo todos los días y regresé al trabajo a seguir apagando incendios y a hacer llamadas telefónicas para ganar unos dólares. Como dice el dicho:

"Cuando camines por el infierno… sigue adelante."

Los Amos del dinero… y lo que hacen

Algunos meses después ya estaba más contento y había vuelto a sentirme como un ser humano otra vez. En mi sesión de entrenamiento con Padre rico, le pregunté: ¿Cuál es el fin del juego? ¿Cómo sabré que ya triunfé como empresario?

Él me ofreció esa sonrisa que ya había yo aprendido a reconocer, con la que me decía que escuchar mi pregunta lo hacía feliz. Respiró profundamente y me dijo:

"Cuando llegues al cuadrante I."

"¿Qué pasa en el cuadrante I?", pregunté.

"Te conviertes en un Amo del dinero y dejas de ser su esclavo."

"¿Y qué hacen los Amos del dinero?", continué.

"Los Amos no necesitan dinero para hacer dinero. Los Amos del dinero son alquimistas, convierten las ideas en oro y en negocios internacionales", explicó Padre rico. "Después, cuando una persona se convierte en Amo del dinero, hace lo que yo estoy haciendo contigo."

"¿Qué estás haciendo conmigo?"

"Te estoy guiando para que algún día te conviertas en Amo, como yo."

"¿Cómo sabré que ya soy Amo del Dinero?"

"Cuando desarrolles el toque de Midas, cuando todo lo que toques se convierta en oro... que en el mundo actual es el dinero."

"¿Luego qué tendré que hacer?", pregunté.

"Empezaras a compartir lo que sabes porque tu responsabilidad es enseñar, guiar y ayudar a otros como tú a desarrollarse. El mundo va a necesitar grandes empresarios porque sin ellos, la economía mundial empezará a derrumbarse. El capitalismo evolucionará hacia el socialismo, incluso tal vez al comunismo... a un mundo de terror, de libertad limitada, a un mundo de dictadores y déspotas."

"Pero antes de empezar a enseñar tengo que llegar al cuadrante I, ¿cierto?"

"Sí, creo que lo mejor es que llegues primero. El mundo está lleno de charlatanes, de falsos profetas, de gente que promete enseñarte cómo ser rico aunque ella misma no lo sea. No te conviertas en uno de ellos, enseña desde el cuadrante I."

El salón de clases de Padre rico

La primera vez que entré a la oficina de Padre rico yo tenía nueve años. Ese era nuestro salón de clases. Al principio su oficina era pequeña y estaba en la parte trasera del primer hotel que tuvo en el pequeño pueblo de Hilo, en Hawái.

Para cuando yo tenía treinta y tantos años, la oficina de Padre rico estaba en un lujoso edificio de oficinas cerca de su enorme hotel en las playas de Waikiki. Como yo ya era más grande, Padre rico ya podía revelarme varias cosas que no me había dicho cuando era niño.

"Mucha gente quiere ser rica pero prefiere tomar el camino fácil. En lugar de invertir tiempo en estudiar y aprender, particularmente sobre la deuda, los impuestos y el ingreso fantasma, hace cosas estúpidas como defraudar, mentir y robar. El mundo de los negocios está repleto de gente así. Son capaces de decirte cualquier cosa, hacen promesas que no piensan cumplir, son flexibles con las reglas o las rompen, y luego se preguntan por qué tienen reputación de tramposos, pillos, defraudadores, mentirosos, zalameros, timadores, truhanes, soñadores, bravucones, jugadores, estafadores, ladronzuelos… Son personas en las que no puedes confiar, que no tienen palabra; gente que está dispuesta a ofrecer sexo a cambio de un aumento de sueldo y un ascenso. Algunos llegan al cuadrante I, pero pagan un precio muy alto: su alma." Padre rico me miró al otro lado de su escritorio y repitió: "No seas uno de ellos."

Las buenas noticias

Padre rico volvió a sonreír. "La buena noticia es que estos timadores se convertirán en tus mejores maestros. Te enseñarán lecciones sobre ti que ni siquiera tú entendías. Encontrarán tus debilidades y las explotarán. Te mostrarán cuáles son tus puntos débiles, las fallas en tu forma de pensar y cuán superficial eres. Te sonreirán al mismo tiempo que te quiten la cartera. Si quieres aprender a hacer negocios en el mundo real, con ellos aprenderás más."

Padre rico me recordó lo que dijo Su Santidad, el Dalai Lama, cuando China invadió Tíbet y lo expulsó de su templo y de su casa: "Mao Tse-tung es mi mejor maestro."

Padre rico me explicó que había personas ricas en los cuadrantes E, A y D, pero que todos trabajaban por dinero. Los Amos del Dinero viven en el cuadrante I. Son individuos peculiares que no necesitan dinero porque lo pueden crear de la nada.

Un verdadero Amo es un maestro, como sucede en el caso de los *sensei* de artes marciales. No obstante, no toda la gente del cuadrante I puede enseñar. Algunos usan esta zona para gobernar al mundo; tienen el poder de comprar y vender políticos, e influyen en las elecciones. Hacen las reglas porque saben que: "El que tiene el oro es el que hace las reglas."

"¿Entonces tú obedeces las reglas del cuadrante I?", pregunté.

"Sí", contestó Padre rico. "Obedezco las reglas pero no tengo que hacer lo que ellos porque yo sí tengo alma."

Valores fundamentales

Padre rico dibujó el siguiente diagrama para explicar los valores fundamentales de los distintos seres de cada cuadrante.

"Necesito seguridad."

"Necesito un equipo."

"Necesito independencia."

"Necesito empresarios."

"¿Por qué alguien del cuadrante I necesitaría empresarios?", pregunté.

"Porque todos tenemos que retribuir… ¡todos! Una persona del cuadrante I necesita entrenar a nuevos empresarios. Yo te necesito a ti tanto como tú a mí. Es la Jerarquía de necesidades de Maslow. Cuando llegas a la cima, tienes que retribuir. Si yo fuera un chef de alto nivel, tendría que entrenar a nuevos chefs."

"Es como el antiguo sistema del aprendiz", señalé.

"Sí, exactamente", asintió padre rico. "Desafortunadamente el antiguo sistema del aprendiz ha sido reemplazado por el sistema escolar gubernamental, el cual entrena empleados, no empresarios. Por eso nuestra economía está en dificultades."

Padre rico lucía preocupado.

"Mi hijo Mike es afortunado. Yo hice el viaje a través de los cuadrantes para él y lo entrené bien. Tú sabes que no le regalé nada, por eso ambos trabajaron para mí sin recibir un pago. Soy rico, pero empecé sin nada. Sé que no hay nada más inútil que el hijo de un hombre adinerado; no hay nada más destructivo que un niño nacido con la idea de que tiene derecho a todo. Por eso a ambos los traté de la misma manera y me negué a pagarles, porque quería que los dos fueran humildes."

Padre rico continuó:

"La humildad te da la capacidad de verte en el contexto de un mundo mucho más grande. Yo quería que ustedes trabajaran con la gente peor pagada, en el nivel más bajo de mi negocio. Quería que conocieran a los trabajadores que hacían la labor más humilde, que los conocieran como seres humanos, no como empleados con un salario bajo. Todos somos iguales, por eso les encomendé a ti y a Mike hacer el trabajo de esos empleados sin cobrar. Esos empleados con los que convivieron, son los trabajadores invisibles de todos los negocios, son el motor, son lo que hace que el negocio avance. Tu trabajo como empresario y dueño es trabajar para ellos. Tu misión más importante es protegerlos a ellos y a sus familias de las duras realidades de este mundo."

Padre rico respiró e hizo una pausa para ver si yo estaba asimilando lo que me decía. Cuando constató que en verdad lo estaba escuchando, continuó:

"Hay muchos jóvenes universitarios que son como tú, que provienen de familias de la clase media. Cuando obtienen su título de maestría entran directamente a la cima de un negocio, a nivel ejecutivo, y nunca llegan a conocer a la gente que está al fondo. Muchos ejecutivos creen que son más inteligentes y astutos que los trabajadores que están por debajo de ellos; muchos pierden el contacto con la realidad y con su propia humanidad. Para ellos, los empleados son sólo números, trabajadores a los que pueden contratar y despedir cuando se les dé la gana. No se dan cuenta de que todos los seres vivos dependemos de los demás, ni de que ningún hombre es esclavo de otro."

Luego concluyó:

"A los estudiantes con maestría los preparan para guiar a otros a través de cifras, hojas de cálculo y reportes trimestrales. Nunca aprenden a actuar con gentileza: el rasgo más importante de un líder. Se les olvida que los buenos modales no son triviales y que el respeto lo es todo. Trabajan duro con la esperanza de algún día unirse a los pocos que llegan al cuadrante I, pero no todos lo logran. Es casi imposible ir del cuadrante E al I sin pasar por el A y el D. Uno no puede enseñar lo que no sabe, sin embargo mucha gente se atreve a hacerlo.

Niños ricos

Padre rico tenía ciertas opiniones acerca de los niños ricos: "Muchos de los que se mueven en el cuadrante I son niños privilegiados. Crecieron rodeados de riqueza porque provienen de familias que han sido adineradas durante muchas generaciones. Quienes amasaron las fortunas fueron sus abuelos. Son chicos que asisten a escuelas caras, a primarias y preparatorias privadas; sólo conocen a otros chicos privilegiados. Muchos entran a las universidades más finas y prestigiosas del mundo, y tras graduarse sus padres les consiguen puestos como aprendices en la cima del mundo corporativo o bancario. Los educan para que algún día puedan dirigir la empresa familiar, pero no empiezan de cero, no aprenden a construir negocios de la nada y tampoco conocen a la gente del mundo real. Lo que realmente se necesita para convertirse en un Amo del dinero es desarrollar la habilidad de construir negocios de la nada. Si sólo naces rico, nunca tendrás lo necesario; tal vez tengas dinero e inteligencia, pero no estás en contacto con la vida real. Por desgracia, los niños ricos y desconectados del mundo son los que hacen las reglas que permiten que los ricos sean cada vez más ricos, y provocan que los pobres y la clase media tengan cada vez menos."

Mi humildad es puesta a prueba

"¿Entonces antes de estar dispuesto a enseñarme pusiste a prueba mi humildad?", le pregunté a Padre rico.

Él asintió.

"¿Por eso hiciste que Mike y yo levantáramos colillas del suelo a cambio de nada?"

Padre rico volvió a asentir.

"Cuando mostraron que tenían disposición de aprender con humildad, entonces yo tuve disposición de enseñarles lo que sabía. Si me hubieran preguntado: *¿Por qué tenemos que levantar colillas del suelo sin que nos pagues?*, no habría desperdiciado mi tiempo en enseñarles. A ninguno de los dos. Tengo cosas más importantes que hacer que enseñarles a dos mocosos mimados a volverse ricos."

Esa noche, cuando estaba a punto de salir de la oficina de Padre rico, me dijo:

"Quiero que me prometas que si llegas al cuadrante I enseñarás de la misma manera que yo lo he hecho contigo. Sólo si compartes lo que sabes te puedes convertir en un verdadero Amo del dinero." Di la vuelta para salir, pero él continuó. "Si tú enseñas… entonces tú y yo, juntos, podemos cambiar el mundo del cuadrante I."

Buenas noticias

Hoy, debido a la crisis económica global, en televisión hay muchos programas que muestran lo que hace la gente real en el cuadrante I. CNBC, el canal financiero internacional, tiene programas televisivos como *Shark Tank* y *The Profit*. A mí me encantan. Los *sharks*, o tiburones, y la gente de *The Profit* hacen lo que la gente real del cuadrante I. Enseñan y a veces financian negocios y se asocian con futuros empresarios.

Si alguna vez has visto esos programas, seguramente ya notaste qué es lo que desquicia a los tiburones. Cada vez que un tiburón pregunta: "¿Qué vas a hacer con el dinero que estás tratando de conseguir?", y el aspirante a empresario contesta: "Finalmente me voy a pagar un salario", los empresarios del programa dicen adiós.

En cambio, cuando el aspirante a empresario dice: "He tocado de puerta en puerta para ofrecer mis productos y he vendido más de un millón de dólares. Ahora estoy en busca de asesoría para llevar mi negocio al siguiente nivel", los tiburones como Mark Cuban y Barbara Corcoran saltan del asiento y exclaman: "Eres el tipo de persona que estoy buscando."

Era 1983...

En 1983 mi negocio de rock and roll estaba funcionando de maravilla. Entraba más dinero del que salía y la operación se había estabilizado finalmente. Algo en mi interior me dijo que otra vez había llegado el momento de seguir adelante.

Ese mismo año, el 1 de julio, falleció Bucky Fuller. Algunos meses después se publicó su libro *Grunch of Giants* (como recordarás, la palabra *grunch* es el acrónimo de *Gross Universal Cash Heist*: El flagrante atraco universal). Después de leerlo supe que tenía que moverme. En 1984 vendí mi negocio y decidí ser empresario en el ámbito de la educación. Ese mismo año conocí a la mujer más hermosa del mundo: Kim. En diciembre nos tomamos de la mano y dimos un salto de fe. Una vez más no tenía nada, una vez más, tendría que aprender a su lado a caminar en el cuadrante A, el cual pondría a prueba nuestra inteligencia mental, física, emocional y espiritual.

Kim y yo estábamos siguiendo las lecciones que Bucky Fuller me había pasado. Éstas son dos de ellas: "No trabajo para mí, trabajo para todos", y "averigua qué quiere Dios que se haga y hazlo". Eso es lo que nos propusimos.

Kim y yo fuimos indigentes por algún tiempo. Nuestra inteligencia espiritual, es decir, nuestra fe, fue puesta a prueba. En ese tiempo comprendí mejor por qué Padre rico no había querido pagarnos a su hijo y a mí. Como Kim y yo éramos verdaderos empresarios, no dejamos que la falta de dinero nos detuviera.

Conocimos a gente horrible, gente que se aprovechó de nosotros y de nuestra situación. Hasta la fecha pensamos que ellos fueron nuestros mejores maestros porque nos ayudaron a aprender mucho acerca de los otros… y de nosotros.

También conocimos a la gente más maravillosa del mundo; personas con las que jamás nos habríamos encontrado si nuestra prioridad hubiera sido tener un empleo seguro.

En 1994 Kim y yo llegamos al cuadrante I. Recibíamos 10 000 dólares al mes en ingreso pasivo proveniente de inversiones en bienes raíces, y nuestros gastos ascendían solamente a 3 000 dólares, los cuales incluían el pago de una hipoteca personal. Éramos libres, habíamos dominado la deuda, los impuestos y el ingreso fantasma. Ya no necesitábamos dinero porque éramos capaces de generar abundancia de la nada. Kim tenía 37 años y yo 47. Celebramos durante una semana en la lujosa Isla Tortuga, en Fiji. La siguiente es una fotografía de la isla que usamos en la contratapa de mi libro *Retírate joven y rico*.

En 1996, para cumplir la promesa que le había hecho a Padre rico, quien ya había fallecido para entonces, Kim y yo produjimos el juego de mesa CASHFLOW.

En 1997 publicamos *Padre Rico, Padre Pobre* y fundamos The Rich Dad Company. Empezamos a enseñar desde el cuadrante D. Habíamos salido del cuadrante A y nuestros productos ahora servían para ofrecer educación financiera en todo el mundo.

En 2000 *Padre Rico, Padre Pobre* llegó a la lista de bestsellers de *The New York Times*. Era el único libro autopublicado de la lista. Ese mismo año fui invitado por Oprah Winfrey para presentarme como invitado en *Oprah!*, y aprendí el poder del Efecto Oprah. Mi mundo cambió de la noche a la mañana.

El 1 de febrero de 2004 apareció un artículo en *The New York Times* acerca de nuestro juego de mesa CASHFLOW:

Hazte a un lado, Monopoly...

¡Un nuevo juego de mesa que tiene como objetivo enseñarle a la gente a volverse rica está obteniendo seguidores en todo el mundo!

Cumplí la promesa que le había hecho a Padre rico. Hoy en día, hay miles de maestros compartiendo con miles de personas las lecciones que él me enseñó a mí. Están en todo el mundo, en las grandes ciudades y en los pueblitos, enseñan en distintos idiomas; y la gente aprende jugando CASHFLOW y leyendo los libros de la serie Padre Rico.

"Si tú enseñas... entonces tú y yo juntos podemos cambiar el mundo del cuadrante I", me dijo mi Padre rico.

Actualmente Kim y yo invertimos como empresarios del cuadrante I. Invertimos en empresarios. No invertimos en la bolsa de valores sino en empresarios del cuadrante A que están en el proceso de pasar al D.

El problema de los empresarios del cuadrante A es que la mayoría sólo genera empleos mal pagados. Un doctor, por ejemplo, emplea a gente a la que le paga mal. Un empresario del cuadrante D, en cambio, genera empleos bien pagados para personas que ocupan puestos como director ejecutivo, director de finanzas, director de sistemas y presidente. Cuando nosotros invertimos en empresarios que están haciendo lo que el gobierno quiere —generar empleos bien pagados, proveer vivienda para los trabajadores con ingresos bajos y desarrollar energía—, éste se asocia con nosotros ofreciéndonos estímulos fiscales.

Por eso quienes están en el cuadrante I son los Amos del dinero.

Alimento para el viaje

Si estás pensando en dejar tu empleo y echar a andar tu propio negocio, o si ya renunciaste y quieres moverte a los otros cuadrantes, debes leer dos libros que te voy a recomendar:

Mañanas milagrosas, de Hal Elrod
Alma en libertad, de Michael Singer

Me hubiera gustado tener estos libros cuando estaba atravesando el infierno del cuadrante A. Ninguno de ellos es religioso, pero ambos fueron escritos para el espíritu humano. Estos textos me enseñaron a hacer mis emociones a un lado y a permitirle a mi espíritu crecer, fortalecerse y guiar en el camino.

Los dos libros los he leído dos veces y en cada ocasión he aprendido un poco más sobre mi espíritu. Kim y yo hemos pasado varias mañanas discutiendo pasajes de cada uno; y mis asesores y yo nos hemos reunido para hacer sesiones de estudio de tres días porque nos interesa ir al fondo de los contenidos. Así de importantes nos parecen estos textos, en especial para los empresarios.

Todos hemos oído hablar del espíritu empresarial que, a mi entender, se refiere a que ser empresario tiene que ver más con el espíritu que con la profesión.

Capítulo doce

¿Tienes un plan B?

Padre pobre:
"Ya quiero retirarme."
Padre rico:
"Me retiré hace mucho tiempo."

Mi Padre pobre tenía un plan A maravilloso. Era un genio académico, adoraba la escuela y le iba bien en ella. Su plan A era convertirse en maestro, trabajar para el Departamento de Educación de Hawái y retirarse.

Por desgracia, un buen día se le ocurrió postularse como candidato para vicegobernador por parte de los republicanos. Se enfrentó a su jefe, gobernador demócrata de Hawái, y perdió: su plan A fracasó.

No tenía un plan B.

Un nuevo plan B

Cuando mi Padre pobre se quedó desempleado a los 50 años, decidió poner en marcha un improvisado plan B que contemplaba pasar al cuadrante A como empresario. Retiró los ahorros de toda su vida y un poco del dinero que el gobierno le daba para el retiro, y compró una "infalible" franquicia de helados de una empresa nacional. El negocio también fracasó.

Mi padre era exitoso en el cuadrante E, pero no contaba ni con las habilidades ni con la actitud necesaria para el cuadrante A. Sencillamente no sabía cómo hacer dinero como empresario.

Preparándose para la inminente crisis

Hoy en día, millones de *baby boomers* de todo el mundo se encuentran en el mismo predicamento que estuvo mi Padre pobre. La crisis será su retiro. La buena noticia es que la mayoría vivirá más años que sus padres; la mala, que casi todos se quedarán sin dinero cuando estén jubilados.

Por esto fue tan significativa la creación del plan 401(k) en 1978. Este plan le quitó al empleador la responsabilidad de ver por el retiro, y se la endilgó al empleado. Si el empleado se quedaba sin dinero o lo perdía en una crisis, la corporación ya no era responsable de darle un cheque de nómina de por vida. En 1978, millones de *baby boomers* se convirtieron en inversionistas pasivos de repente... a pesar de que no contaban con ninguna educación financiera.

Las cosas se ponen peor...

¡Espera, la situación empeoró! Debido a las bajísimas, o nulas, tasas de interés que se manejan hoy en día, a la desenfrenada impresión de dinero y a la burbuja de la bolsa de valores, todo parece indicar que los fondos para el retiro manejados por otros, están en serios aprietos.

Vale la pena recordar la cita de *When Money Destroys Nations* de Philip Haslam. (Recuerda que en el libro se comentó el colapso financiero en Zimbabue.)

El amigo de mi papá era socio de un bufete legal en el que había trabajado 50 años. Durante todo ese tiempo invirtió sus ahorros para el

retiro en Old Mutual (la empresa de inversiones para los empleados).
La hiperinflación diezmó sus ahorros. Old Mutual le envió una carta
diciéndole que no valía la pena pagarle mensualmente, así que le dieron
todo en una sola exhibición. Con ese pago, la pensión de toda su vida,
se compró una lata de gasolina.

P: *¿Estás diciendo que todos deberíamos tener un plan B?*

R: Sí, particularmente en nuestros días. Cuando la gente
pierde su empleo en el cuadrante E, la mayoría sólo busca otro ahí mismo. Como casi nadie tiene educación financiera, muy pocos cambian de cuadrantes.

Para 1973 mi plan A era bastante sólido. Tenía veintitantos años,
contaba con un título universitario y dos profesiones bien pagadas:
oficial de un barco y piloto. Podría haber regresado a la empresa
Standard Oil para navegar buques petroleros, o volar para aerolíneas privadas como lo hicieron muchos de mis compañeros pilotos del Cuerpo de Infantería de Marina. Sin embargo, el desempleo
de mi Padre pobre me perturbó. Sospecho que estaba viendo el
futuro. No el de la generación de la Segunda Guerra Mundial
a la que pertenecía mi padre, sino el de mi generación: la de la
Guerra de Vietnam.

En lugar de seguir mi plan A que consistía en navegar o pilotar
profesionalmente, cambié al plan B y seguí los pasos de mi Padre
rico. A los 25 años mi plan B era volverme empresario del cuadrante A y, al mismo tiempo, inversionista profesional en el cuadrante I. Mi objetivo era retirarme joven y no necesitar un cheque
de nómina jamás.

Paracaídas dorados

La mayoría de los directores ejecutivos de las empresas públicas
tienen un plan B. Se le llama paracaídas dorado. Durante las nego-
ciaciones de empleo, el plan B es tan importante como el plan A.
Si el director ejecutivo no hace un buen trabajo, sólo jala la cuerda

de su paracaídas del plan B, y a menudo se vuelve muy rico al abandonar la empresa.

Por desgracia, cuando un director ejecutivo hace un trabajo mediocre, los empleados pierden sus empleos, y ellos no cuentan con paracaídas dorados. Si acaso tienen suerte, les pagan su sueldo y sus prestaciones durante seis meses más.

Wall Street te dice que la economía mundial se está fortaleciendo, sin embargo, en agosto de 2016 Cisco anunció que despediría a 14 000 empleados, una cifra récord que equivale a 20% de su fuerza laboral a nivel mundial. Pero no estamos hablando solamente de 14 000 individuos, sino de 14 000 familias que resultarán afectadas. Me pregunto cuántas de ellas tendrán un plan B.

En el caso de millones de personas jóvenes y mayores, el plan B consiste en regresar a la escuela.

"Arruiné mi vida"

En la portada de agosto de 2016 de *Consumer Reports*, se lee este estruendoso testimonio: "Regresé a la universidad y arruiné mi vida." El artículo era un reportaje de investigación respecto a la forma en que la deuda por préstamos estudiantiles les arruina la vida de millones de jóvenes y adultos mayores. Como todavía creen en el cuento de hadas de "contar con una buena educación", millones de personas solicitan préstamos, se vuelven a inscribir en la escuela y se gradúan, pero son incapaces de encontrar el nirvana del empleo, e irónicamente salen de la escuela con muy poco, o nada de aprendizaje respecto al dinero.

Actualmente hay 42 millones de estadounidenses que deben alrededor de 1.3 billones de dólares por concepto de deuda estudiantil. De acuerdo con la Contraloría General de Estados Unidos (GAO, por sus siglas en inglés), los intereses sobre la deuda estudiantil representan uno de los mayores activos del gobierno federal. La deuda por préstamos estudiantiles hace que el Departamento de educación sea uno de los bancos más grandes de nuestro país.

De acuerdo con *Consumer Reports*: "Y en uno de los triunfos de cabildeo más importantes de la industria, se ha decretado que los préstamos estudiantiles ya no se condonarán por bancarrota, excepto en casos excepcionales."

Casi todos los chicos en edad escolar y sus padres son analfabetos financieros. Una persona en esta situación no entiende lo que significa "ya no se condonarán por bancarrota, excepto en casos excepcionales". Si un funcionario de educación tratara de hacerme firmar un contrato así, se lo arrojaría a la cara y le preguntaría: "¿Acaso crees que soy estúpido?"

La imposibilidad de que una deuda por préstamo estudiantil sea condonada por bancarrota es una condición que la convierte en la peor deuda de todas: peor que la de tarjeta de crédito, peor que una hipoteca y peor que la deuda de negocios. Esto significa que la deuda por préstamo estudiantil jamás les será condonada a millones de estudiantes. Estos chicos no podrán empezar de cero. Por eso *Consumer Reports* hizo lo correcto al citar al chico que dijo: "Regresé a la universidad y arruiné mi vida". Millones de estudiantes de todo el mundo están arruinando sus vidas no sólo por la deuda, también porque aún son analfabetos financieros.

La corrupción en el sistema educativo

El precio de una buena educación es demasiado alto, y el rendimiento sobre inversión que les ofrece a los jóvenes estudiantes de la actualidad, es demasiado bajo. Millones de personas jóvenes y mayores están saliendo de las universidades terriblemente endeudadas, y para colmo, les es imposible conseguir ese mítico empleo bien pagado que necesitan en la vida.

Nos guste o no, la vida cuesta, sin embargo, no les estamos enseñando a los estudiantes nada acerca del dinero. Incluso los estudiantes que se gradúan con títulos superiores salen de la escuela siendo analfabetos financieros. Por eso me he hecho miles de veces la misma pregunta: ¿Por qué?

Caperucita roja

En la historia de *Caperucita roja* el lobo malo se adelanta, llega antes a la casa de la abuela, se la come, se disfraza de ella y espera a que llegue Caperucita. Eso es justamente lo que les están haciendo los servicios financieros y la industria de la educación a los estudiantes.

Cuando Caperucita se despide del lobo, le dice: "Qué dientes tan grandes tienes, ¿por qué es tan alto el costo de la educación?", el lobo responde: "Porque con una buena educación vas a conseguir un empleo bien pagado, así que no te preocupes por el costo de tus estudios, sólo firma este contrato de *Préstamo estudiantil* y enfócate en graduarte."

Las deudas por préstamos estudiantiles no se condonan jamás, excepto en casos excepcionales. A los bancos les encantan las deudas que no se pueden condonar por bancarrota porque cuando un estudiante ya no puede pagar el préstamo, ellos se hacen de un cliente más para toda la vida.

¿Quién está detrás de los préstamos estudiantiles?

No hay razón para sorprenderse: quienes están detrás de la crisis de la deuda por préstamos estudiantiles son precisamente los mismos bancos que le regalaron al mundo la crisis hipotecaria *subprime*.

Algunos bancos colosales como Citibank y Goldman Sachs están haciendo uso de agencias patrimoniales privadas para financiar a las empresas de recaudación de deuda. Su único objetivo es recolectar los pagos mensuales de los delincuentes estudiantiles y de sus taimados padres. Y evidentemente, entre más se tarde en pagar un estudiante, más dinero harán los bancos.

Una vez más, la crisis de los préstamos estudiantiles es un ejemplo de la financialización y la cleptocracia, pero recuerda que la primera no se puede presentar sin las facilidades que le ofrece la segunda.

La película *La gran apuesta* explora el tema de la financialización y la cleptocracia. Hoy en día, esas mismas plagas que dieron pie a *La gran apuesta*, se encuentran trabajando activamente en el negocio de la educación.

Ésta es la razón por la que *Consumer Reports* afirma: "Actualmente casi todos los involucrados en la industria de los préstamos estudiantiles están haciendo dinero gracias a los estudiantes: los bancos, los inversionistas privados, incluso el gobierno federal."

En pocas palabras, regresar a la escuela tal vez no sea rentable para los estudiantes, pero la deuda en que éstos incurren resulta extremadamente benéfica para la cleptocracia.

No vale la pena

Consumer Reports informa que 45% de quienes tienen deudas estudiantiles dijeron: "El costo de regresar a la universidad fue demasiado alto."

En la edición del 1 de agosto de 2016 de *The Sydney Morning Herald* se afirma que las universidades han dejado a muchos recién graduados con "los sueños rotos y una deuda monumental". El artículo también menciona que "a los estudiantes los están ordeñando de lo lindo".

Seamos justos: si un estudiante puede darse el lujo de proveerse una educación excelente, debe hacerlo. La educación es sumamente importante, pero si el costo a largo plazo es demasiado alto y el rendimiento sobre la inversión demasiado bajo, entonces el estudiante y sus padres deberían reconsiderar sus opciones.

Conozco a dos médicos que cuando salieron de la universidad quedaron debiendo miles de dólares, sin embargo pudieron enfrentar su deuda porque sus estudios eran de alto nivel y les permitieron encontrar empleos muy bien pagados.

Los estudiantes que no dejan de batallar

Los estudiantes que no dejan de batallar son los que tienen estudios universitarios pero no cuentan con una licencia profesional. Hablo de, por ejemplo, estudios en arte, música o ciencias. Por eso actualmente muchos graduados universitarios tienen empleos para los que no les exigen un título.

Hoy en día mucha gente recomienda estudiar en una escuela técnica de oficios para trabajar como electricista, mecánico o terapeuta físico en lugar de tratar de obtener un título universitario.

Los estudiantes a quienes peor les va son aquellos que solicitan préstamos y luego dejan la escuela.

Los impuestos para los graduados

Algunos países como Inglaterra, Irlanda y Sudáfrica están desesperados por conseguir más dinero para financiar la educación, y por eso están jugueteando con la idea de cobrarles impuestos a los graduados universitarios. Este impuesto los forzaría a pagar todavía más por sus estudios, y con ese dinero también estarían financiado la educación universitaria de futuros estudiantes. Aunque no tengan una deuda por préstamo estudiantil, los graduados seguirían pagando por la educación.

Espera... la cosa se pone peor

La educación pública en Estados Unidos está financiada por los impuestos por los bienes raíces. Debido al mal manejo de los fondos de pensiones sindicales de los maestros, muchas ciudades no pueden pagar la pensión de los maestros que se retiran y esto las fuerza a aumentar los impuestos inmobiliarios. En otras palabras, el propietario de una casa paga impuestos para cubrir los salarios de los maestros mientras éstos continúan en el mercado laboral, y luego siguen pagando impuestos para cubrir su retiro.

Los precios bajan

Los precios de muchos de los gastos de la vida como la gasolina, el vestido, las tasas de interés y los productos electrónicos, van a la baja. Sin embargo, el precio de la educación sigue subiendo. El aumento en el costo de la educación es otra de las razones por las que la brecha entre los ricos y los pobres se ensancha. La educación está haciendo que la vida sea más cara para los contribuyentes, los padres y los estudiantes. Irónicamente, la materia del dinero, esa que no se enseña en las escuelas, nos está saliendo carísima a todos. Nuestro mayor gasto es el de tener un mundo dirigido por líderes sumamente instruidos, pero analfabetos en el aspecto financiero.

Mi plan B

Como ya te conté, mi plan A era sólido. Me pudo ir muy bien en el cuadrante E como piloto o como oficial de barcos. Además, adoraba ambos empleos y habría podido ganar mucho dinero. Pero de no ser porque el plan A de mi padre falló, yo no habría reconsiderado mis opciones.

Mi plan B comenzó con educación financiera real. Comenzó cuando pagué 385 dólares y me inscribí a ese curso de inversión en bienes raíces de tres días. Nunca he vuelto a mirar atrás. El día que terminé la tarea de 90 días que consistía en revisar 100 propiedades y escribir evaluaciones de una página, despegué. Sabía que algún día llegaría al cuadrante I.

A mí no me gustó la preparatoria, la escuela en general me parecía aburrida. Estaba estudiando materias que sabía que eran importantes, pero que no me interesaban. Cuando llegué a la academia en Nueva York, la escuela se tornó un poquito más interesante porque me encantaba navegar en barco. Luego, cuando llegué a la escuela de vuelo, sentí que estaba en el paraíso. Estudiábamos en la mañana y volábamos en la tarde, ése era mi tipo de escuela. El aprendizaje era activo, o sea, estaba aprendiendo al mismo tiempo que practicaba. Eso era educación real, no teórica.

Educación para transformarse

Todos sabemos que la oruga se arrastra la primera parte de su vida, luego teje un capullo alrededor de su cuerpo y, finalmente, sale de él convertida en la hermosa mariposa que volará la segunda mitad de su vida. A este proceso se le llama metamorfosis y es una transformación. La metamorfosis implica un cambio marcado en la apariencia, el carácter, la condición o la función. Creo que la mayoría de la gente estará de acuerdo en que no hay nada en una oruga que nos haga pensar que se convertirá en mariposa. Si tú vieras una oruga, tal vez dirías: "No creo que ese bicho pueda volar nunca."

La transformación en mariposa

Eso fue lo que me pasó en la escuela de vuelo: sufrí una metamorfosis. Fue también lo que sucedió el día que me inscribí al curso de tres días de inversión en bienes raíces. El día que entré al salón de clases presentí que estaba a punto de transformarme en mariposa porque sabía que acababa de encontrar la materia y el lugar que buscaba, había llegado a mi capullo. Después de tres años en la escuela de vuelo salí convertido en un piloto de combate listo para el ambiente de vuelo más hostil del mundo: una zona de guerra. Estuve involucrado en tres colisiones en Vietnam, pero mi tripulación y yo sobrevivimos, y todos regresamos vivos.

Del programa de educación financiera real salí preparado para otro ambiente hostil: la zona de guerra del dinero. Cada vez que un mercado se desploma, mi equipo y yo hacemos algo más que sobrevivir: salimos de la zona de desastre siendo más ricos.

Educación financiera real

Aquel curso de tres días sobre inversión en bienes raíces que tomé fue el primero de muchos. Kim y yo asistimos a seminarios de manera regular. Aprendemos mucho juntos y la educación fortalece nuestro matrimonio. Después de cada seminario tenemos mucho de qué hablar, crecemos y nos hacemos más unidos.

Mi equipo de asesores se reúne regularmente para estudiar, al menos dos veces al año. Nuestros tres días de estudio son el equivalente de un capullo, y en él analizamos libros porque creemos que son los mejores maestros. Estudiamos libros de negocios, pero también sobre temas espirituales. Como ya lo mencioné anteriormente, analizamos *Mañanas milagrosas* y *Alma en libertad*, dos libros sobre el poder del espíritu humano. Por cierto, recuerda que la gente no habla del empleo, sino del espíritu empresarial.

También recuerda que cuando un padre o una madre le dice a su hijo: "Ve a la escuela y consigue un empleo", lo están programando exclusivamente para el cuadrante E. La gente como mi Padre pobre queda atrapada ahí. Cuando él trató de moverse al cuadrante A, descubrió que su ser continuaba siendo un empleado, y en esa etapa de su vida ya no contaba con el tiempo suficiente para transformarse en un A y dejar de ser un E.

Los humanos son todos muy diferentes, y sus diferencias emergen en el Cuadrante del flujo de dinero. Cada parte del cuadrante contiene las diversas inteligencias:

- Inteligencia mental
- Inteligencia física
- Inteligencia emocional
- Inteligencia espiritual

Diferentes cuadrantes, diferentes reglas

Mi Padre pobre tenía la inteligencia mental de un maestro, no de un empresario, por eso no hablaba el lenguaje del dinero.

Tenía la inteligencia física de un empleado y por eso evitaba cometer errores.

Su inteligencia emocional tenía el miedo como base: miedo a fracasar, a no tener un empleo fijo, a no recibir un cheque de nómina y a no contar con una pensión para el retiro financiada por el gobierno.

Su inteligencia espiritual estaba bloqueada. Sus miedos y dudas disminuían su inteligencia espiritual y le impedían tener fe y confianza.

Pasar del cuadrante E al I implica un proceso de transformación, una metamorfosis, así como la que sufre la oruga para convertirse en mariposa. A lo largo del camino habrá sucesos dolorosos y el ser se verá desafiado, pero cada reto es esencial para la transformación. Es un proceso y toma tiempo, además de fuerza de voluntad y la participación de todas las inteligencias: espiritual, mental, emocional y física.

La inteligencia maestra

La inteligencia maestra es la inteligencia física. Los humanos aprenden por medio de sus acciones y de lo que hacen todo el tiempo. Por eso a veces aprendemos cosas que no son benéficas para nosotros.

Permíteme hacerte algunas preguntas. ¿Alguna vez has estado sentado en un salón de clases y sentido que tu cuerpo está ahí, pero tu mente no? En ese caso tu mente y tu cuerpo no estaban haciendo lo mismo.

¿Alguna vez has leído un libro y sentido que tu mente empieza a vagar y a enfocarse en otra cosa? ¿Alguna vez has hablado con alguien y notado que no te está prestando atención?

Yo adoraba la escuela de vuelo porque estudiábamos en la mañana y volábamos en la tarde. En cuanto me abrochaba el cinturón de seguridad en el interior de la cabina de mando, mi inteligencia física se hacía cargo. Empezaba a dirigir a las demás inteligencias y les ordenaba prestar atención porque a partir de ese momento todas las decisiones serían de vida o muerte.

Mientras jugaba Monopoly

Mi educación financiera real comenzó cuando yo tenía nueve años. Padre rico, su hijo y yo jugábamos Monopoly, y Padre rico nos explicaba los temas de la educación financiera de la vida real que estaban detrás de cada movimiento. Después nos llevaba a sus casitas verdes y nos explicaba con más precisión las lecciones teóricas que habíamos recibido al jugar Monopoly.

Mi educación financiera real fue muy parecida a la que recibí en la escuela de pilotos: teoría y vuelo. En la educación académica se aprovechan más las inteligencias mental y emocional, por eso tienes que memorizar y pasar la vida con miedo a cometer errores.

En el mundo real la inteligencia física se convierte en la inteligencia maestra. La inteligencia física me permitió dejar de ser oruga y convertirme en mariposa, o sea, pasar de pobre a rico.

El Cono del aprendizaje

También conocido como Cono de la experiencia, fue desarrollado por el psicólogo de la educación Edgar Dale en 1946.

El Cono del aprendizaje		
Después de dos semanas recordamos		Naturaleza de la participación
90% de lo que decimos y hacemos	Viviendo la experiencia	Activa
	Simulando la experiencia	
	Haciendo una representación dramática	
70% de lo que decimos	Dando una plática	
	Participando en una discusión	
50% de lo que escuchamos y vemos	Viéndolo en una demostración *in situ*	Pasiva
	Viendo una demostración	
	Asistiendo a una exposición	
	Viendo una película	
30% de lo que vemos	Viendo imágenes	
20% de lo que escuchamos	Escuchando palabras	
10% de lo que leemos	Leyendo	

Fuente: *Cono del aprendizaje*, adaptado de Dale (1969).

El profesor Dale coloca la lectura y una conferencia en la parte más baja del Cono del aprendizaje, y en la parte superior encontramos la simulación de la experiencia y vivir la experiencia real.

Yo aprendí bien de Padre rico porque él usaba simulaciones a través del juego de Monopoly, y porque nos permitía vivir la experiencia real, o sea, visitar sus casitas verdes de la vida real y comprender el papel que jugaban en el camino a la obtención de un hotel rojo.

La razón por la que mi tripulación y yo sobrevivimos a tres colisiones en Vietnam fue porque todos los días que estuvimos en la escuela de vuelo simulamos emergencias, entre las que se incluían las colisiones, por supuesto.

Una de las palabras más importantes de la educación financiera real es práctica. La práctica aparece en el segundo renglón de arriba hacia abajo del Cono del aprendizaje, ya que es el equivalente a: simular la experiencia.

Un verdadero plan B

Un verdadero plan B debe incluir estudio y práctica. Te daré un ejemplo. Antes de comprar mi primer inmueble simulé 100 veces que encontraba uno.

Otro ejemplo. Durante tres años asistí a cursos sobre inversión en opciones de acciones, es decir comercié en papel tres años antes de lanzarme a hacerlo "de verdad". Gracias a eso, actualmente adoro los colapsos de la bolsa de valores.

Ahora que vivimos en una economía mundial volátil, yo le recomiendo a toda la gente que tenga un plan B, en especial para su jubilación. Como ya lo mencioné anteriormente, es probable que los millonarios de la puerta de al lado sean los próximos en desaparecer. Cualquiera que esté ahorrando dinero o que cuente con la bolsa de valores o una pensión tradicional, está caminando en el filo de la navaja del desastre financiero.

Mi Padre pobre tenía un plan A extraordinario, pero no tenía plan B. Jamás se pudo retirar, y tras perder su puesto de maestro tuvo que trabajar en empleos extravagantes el resto de su vida.

Ahora piensa en esto: a mi padre lo salvaron Seguridad Social y Medicare, pero actualmente estas instituciones son el mayor pasivo no financiado y fuera de balance del gobierno estadounidense, y se estima que su déficit es de entre 100 y 250 billones de dólares. ¿Cuáles son las probabilidades de que salven a la generación de los *baby boomers*?

Ver a mi Padre pobre sufrir mientras trataba de sobrevivir económicamente, fue una lección muy importante. Mi Padre pobre me inspiró a poner en acción de inmediato mi plan B, el cual me permitiría retirarme joven: a los 47 años.

Un plan de 5 años

Alexander Elder, mi amigo y mentor, es autor del bestseller *Trading for a Living*. Alexander afirma que se necesitan 5 años y 50 000 dólares para aprender a ser un cambista profesional.

Yo estoy de acuerdo. A mí me tomó 5 años llegar a ser inversionista en bienes raíces. La diferencia es que no tuve que gastar 50 000 dólares para aprender. Convertirme en inversionista inmobiliario profesional y real fue un proceso en el que aprendí a usar la deuda, los impuestos y el ingreso fantasma, es decir, dinero no tradicional.

La educación en el mundo real exige:

- Disposición para aprender
- Elegir a tus maestros con cuidado. Por ejemplo, tienes que pensar quién te enseñará acerca del dinero porque no quieres que alguien del cuadrante E te explique lo que pasa en el cuadrante I.
- Práctica. La práctica es lo más importante. Recuerda que los jugadores profesionales de futbol practican 5 días por cada día que juegan. Los músicos ensayan durante años antes de convertirse en estrellas de rock. En Estados Unidos, los doctores y los abogados se refieren a su negocio como práctica, ya que practican con sus clientes.
- La práctica te permite cometer errores y corregirlos. Entre más compleja e importante es la lección, más tienes que practicar. Por ejemplo, entre más nos acercábamos mi tripulación y yo a nuestra misión en Vietnam, más teníamos que practicar.

Recuerda que la inteligencia física es la inteligencia maestra. En cuanto empiezas a hacer algo, las otras inteligencias se alinean y trabajan en equipo.

El mayor error de la educación

En la primera parte del libro estudiamos el tema "Por qué los errores enriquecen aún más a los ricos". Una de las razones por las que mucha gente tiene problemas económicos es porque le aterra cometer errores. En lugar de estudiar y practicar, les entregan su dinero a los banqueros y a Wall Street, ahorran dinero e invierten a largo plazo en la bolsa de valores. Luego se preguntan por qué tienen dificultades económicas. En lugar de estudiar, practicar y aprender, lo que hace la mayoría de los millonarios de al lado es preocuparse, quejarse y rezar por que los mercados no se desplomen. Para ser franco, no me parece un plan B inteligente.

Kim y yo pudimos retirarnos jóvenes porque teníamos un plan B. Uno de los propósitos de un plan B es aumentar tu inteligencias mental, física, emocional y espiritual para cambiar de cuadrantes.

Voy a cerrar este capítulo con una pregunta: ¿Cuál es tu plan B?

Capítulo trece

Cómo terminar con la pobreza: los estudiantes les enseñan a los estudiantes

Padre pobre:
"Regálale pescado a la gente."
Padre rico:
"Enséñale a la gente a pescar."

En la portada de la edición del 2 de septiembre de 2016 de *Newsweek* apareció una historia en la que se exploraba la premisa de que crecer no solamente cambia la forma en que ves el mundo, también cambia tu cerebro. Según el artículo: "La pobreza y las condiciones que suelen acompañarla —violencia, ruido excesivo, caos en el hogar, contaminación, desnutrición, abuso y padres desempleados— pueden afectar las interacciones y la formación de las conexiones del cerebro joven."

El artículo cita numerosos estudios que se han realizado con relación a los efectos de la pobreza en el cerebro de los niños. Algunos estudios incluso hacen uso de resonancias magnéticas para medir y comparar el tamaño del cerebro de varios niños que habían crecido en la pobreza, con el de niños de familias adineradas.

Un proyecto realizado por *Nature Neuroscience* y publicado en 2015 estudió a 1 000 personas de entre 3 y 20 años, y descubrió que los niños con padres con ingresos menores tenían áreas cerebrales más reducidas en comparación con los hijos de familias con ingresos de 150 000 dólares o más al año.

La conclusión de la mayoría de los investigadores fue que el dinero no era el único problema, el verdadero daño lo causaba crecer en ambientes de crimen, violencia, drogas, pandillas, promiscuidad y monoparentalidad. Lo que mermaba el desarrollo cerebral era el hecho de vivir con miedo crónico, tanto a los riesgos físicos como a las situaciones económicas desesperadas.

El estudio mostraba que si los padres, aun siendo pobres, eran capaces de proveer un ambiente de seguridad y apoyo en casa, el niño tenía más oportunidades de que su cerebro se desarrollara con normalidad. Incluso viviendo en un barrio violento.

En el artículo de *Newsweek* se afirma:

> Elementos como la discriminación que obliga a las minorías a vivir en edificios inseguros y dilapidados, los sesgos raciales implícitos por parte de los maestros, la desnutrición y las escuelas sin financiamiento en comunidades pobres, pueden mermar el desarrollo del cerebro.

Algunas buenas noticias

Según *Newsweek*, el cerebro puede cambiar. El daño causado por la pobreza vivida en la infancia puede revertirse. De acuerdo con el artículo:

> La neuroplasticidad del cerebro, o sea, su capacidad para modificar su propia estructura, alcanza su mayor nivel poco después del nacimiento y durante la primera etapa de la infancia. Luego

decrece con el tiempo, pero nunca desaparece por completo.

Entre los quince y los treinta años el cerebro atraviesa una segunda etapa de exacerbación de la neuroplasticidad, lo que significa que muchos adolescentes y adultos jóvenes tienen la ventaja de la adaptación si recurren al entrenamiento y la práctica.

Clubs para chicos y chicas

A principios de 2000, un grupo de estudiantes, jóvenes de nuestro programa empresarial, decidieron "retribuir" y poner en práctica lo que habían aprendido. Fueron al Club para Chicos y Chicas del sur de Phoenix, una comunidad repleta de pandillas. Ahí les ofrecieron a los estudiantes y a sus padres las lecciones empresariales que yo les había dado.

El club está cercado para mantener fuera a los TV (los Tipos Viejos). Los TV son reclutadores que están en busca de futuros acosadores, proxenetas y prostitutas.

Te estoy hablando de un ambiente aterrador para el desarrollo en la infancia y la juventud. El Club de Chicos y Chicas ofrece un refugio seguro, aunque sea por unas cuantas horas al día.

Durante dos meses mis estudiantes dieron un curso sobre actividad empresarial e inversión. El juego CASHFLOW fue la herramienta central de su programa de entrenamiento. Sus alumnos eran gente joven de entre 12 y 18 años, y sus padres.

El programa permitió que la gente se transformara. Como dice el artículo de *Newsweek*, entre los quince y los treinta años el cerebro atraviesa otra etapa de exacerbación de la neuroplasticidad. Todo mundo se quedó asombrado cuando un chico de unos 15 años, un muchacho que, según los comentarios de la gente, tenía "problemas de aprendizaje", de pronto recobró la vitalidad. El chico siempre había tenido dificultades para comprender lo que leía, pero cuando jugó CASHFLOW las cosas cambiaron por completo. ¡Los focos de su cerebro se encendieron! El chico no podía dejar de jugar y, además, pudo leer las tarjetas, hacer las operaciones matemáticas y diferenciar entre activos y pasivos.

Corría al club sólo para tomar la clase y jugar CASHFLOW. Otro recordatorio de que la inteligencia física es la inteligencia maestra. El chico no estaba respondiendo a la lectura de un libro, y por eso lo estigmatizaron y dijeron que tenía un problema de aprendizaje; pero jugar CASHFLOW le exigió un aprendizaje físico además de lectura, cálculos, comprensión de términos financieros, operaciones matemáticas con papel y lápiz, mover su ficha en el juego e interactuar con otros jugadores. Cada vez que jugaba y se sumergía físicamente en el juego, todas sus inteligencias se involucraban.

Muchos de los padres también sufrieron transformaciones. De hecho organizaron otro grupo y empezaron a invertir en monedas de plata. Más adelante el grupo de padres y estudiantes obtuvo permiso del Club de Chicos y Chicas para comprar una máquina expendedora. Por desgracia la máquina vendía refrescos y esta comunidad realmente no necesitaba más azúcar, pero fuera de eso, la lección de negocios fue importante y el grupo compartió sus ganancias con el Club.

El proyecto de dos meses sirvió para que los padres, los estudiantes y los maestros pasaran del cuadrante E al cuadrante A (gracias a la máquina expendedora), y luego al cuadrante I (gracias a sus inversiones personales en monedas de plata). Los miembros del grupo de padres y estudiantes usaron copias de los estados financieros del juego CASHFLOW y las llenaron con sus propias "cifras reales". El proceso de aprendizaje obedeció al Cono del aprendizaje, ya que pasó de simular, a vivir la experiencia real.

Cuando los padres y los estudiantes se dieron cuenta de que sólo estaban enfocados en el ingreso y el gasto en lugar de ocuparse en los activos y los pasivos, hubo varias conversaciones francas y acaloradas. Percibí que en el interior de los padres y de los estudiantes se estaba gestando el cambio: mental, físico, emocional y espiritual.

PROFESIÓN | **JUGADOR**

OBJETIVO: Salir de la Carrera de la rata y entrar al Carril de alta construyendo tu Ingreso pasivo para que sea mayor que tus Gastos totales.

ESTADO FINANCIERO

Ingreso

Descripción	Flujo de efectivo
Salario:	
Intereses / Dividendos:	
Bienes raíces / Negocios:	

Auditor

(La persona que está a tu derecha)

Ingreso pasivo: $ _____
(Flujo de efectivo de Intereses / Dividendos y Bienes raíces / Negocios

Ingreso total: $ _____

GASTOS

Impuestos:	
Pago hipotecario:	
Pago préstamo escolar:	
Autofinanciamiento:	
Pago de tarjetas de crédito:	
Pago a pequeños negocios:	
Otros gastos:	
Gastos de los niños:	
Pago préstamo bancario:	

Número de niños: $ _____
(Empieza el juego con 0 niños)

Gasto por niño: $ _____

Gastos totales: $ _____

BALANCE GENERAL

(DÍA DE PAGA): $ _____
(Ingreso total — Gasto total)

ACTIVOS

Ahorros:	
Acciones / Fondos / CD: # de Acciones Costo / Acción:	
Bienes raíces / Negocios Enganche: Costo:	

PASIVOS

Pago hipotecario:	
Préstamo escolar:	
Autofinanciamientos:	
Deuda de tarjetas de crédito:	
Deuda con pequeños negocios:	
Bienes raíces / Negocios:	Hipoteca / Pasivo:
Préstamo:	

Colegio St. Andrew, Sudáfrica

En 2015, Kim, tres amigas suyas y yo viajamos a Grahamstown, Sudáfrica, una ciudad que ha ofrecido festivales durante 180 años. Nosotros asistimos al Festival Nacional de las Artes.

Me resulta imposible describir la belleza de Grahamstown y la magia del Festival. Lo único que puedo decir es que era una mezcla de Beatrix Potter y Harry Potter. Sentí que había viajado en el tiempo al pasado, a un momento en que la vida era tranquila, mágica e idílica.

Grahamstown es un pueblo académico con aproximadamente 70 000 habitantes. Es el hogar de la Universidad Rhodes, la cual fue llamada así en honor a Cecil Rhodes, fundador de la Beca que también lleva su nombre.

Grahamstown es el hogar del Colegio St. Andrew, una escuela anglicana para varones fundada en 1855. Actualmente es un internado en el que estudian 450 preparatorianos de todo el mundo. Su institución hermana es la Escuela Diocesana para Señoritas.

Los hijos de Murray Danckwerts, un amigo mío, estudiaron en St. Andrew. Murray lleva años hablando maravillas de la escuela, pero un día me contó específicamente de un programa de divulgación patrocinado por la institución. Este programa estimula a sus estudiantes privilegiados a ir al área reservada para gente negra de Sudáfrica alrededor de Grahamstown. El objetivo es que los estudiantes les den clases a los jóvenes menos favorecidos. Es un programa de estudiantes que les enseñan a otros estudiantes, un programa en el que los privilegiados aprenden a retribuirle a la sociedad. Esta retribución es un elemento clave del programa educativo de St. Andrew.

Cuando me enteré de esta actividad le pregunté a Murray si podría acercarse a la escuela y ofrecerles educación financiera a los estudiantes a través del juego CASHFLOW.

La escuela aceptó mi oferta, y en julio de 2016, Tom Wheelwright y yo viajamos a Grahamstown cubriendo nuestros gastos, y armamos un taller de dos días.

La diferencia

La diferencia se hizo evidente en la diversidad del grupo que reunimos. Le pedí a St. Andrew que incluyera a chicos y chicas, negros y blancos; así como a instructores de St. Andrew y de la Universidad Rhodes. También participaron algunos amigos de Murray: empresarios de los cuadrantes D e I del área de Grahamstown.

Decidimos invitar a maestros y también a empresarios de los cuadrantes D e I porque, como todos sabemos, hay mucha gente de negocios que se queja porque los estudiantes no tienen exposición a lo que en verdad sucede en el ámbito empresarial. El hecho de que en el taller participaran maestros de la escuela y empresarios, les daría a los 43 preparatorianos una visión extendida de los negocios en el mundo real.

Un evento mágico

Nuestro evento de dos días fue mágico. Los estudiantes, los maestros y los empresarios fueron fabulosos. En ese taller vi encenderse los mismos focos en las mentes de todos, fue una experiencia muy parecida al despertar del que fui testigo en el Club de Chicos y Chicas en Phoenix.

En cada mesa había entre cuatro y cinco estudiantes, un instructor o un empresario local. Después de que Tom y yo nos presentamos, todos empezaron a jugar CASHFLOW.

La primera hora...

El primer juego duró sesenta minutos. Fue una hora increíblemente lenta porque los adultos y los estudiantes tuvieron que atravesar el proceso de aprender el vocabulario, las operaciones matemáticas y los pasos que enseña el juego. Aunque no se terminó de jugar en esa hora, decidimos hacer un alto y comenzar la discusión.

Si regresas al diagrama del Cono del aprendizaje del doctor Edgar Dale que aparece en la página 279, verás que participar en una discusión se encuentra entre las mejores maneras de retener lo aprendido. ¡Los estudiantes, los maestros y los empresarios tuvieron mucho que decir tras solamente haber jugado una hora! El aprendizaje había comenzado.

La segunda hora

Después de la comida volvimos a jugar CASHFLOW, pero de nuevo, sólo le dedicamos una hora a la actividad. Los participantes ya estaban jugando con más agilidad. Los focos del entendimiento se siguieron encendiendo, y la segunda discusión fue mucho más profunda y vigorosa.

Al día siguiente...

La tercera hora de actividad la llevamos a cabo a la mañana siguiente. En esta ocasión la situación estuvo a punto de salirse de control. El nivel del barullo subió bastante, y no quedaba duda de que los adultos y los estudiantes estaban "inmersos en el juego". La tercera ronda de discusiones fue bulliciosa y animada, ya que más participantes comenzaron a sentir que "el foco se encendía" en su mente.

Lo más interesante fue ver que, en lugar de que la gente le dijera a Tom Wheelwright: "Aquí en África no se puede hacer eso", los empresarios locales afirmaron: "Ya lo estamos haciendo aquí".

El programa de dos días llegó a su fin cuando Tom y yo presentamos problemas de la vida real para que los estudiantes los resolvieran. "Cómo comprar un Porsche te puede enriquecer aún más." Justo como imaginé, este desafío les gustó particularmente a los jóvenes. Una vez más, el gozo me embargó en cuanto vi los focos de los adultos y de los estudiantes encenderse... y permanecer así.

Las secuelas

Murray me llamó algunos días después del evento y me dijo que su teléfono había estado sonando sin parar. Los padres querían saber qué les había pasado a sus hijos. Un chico le llamó a su padre y le pidió que le prestara 100 000 rands (divisa sudafricana) para invertir en su primera propiedad. Evidentemente su padre le pidió que estudiara más a fondo el tema de los bienes raíces. Otros alumnos se estaban reuniendo para echar a andar su primer negocio.

El Colegio St. Andrew es una institución líder en el campo educativo; sus académicos son pensadores de avanzada y piensan en grande. Los líderes de la escuela, los maestros y los empresarios locales se han estado reuniendo para discutir la manera en que podrían implementar la educación financiera real en la escuela y en las zonas africanas desfavorecidas para que los estudiantes privilegiados les enseñen a los menos afortunados. El programa *Retribución* sigue vivo en el mágico Grahamstown, Sudáfrica.

Este libro está dedicado a los estudiantes, maestros y empresarios que participaron en el programa de dos días que tuvo lugar en el Colegio St. Andrew en julio de 2016.

Actuar como catalizadores entre los estudiantes, los maestros y los empresarios fue un suceso espiritual para Tom Wheelwright y para mí. Pregúntale a cualquier maestro qué se siente ver "el foco encenderse" en sus estudiantes, y comprenderás por qué muchas personas se dedican a enseñar.

Educación espiritual

Mi educación espiritual empezó en agosto de 1965. Después de un año de entrevistas y exámenes competitivos, recibí la nominación del Congreso para la Academia Naval de Estados Unidos en Annapolis, Maryland y para la Academia de la Marina Mercante en Kings Point, Nueva York.

Acepté el nombramiento en Kings Point porque quería navegar por el mundo como oficial de la Marina Mercante, no como oficial naval. Otra de las razones para tomar esa decisión fue que en aquel tiempo los graduados de Kings Point se encontraban entre los mejor pagados del mundo. En 1969, muchos de mis compañeros de clase estaban aceptando empleos como oficiales en barcos mercantes que pagaban más de 100 000 dólares al año, lo cual era una barbaridad para un chico de 21 años en 1969.

Irónicamente, inicié mi comisión como teniente segundo, con un salario de 200 dólares mensuales. Fui voluntario para ir a luchar a Vietnam debido a la educación espiritual que reciben los estudiantes en las academias militares.

Tal vez te parezca extraño que las academias militares ofrezcan educación espiritual, pero así es. La primera palabra que te enseñan es "misión", y las siguientes son: obligación, honor, código, respeto e integridad. Todas estas palabras pertenecen al ámbito de la espiritualidad.

Abandoné los estudios de maestría porque ahí me estaban enseñando palabras muy distintas: dinero, mercados y manipulación. Como ya lo mencioné, todavía estaba en el Cuerpo de Infantería de Marina cuando empecé a estudiar la maestría. Acababa de regresar de Vietnam y las palabras como dinero, mercados y manipulación violaban el código de honor que nos habían inculcado en la Academia y en el Cuerpo de Infantería.

Justicia

Hay una cosa que ningún militar tolera: la injusticia. En la Academia y en el Cuerpo de Infantería de Marina entrenan a los oficiales para pelear por la dignidad humana en todo momento.

En 1973, cuando regresé de Vietnam, encontré a mi padre desempleado y con el espíritu quebrantado. Entonces supe cuál sería mi siguiente misión: elevar el bienestar de la humanidad a través de la educación. Más adelante este propósito se convertiría también en la misión de The Rich Dad Company.

Quiero agradecer a los alumnos y a los maestros del Colegio St. Andrew, la Escuela Diocesana para Señoritas y la Universidad Rhodes, así como a los empresarios de Grahamstown. Gracias por inspirarme a escribir este libro. Les agradezco particularmente por encarnar el espíritu de la "retribución", que es la verdadera misión de la educación financiera.

¿Qué es la educación real?

La educación real debería inspirar. Debería tocar el alma del estudiante.

La educación real también debería motivar e infundir coraje. "Coraje" proviene de la palabra francesa *coeur*, que quiere decir corazón. Se refiere a la capacidad de superar emociones como el miedo y la duda.

La educación real debería empoderar, debería darle al estudiante la capacidad de funcionar con eficiencia y de marcar una diferencia en el mundo.

La educación real debería iluminar. Debería abrir la mente del estudiante para que éste vea las maravillas del mundo y quiera aprender por siempre.

Tercera parte

La generación de los *baby boomers* es la más afortunada de la historia. Sus integrantes nacieron al final de la Segunda Guerra Mundial, justo cuando la economía entró en auge. Un *baby boomer* podía conseguir un trabajo bien pagado aunque no hubiera estudiado en la universidad.

Los *boomers* graduados consiguieron empleos que se convirtieron en carreras muy lucrativas.

Los ahorradores eran ganadores

Gracias a las tasas de más de 15%, los *baby boomers* podían ahorrar dinero de forma activa y volverse ricos.

Los suburbios empezaron a florecer y muchos *boomers* pagaron la deuda de su tarjeta de crédito a través del refinanciamiento de sus casas, o simplemente se volvieron ricos especulando con sus McMansiones.

Muchos amasaron sus fortunas gracias a que se montaron en la ola de crecimiento que tuvo la bolsa de valores entre 1971 y 2000.

Un mundo completamente nuevo

Los tiempos han cambiado. Los hijos y los nietos de los *baby boomers* enfrentan un futuro completamente distinto.

¿Pero qué puede hacer alguien que vive en un mundo de globalización acelerada, empleos cada vez peor pagados, tasas de interés bajísimas, peligrosas deudas gubernamentales, impuestos a la alza y una rampante incompetencia burocrática?

Es aquí que la educación financiera real se vuelve esencial no sólo para tener éxito sino también para sobrevivir económicamente.

La educación financiera real exige que miremos las tres caras de la moneda.

Deuda e impuestos

La educación financiera real tiene que basarse en la deuda y los impuestos que, por cierto, son nuestros gastos más fuertes. Creer que "pagar impuestos es un acto patriótico" no sólo es superficial, también es una señal de ignorancia.

Estados Unidos nació en 1773 gracias a una rebelión fiscal. Fue una nación libre de impuestos hasta 1943, año en que se aprobó la Ley de Pago de Impuestos Actual. Esta ley le dio al gobierno permiso para meter las manos en los bolsillos de todos los trabajadores y así pagar la Segunda Guerra Mundial. Por eso mucha gente cree que pagar impuestos es un acto patriótico. Hoy en día nuestros impuestos alimentan a los Estados Bélicos Unidos y a los Estados Desempleados de América.

La realidad de hoy

La educación financiera real debe incluir la vivencia de ser empleado del cuadrante E para forjarse; tener un pequeño negocio para ser empresario en el cuadrante A; y ser inversionista profesional en el cuadrante I.

Decir "tengo un empleo", no basta. Además es señal de ignorancia financiera.

La educación financiera real no se basa en entregarle tu dinero a un "experto financiero" sin pensarlo, y luego esperar que ese dinero esté disponible cuando lo necesites.

Construye tu equipo

Es tonto pensar que puedes resolver problemas económicos solo. Los ricos tienen a los mejores contadores y abogados trabajando para ellos, resolviéndoles todo tipo de contratiempos.

Tú puedes hacer lo mismo. Todos mis asesores han escrito libros para apoyarte y para enriquecer tu educación financiera.

En el futuro, ahorrar dinero a lo tonto, invertir a largo plazo en la bolsa de valores o contar con que tendrás una pensión del gobierno que te asegurará el retiro, será el equivalente al suicidio financiero.

Lecciones de Tom en materia fiscal

Un equipo de especialistas

El mayor desafío para alguien del cuadrante A es lidiar con su propia inteligencia. Lo entiendo porque siempre fui estudiante de 10. El problema es que cuando eres inteligente, crees que puedes hacerlo todo. Este tipo de personas no delegan: se encargan de las ventas, del *marketing*, de la producción y del trabajo administrativo. Incluso pueden desarrollar el producto, pero es precisamente esto lo que las mantiene atrapadas en el cuadrante A, lo que les impide llegar a los cuadrantes D e I.

Estas personas no creen necesitar un equipo porque sienten que nadie "hará las cosas" tan bien como ellas. Sencillamente, no confían en que alguien más pueda hacer su trabajo. Si tú quieres pasar a los cuadrantes D e I, necesitas a gente astuta en tu equipo, gente que sea mejor que tú y que esté especializada en su área. Además, necesitas confiar en que serán capaces de realizar su trabajo.

Una de las preguntas que me hacen con más frecuencia es cómo encontrar buenos asesores. No importa si se trata de un asesor contable, financiero o legal, la clave siempre estará en la manera en que entienden los mecanismos del dinero y en su nivel de preparación. En el caso de un asesor contable, no hay pierde: entre más educación tenga, mejor asesor será.

Entre más educación tenga, mejor asesor será

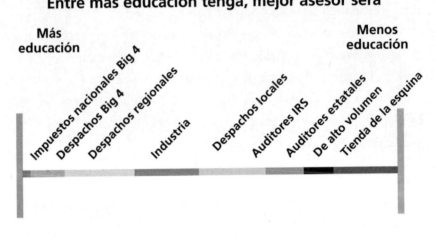

Cuarta parte

Finanzas soporíferas

Introducción a la cuarta parte

La vida en el carril de alta

La mayoría de los expertos financieros siempre dice lo mismo: "Estudia, trabaja arduamente, paga tus impuestos, vive por debajo de tus posibilidades, ahorra dinero, come en casa, paga tus facturas, vive libre de deudas y compra automóviles baratos."

Esto es a lo que yo llamo *finanzas soporíferas*.

Cuando Tom Wheelwright y yo hicimos el taller en el Colegio St. Andrew y en la Escuela Diocesana para Señoritas en Sudáfrica enseñamos de la forma en que yo aprendí: con juegos, con maestros reales, con empresarios legítimos fungiendo como maestros y con ejemplos verídicos de cómo me volví rico.

En mis conferencias a menudo digo: "Tal vez yo sea japonés, pero no me veo bien conduciendo Toyotas, me veo mejor conduciendo Corvettes, Porsches y Ferraris."

En el seminario de dos días para los estudiantes de Grahamstown usé un ejemplo de la vida real en el que explicaba cómo comprar un Porsche me había enriquecido aún más.

Los estudiantes fueron mucho más receptivos a los ejemplos del Porsche que a las finanzas soporíferas.

En el siguiente capítulo te presentaré el mismo ejemplo que analizamos con los estudiantes en Sudáfrica. Una de las ventajas de la educación financiera real es que puedes divertirte aplicándola, vivir por encima de tus posibilidades... y de todas formas volverte rico.

Capítulo catorce

Cómo un Porsche
te puede enriquecer
aún más

Padre pobre:
"Vive por debajo de tus posibilidades."
Padre rico:
"Expande tus posibilidades."

El dinero puede destrozar matrimonios. Las parejas riñen por el dinero más que por cualquier otra cosa.

Recuerdo que cuando era niño sufría cada vez que escuchaba a mis padres pelear por dinero. Yo no quería crecer y tener un matrimonio así, yo quería un matrimonio rico, feliz y lleno de amor.

Los votos matrimoniales

Los votos matrimoniales son un compromiso solemne que haces frente a Dios. Cuando Kim y yo nos casamos pudimos haber hecho cualquier promesa, pero decidimos que, en lugar de decir: "No podemos darnos ese lujo", nos comprometeríamos a trabajar juntos para darnos cualquier lujo que ella o yo quisiéramos.

Establecimos sólo una condición: que primero compraríamos un activo, y con lo que éste produjera, pagaríamos el pasivo que deseábamos adquirir.

En otras palabras, prometimos que el pasivo no nos empobrecería: nos volvería ricos.

El problema del Porsche

De aquí surgió el problema del Porsche, mismo que Tom y yo les presentamos a los estudiantes del Colegio St. Andrew y de la Escuela Diocesana para Señoritas en Grahamstown.

A mí me vuelven loco los automóviles, y durante muchos años quise un Porsche Speedster 1989. El problema era que se trataba de un auto muy raro y costoso. Creo que sólo enviaron 700 a Estados Unidos. La gente rica estaba comprando autos y dejándolos estacionados; todos esperaban que los precios subieran aún más. En algún momento llegué a ver uno que vendían por 120 000 dólares.

Luego la economía se desplomó y los precios del Porsche Speedster empezaron a bajar.

Un día, mi amigo Gary, proveedor de Porsche, me llamó y dijo: "Tengo el auto que has estado esperando. Es el más peculiar de todos los Porsche Speedster 1989".

"¿Por qué es el más peculiar?", le pregunté.

"Porque es el Speedster #1, el primer Speedster 1989 que se produjo. Es el automóvil que apareció en la portada del catálogo de Porsche y el que la empresa exhibió en los shows de automóviles más importantes del mundo. Tengo todos los registros, catálogos y placas que conmemoran este ejemplar especial."

"¿Cuánto cuesta?", pregunté, esperando que me dijera 120 000 dólares, precio al que yo diría: "Gracias, pero no, gracias". Era 1995 y yo todavía seguía construyendo mi columna de activos, así que no tenía posibilidad de adquirir un auto costoso.

"No vas a creer esto", me contestó Gary. "El dueño sólo quiere 50 000 dólares."

"¿Qué?", exclamé con un resuello. "¿Tiene algún problema el auto?"

"No, ninguno", dijo Gary. "Mis mecánicos lo revisaron ayer y todo está en orden. Además, el odómetro marca 6.5 kilómetros. Tú eres el primero al que le llamo, si no lo quieres, se lo venderé a alguien más hoy mismo. Tengo una larga lista de gente que lo quiere, sobre todo a este precio."

Padre rico me había enseñado a comprar, inspeccionar y luego rechazar. Solía decirme: "La mayoría de la gente rechaza sin haber comprado tiempo suficiente para pensar las cosas." En la jerga del dinero a esto se le llama *opción de prórroga*. Antes de adquirir el Porsche compré la opción y el tiempo para pensar.

Le dije a Gary: "Me lo quedo."

Ahora sólo tenía que venderle a Kim la idea de un Porsche nuevo.

Un recordatorio... de los votos matrimoniales

Aquí fue donde Kim y yo tuvimos que recordar nuestros votos matrimoniales. Lo único que tenía que hacer yo era comprar un activo que nos diera el flujo de efectivo suficiente para compensar la compra del Porsche, o sea, del pasivo.

Éste es el mismo desafío que Tom y yo les presentamos a los estudiantes de Grahamstown. Evidentemente los chicos estaban más interesados en aprender cómo adquirir un Porsche que en vivir por debajo de sus posibilidades, ahorrar dinero y comprar una carcachita.

Mantenlo súper simple

Te hablaré del desafío del Porsche de la misma manera que lo hice con los jóvenes. Recuerda que los números están redondeados y que he simplificado los pasos para que sea sencillo entender el proceso. Algo más: las cifras del Porsche y de la bodeguita son bajos porque fueron comprados durante una crisis económica.

El desafío del Porsche se presentará en tres niveles distintos.

Nivel uno: Los votos matrimoniales
Nivel dos: El nivel de Robert
Nivel tres: El nivel de Tom

Nivel uno es el nivel que usé para venderle la idea del Porsche a Kim.

Nivel dos es el nivel que usé para armar el trato.

Nivel tres es el nivel profesional de reflexión de Tom. Yo no entiendo este nivel al 100%, pero para aceptar un trato, Kim primero necesita la bendición de Tom.

Para ser honesto, no comprendo del todo cómo es que comprar un Porsche nos enriqueció aún más a Kim y a mí. Al menos, no lo comprendo desde la perspectiva de Tom. Por eso él se encuentra en un nivel tan avanzado.

Cada vez que Kim y yo ponemos a prueba nuestros votos, Tom extiende su papel como contador y se convierte en consejero matrimonial. Nos guía a Kim y a mí a lo largo de todo el proceso, y al final, no solamente conseguimos todo lo que queremos, también generamos más riqueza y nos hacemos más inteligentes. Por supuesto, esta opción es mucho mejor que la de pelear por cuestiones económicas.

Nivel uno: Los votos matrimoniales

Kim y yo teníamos 50 000 dólares en efectivo en el banco. Pudimos simplemente pagar el Porsche con eso, sin embargo, al final habríamos terminado con un automóvil caro en las manos, ningún activo y cero efectivo.

¿La solución?

Encontrar un activo.

Usar los 50 000 dólares como enganche.

Usar la deuda más los 50 000 dólares para comprar el activo.

Pedir prestados 50 000 dólares para comprar el Porsche.

ESTADO FINANCIERO

Ingreso
Gasto

BALANCE GENERAL

Activos	Pasivos
50 000 en efectivo	

El flujo de efectivo del activo serviría para hacer los pagos mensuales del préstamo para el Porsche, y algunos años después, cuando se terminara de pagar el auto, Kim y yo seríamos dueños del Porsche, del activo y del efectivo que fluyera de este último.

También recibiríamos ingreso fantasma por concepto de la apreciación, depreciación y amortización del Porsche y de la inversión.

En cuanto Kim comprendió el plan, empecé a armar el trato.

Nivel dos: el nivel de Robert

El paso uno fue encontrar un activo. Sin un activo genial, el trato no funcionaría. De hecho pudo habernos salido el tiro por la culata y yo habría terminado pagando más de lo que habría ahorrado.

Empecé a llamar a los empresarios de bienes raíces que conocía para preguntarles si tenían algo que coincidiera con lo que estaba buscando.

Cinco o seis llamadas después, Bill, un amigo que trabajaba en Austin, Texas, me dijo que estaba cerrando una inversión en una bodeguita. Bill la compró en un remate por 140 000 dólares y le hizo algunas mejoras. Podría vendérmela por 250 000. Era el trato perfecto y yo confiaba en Bill porque ya había hecho varios negocios con él. Compré la bodeguita, una semana después solicité dos préstamos: uno para el Porsche y otro para el inmueble.

La transacción se ve así:

El trato estaba terminado. El flujo de efectivo proveniente de la bodeguita empezó a pagar el Porsche y la hipoteca. Yo tenía un activo, estaba haciendo más dinero, pagando menos impuestos y conducía el Porsche de mis sueños.

Hace algunos años vendimos la bodeguita, sacamos una ganancia atractiva y la reinvertimos sin pagar impuestos. Ah, y todavía tengo el Porsche.

Nivel tres: El nivel de Tom

Su dominio de las leyes fiscales y su comprensión de los objetivos y los desafíos de los empresarios, hacen de Tom lo que Kim y yo consideramos el socio perfecto en lo que se refiere a impuestos y estrategias de negocios. Ésta es la explicación del proceso desde la perspectiva del estratega fiscal.

Contabilidad para el Porsche

Lo que Robert describe es precisamente el sencillo proceso que siguió al adquirir primero la bodeguita y luego el Porsche. Éstos son los rubros contables que usaría para mostrar los pasos de esta transacción y la descripción del aumento de 1 100 dólares en el valor neto de Robert durante el primer mes de poseer el Porsche. Comenzó con 50 000 dólares en efectivo y 50 000 dólares de valor neto. Un mes después de tener el auto en su casa, su valor neto subió a 51 100 dólares.

Observa los pasos:

Paso 1: Compra de la bodeguita

Efectivo		Bodeguita		Hipoteca	
$50 000	$50 000	$250 000			$200 000

50 000 dólares en efectivo usados para dar el enganche de la bodega

Paso 2: Ingreso neto mensual proveniente de la bodeguita

Efectivo		Renta		Pago de hipoteca		Gasto		Intereses del gasto	
$1 000			$2 700	$1 200		$500		$1 100	

Los 2 700 dólares de ingreso pagan los gastos y la hipoteca, y todavía queda un flujo positivo de 1 100 dólares

Paso 3: Compra del Porsche

Préstamo para el auto		Porsche	
	$50 000	$50 000	

Los 50 000 dólares del préstamo para el auto se registran como un pasivo; el Porsche de 50 000 se añade a la columna de activos

Paso 4: Pago mensual del préstamo para el automóvil

Préstamo para el auto		Efectivo	
$1 000	$50 000	$1 000	$1 000

Si no entiendes esta explicación perfectamente, discute los distintos niveles con un amigo o busca una persona como Tom y pídele que te explique el proceso.

Maestros reales, lecciones reales

A los estudiantes les encantó este ejemplo de la vida real. Uno por uno fueron pasando al frente para "recorrer" el proceso mental. Esto lo hicieron explicándole al grupo la manera en que comprar un Porsche me enriqueció aún más.

Mientras los estudiantes pasaban por turnos para repetir el "proceso", Tom y yo fuimos viendo los cambios. En sus ojos notamos que... "el foco se había encendido". Para cuando terminó el taller de dos días los alumnos comprendían perfectamente por qué un estado financiero era importante para toda persona que quisiera ser aún más rica comprando un Porsche. Muchos entendieron que su banquero no les prestaría dinero si no contaban con un estado financiero impecable. Ahora bien, recuerda que el estado financiero es tu "boleta de calificaciones" en la vida real, cuando sales de la escuela.

Tom y yo no tuvimos que convencer, amenazar ni sermonear a nadie. Ni siquiera tuvimos que exhortarlos a aprender más. La mayoría quería hacerlo. Muchos se acercaron a la pila de libros de *Asesores de Padre Rico* que colocamos en una mesa en el salón y yo los animé a leer los que pensé les interesarían. Ofrecimos los libros de forma gratuita, lo único que les pedimos a los jóvenes fue que "retribuyeran", es decir, que transmitieran lo que habían aprendido cuando fueron a las zonas desfavorecidas a enseñarles el juego de CASHFLOW a otros estudiantes. Tom dijo: "Entre más inteligentes sean ustedes, más progresarán sus amigos. Retribuyan."

Aprendizaje de por vida

Para millones de personas, la educación termina en cuanto salen de la escuela. En muchos casos, la educación tradicional aniquila el espíritu de aprendizaje de la gente, y a mí me parece que ésta es una tragedia socioeconómica.

Yo habría sido una de esas personas de no ser por mi Padre rico.

Al inspirarme a convertirme en empresario, no para ganar dinero sino para alcanzar la libertad personal, Padre rico también me enseñó que sólo aprendiendo a vender podría entrar al cuadrante D. Más adelante, el seminario de tres días de inversión en bienes raíces sería mi entrada al cuadrante I.

El amor por aprender y la educación permanente durante la vida son esenciales para alcanzar el éxito en los cuadrantes D e I. Actualmente, Kim, mis asesores y yo nos reunimos dos veces al año para estudiar libros increíbles escritos por importantes maestros. El mundo se mueve demasiado rápido como para quedarse inmóvil.

Para millones de personas, la educación termina en cuanto salen de la escuela; ésta es una de las razones principales del ensanchamiento de la brecha entre los ricos, los pobres y la clase media.

Resumen

Cuarta parte

Pocas cosas tienen tanto impacto en la vida como vivir una experiencia de primera mano. Algunos le llaman a este fenómeno *aprendizaje empírico*, y se encuentra en la parte superior del Cono del aprendizaje, ya que es la manera más efectiva de retener lo que aprendemos.

Después de dos semanas recordamos	El Cono del aprendizaje	Naturaleza de la participación
	Viviendo la experiencia	
90% de lo que decimos y hacemos	Simulando la experiencia	
	Haciendo una representación dramática	Activa
70% de lo que decimos	Dando una plática	
	Participando en una discusión	
	Viéndolo en una demostración *in situ*	
	Viendo una demostración	
50% de lo que escuchamos y vemos	Asistiendo a una exposición	
		Pasiva
	Viendo una película	
30% de lo que vemos	Viendo imágenes	
20% de lo que escuchamos	Escuchando palabras	
10% de lo que leemos	Leyendo	

Fuente: *Cono del aprendizaje*, adaptado de Dale (1969).

Creo que si observas con detenimiento el Cono otra vez, podrás comprender qué sucedió esos dos días en Grahamstown.

Al jugar CASHFLOW tres veces, una hora en cada ocasión, los estudiantes se colocaron en el nivel dos: simulación. Luego, al explicar mi desafío del Porsche, tuvieron que describir la experiencia real.

En cuanto entendieron el poder de la educación financiera, el ejemplo del Porsche y la habilidad de vivir la vida de sus sueños y enseñar a otros, se interesaron más en la parte inferior del Cono del Aprendizaje: la lectura. A partir de ese momento muchos estuvieron más dispuestos a leer y a asistir a otras clases de educación financiera real.

Sé que el Cono del aprendizaje funciona porque ilustra el mismo proceso que usaba mi Padre rico para enseñarnos a su hijo y a mí. Cuando teníamos nueve años jugábamos Monopoly, trabajábamos en la oficina de padre rico e íbamos a visitar las "casas verdes" que algún día se convertirían en un enorme hotel rojo.

Como ya lo expliqué en *Padre Rico, Padre Pobre*, el hecho de que Padre rico se negara a pagarnos me forzó a pensar como empresario y a echar a andar mi negocio de *comics* a los nueve años. Como lo muestra el Cono del aprendizaje, no hay nada mejor que vivir la experiencia real. Era muy chico, pero mis *comics* empezaron a llevar dinero a mi bolsillo sin que yo tuviera que trabajar, y además, aprendí la diferencia entre activo y pasivo. Esas sencillas lecciones marcaron la diferencia en mi vida.

Ahora, Kim y yo somos empresarios de verdad. No trabajamos por dinero, nos dedicamos a crear activos y empleos, y jugamos Monopoly en la vida real. Además somos socios del gobierno porque hacemos lo que él quiere y, a cambio, él nos da estímulos fiscales.

Lo más importante es que nos rodeamos de grandes amigos y asesores. Sabemos que los negocios, las inversiones y la vida se juegan en equipo.

Tras alcanzar la libertad financiera en 1994, Kim y yo diseñamos el juego de mesa CASHFLOW, en 1996. *Padre Rico, Padre Pobre* se publicó en 1997. Lo único que estábamos haciendo era "retribuir" y apoyar la misión de The Rich Dad Company: "Elevar el bienestar financiero de la humanidad."

Por qué los ricos se vuelven más ricos en realidad es el libro del nivel universitario de *Padre Rico*. Su lanzamiento en 2017 celebra el vigésimo aniversario de *Padre Rico, Padre Pobre*. Kim y yo queremos agradecerle a la gente de todo el mundo que juega CASHFLOW, que lee, enseña, comparte y "retribuye".

Margaret Mead alguna vez dijo:

Nunca dudes que un pequeño grupo de ciudadanos sensibles y comprometidos pueda cambiar el mundo. De hecho, es el único que lo ha logrado.

Palabras finales

Padre pobre:
"Regálale pescado a un hombre."
Padre rico:
"Enséñale a un hombre a pescar."

Es evidente que nuestro sistema educativo actual es obsoleto porque fue diseñado para la Era Industrial.

La buena noticia es que estamos en la Era de la Información, una época en la que las oportunidades para la gente son mayores. Aunque es verdad que la tecnología les está quitando su empleo a los trabajadores tradicionales, también está sirviendo para que surjan empresarios ricos, creativos, ambiciosos y colaborativos que invierten en educación financiera real. En los próximos 20 años, no serán las escuelas, ni los gobiernos, ni los burócratas, ni los ejecutivos, ni los políticos quienes cambien el mundo. Serán los empresarios con amplios conocimientos tecnológicos.

El mayor error que puede cometer la gente es creer que los próximos 20 años serán como los 20 anteriores. Muchos piensan que pronto dejaremos atrás esta mala racha de la economía y que todo volverá a estar bien.

Pero nos guste o no, estamos atravesando el cambio más dramático en la historia de la humanidad. Vale la pena que empecemos a creer en la sabiduría que hay en los clichés como "las placas tectónicas se están moviendo" y "nuestros mañanas ya no serán como nuestros ayeres". La pregunta es: ¿El sistema educativo actual cambiará a la par de nuestra evolución o nos llevará a la extinción?

La educación es más importante que nunca, pero tenemos que insistir en la pregunta: ¿Qué tipo de educación?

Si no contamos con educación financiera, es comprensible que millones de personas honestas se vuelvan tramposas y cometan actos deshonestos con la esperanza de "ganarse unos cuantos dólares por debajo del agua" sin pagar impuestos. Pero recuerda que a eso se le llama evasión fiscal y es un delito.

Si no cuenta con educación financiera, la gente no puede distinguir entre evasión fiscal, que es ilegal, y elusión fiscal, que es legal.

Si no contamos con educación financiera, es lógico que mucha gente crea que la mejor forma de pagar menos impuestos es trabajando menos… o dejando de trabajar.

Si no cuenta con educación financiera la gente no se puede percatar de que el Banco de la Reserva Federal y el Departamento del Tesoro de Estados Unidos, creados en 1913, están profundamente vinculados.

Si no cuenta con educación financiera, es lógico que la gente crea que cobrarles más impuestos a los ricos es la solución a su situación financiera personal.

Si no cuenta con educación financiera, es lógico que mucha gente mienta para encubrir sus errores en lugar de decir la verdad y aprender de los mismos.

Millones de personas preferirían mentir sobre su situación financiera antes de admitir que no saben gran cosa sobre el dinero y pedir ayuda. Si la gente no cuenta con un estado financiero real o con alfabetismo financiero, no puede entender la amenaza que representan sus problemas económicos.

En un momento en que la verdad y la transparencia se han vuelto cruciales, nuestras escuelas les enseñan a los jóvenes que los errores significan que eres estúpido. En los negocios, los errores significan: "Estás despedido."

Nos hemos convertido en una cultura disfuncional en la que mentir es la mejor solución para sobrevivir.

Como el verdadero problema es la falta de educación financiera, nuestra única salvación es aprender.

Para finalizar, te diré que la pregunta más importante es: ¿Qué quieres… realmente?

¿Quieres seguridad en el empleo o libertad financiera? La respuesta determinará qué tipo de educación te conviene más.

En mi opinión, las mejores palabras para este periodo de la evolución humana provienen de F. Scott Fitzgerald:

La prueba de una inteligencia de primera clase es la habilidad de tener dos ideas opuestas en la mente al mismo tiempo, y seguir funcionando.

Gracias por leer este libro.

Robert Kiyosaki

Epílogo

Entonces… ¿cómo cambiamos el mundo?

Padre rico solía decir: "Si quieres cambiar el mundo, comienza por cambiar tú."

Cada vez que me quejaba y hacía berrinche por algo, mi padre me obligaba a repetirme: "Para que las cosas cambien… primero tengo que cambiar yo."

Padre rico me dejaba de tarea pensar en los cambios que podría efectuar en mí, y luego yo me reportaba de vuelta cuando se me ocurrían ideas nuevas. Siempre me sorprendió la forma en que la situación variaba en cuanto yo evolucionaba.

Un mensaje
a los *millennials*

Los *baby boomers* tuvieron una vida muy sencilla.
Ellos no pueden darte consejos financieros adecuados.

Más de la mitad de los *baby boomers* serán pobres cuando se
retiren.
Lo más probable es que muchos terminen viviendo con sus
hijos… y sus nietos.

Tú tienes dos opciones:
O esperas que el gobierno se haga cargo de ti…
o te haces cargo de ti.

Puedes pescar… o esperar que alguien te regale pescado.
La decisión es tuya.

Secciones adicionales

Universidad

Un verdadero negocio con rendimientos infinitos
Ken McElroy, asesor de *Padre Rico*

El proyecto
Edificio de departamentos Forest Ridge
Ubicación: Flagstaff, Arizona

267 Unidades (50/50 divididos en configuración de 1 y 2 recámaras)
Precio: 19 millones de dólares

Descripción: Complejo de departamentos de treinta años de antigüedad en excelentes condiciones. Sólo requiere arreglos "cosméticos" exteriores.

La oportunidad
Flagstaff es una hermosa y pequeña comunidad montañosa ubicada a un lado de un centro de esquí, una universidad estatal y una escuela comunitaria.

Flagstaff es demasiado pequeño para los REIT (fideicomisos de inversiones en bienes raíces), los cuales sólo suelen invertir en ciudades más grandes como Los Ángeles y Phoenix. Esta situación les da más oportunidades de negociar a los inversionistas de menor alcance.

La comunidad de Flagstaff tiene una política "Pro verde" o anticrecimiento que mantiene el desarrollo alejado. Por esta razón, mucha gente quiere adquirir las casas y los departamentos.

Las rentas están en 100 dólares al mes, una cantidad por debajo del promedio en el mercado.

Después de la adquisición de la propiedad, las rentas podrían incrementar el ingreso bruto en 267 unidades × 100 dólares.

Plan de adquisición
Precio de compra: 19 millones
Deuda: Préstamo bancario por 15 millones
Patrimonio: 4 millones en patrimonio de 7 inversionistas

Plan para agregar valor
Hacer mejoras a la propiedad

Subir lentamente las rentas hasta equipararlas con el valor del mercado

Aumentar el INO (Ingreso neto de operación o NOI, por sus siglas en inglés*)

Refinanciación del inmueble
Los inversionistas recuperan su patrimonio + su parte de valor aumentado + mayor cantidad de flujo de efectivo + estímulos fiscales

	2009	2010	2015
Valor de la propiedad	19 millones	25 millones	34 millones
Deuda	15 millones	20 millones**	25 millones**
Patrimonio	4 millones	5 millones	9 millones
INO	1 millón	1.4 millones	1.8 millones
Flujo de efectivo antes de impuestos	400K	600K	400K
Estímulos Fiscales (ingreso fantasma)	675K	675K	450K

Nota: Todas las cifras de referencia son aproximadas y han sido redondeadas para mantener la sencillez de los ejemplos.

2009

Kim y Robert pusieron 500 000 del aumento patrimonial de 4 millones de dólares a 12.5% de interés. El flujo de efectivo no gravado de 50 000 dólares al año se les liquidó. Obtuvieron estímulos fiscales por 84 000 dólares que recibieron a través de los impuestos que no tuvieron que pagar por otro ingreso recibido. Rendimiento sobre inversión (ROI, por sus siglas en inglés) después de pagar impuestos, 27%.

2010

Después de un incremento en el INO, Ken McElroy refinanció y recibió un préstamo de 20 millones de dólares. Ese préstamo liquidó el préstamo anterior de 15 millones sobre la propiedad. Todos los inversionistas recibieron sus 4 millones en patrimonio más una porción del valor aumentado de la propiedad (INO* 1.4).

Kim y Robert recuperaron sus 500 000 más 100 000 de valor aumentado sobre la propiedad libre de impuestos porque el dinero es deuda generada por el refinanciamiento.

El rendimiento sobre inversión (ROI) es ahora infinito porque Kim y Robert ya sacaron todo su dinero de la propiedad.

Además recibieron su parte correspondiente de los 600 000 dólares en flujo de efectivo exento de pagar impuestos, más aproximadamente 80 000 dólares al año en estímulos fiscales debido a la depreciación.

2015

La economía se recuperó y las rentas aumentaron, lo que incremento el INO* a 1.8 millones.

Además, las tasas de intereses de los préstamos bajaron a menos de 5%. Ken McElroy volvió al banco y pidió un préstamo de 25 millones de dólares con base en un avalúo de 34 millones que se hizo de la propiedad.

Una vez más, Ken pagó el préstamo de 20 millones y compartió las ganancias con los inversionistas.

Kim y Robert recibieron 500 000 adicionales exentos de impuestos, más flujo de efectivo exento de impuestos por alrededor de 100 000 dólares, así como ingreso fantasma de los estímulos fiscales de la depreciación de más de 50 000 dólares.

Una vez más, su ROI** se hizo infinito.

Entre 2009 y 2015 los departamentos Forest Ridge devolvieron varios millones de dólares exentos de impuestos y un rendimiento infinito, producto del conocimiento. Ésa es la verdadera educación financiera.

A lo largo de los años Kim y Robert han invertido —con Ken McElroy y su empresa, MC Properties— en 16 proyectos similares, y todos les han dado rendimientos infinitos.

En la mayoría de los casos, cuando Ken les regresa el dinero a Kim y a Robert, ellos le dan de vuelta esa cantidad a él para que la reinvierta en otros proyectos que se basan en el mismo modelo de rendimientos infinitos.

Reinvertir los rendimientos les permite ser cada vez más ricos.

Definiciones

*INO: **Ingreso Neto de Operación**

		Ingreso neto de la propiedad
Menos	-	Gastos de operación (sin deuda)
Igual	=	*Ingreso Neto de Operación*

Nota: Los bancos evalúan las propiedades con base en el INO, Ingreso Neto de Operación.

Cada vez que Ken McElroy aumentaba el INO, regresaba al banco a refinanciar la propiedad. Como la deuda está exenta, las ganancias se distribuyen entre los inversionistas… libres de impuestos.

**ROI: Rendimiento Sobre la Inversión
(ROI, por sus siglas en inglés)

$$\frac{\text{Patrimonio}}{\text{Rendimiento}}$$

Por ejemplo: Si meto 100 dólares en una inversión y recibo 10 de vuelta, mi ROI es de 10%.

$$\frac{\$100}{\$10} = 10\%$$

Si no tengo dinero en una inversión (cero dólares, nada de dinero), y recibo 10 dólares, mi ROI es infinito.

El objetivo es obtener rendimientos infinitos. Por ejemplo, The Rich Dad Company se fundó con 250 000 de los inversionistas. Tres años después se les regresaron 500 000 dólares. En los últimos 20 años, los rendimientos para Robert y Kim han sido infinitos.

Otro ejemplo: yo compro 10 acciones por 10 dólares, 1 dólar por acción. El valor se incrementa a 5 dólares por acción, y el valor total de las 10 acciones ahora es de 50 dólares. Luego vendo dos por 5 cada una, y con esa venta recupero completa mi inversión inicial de 10 dólares. Ahora tengo 8 acciones gratuitas.

Una vez más, conseguí rendimientos infinitos.

Una de las diferencias entre las acciones y los bienes raíces es que estos últimos tienen el beneficio adicional de la deuda y los impuestos. La próxima vez que alguien te diga que 8% es un buen rendimiento por tu dinero, piensa en lo que te acabo de explicar.

¡El verdadero gran bonus!

10 lecciones en video
para despertar a tu genio financiero

La mayor parte de tus amigos y tu familia no leerán este libro.
Gracias a ti por hacerlo.
Si quieres recibir… antes tienes que dar.
Puedes dar a través de la enseñanza.
Entre más enseñes, más aprenderás.

Por eso creamos RDTV… la televisión dentro de un libro.

**10 semanas para despertar
tu genio financiero**

**El programa de 10 semanas:
reúnete con entre tres y cinco amigos
a ver una lección en video a la semana.
Discute las lecciones
y juega CASHFLOW dos horas.
Luego comenta lo que aprendiste.**

PARA INCREMENTAR
TU INTELIGENCIA FINANCIERA

Elige a tus maestros con esmero

La mayoría de los maestros son geniales...
pero no ponen en práctica lo que predican.
Todos mis maestros de la Escuela de vuelo
eran pilotos.
Todos mis asesores son ricos.
Practican lo que predican.

LECCIONES DE RDTV

**Cómo usar RDTV y el juego CASHFLOW
para despertar a tu genio financiero**

INTRODUCCIÓN
**La historia de Padre Rico:
Qué es realmente la educación financiera**
Robert Kiyosaki

LECCIÓN #1
Por qué los ahorradores son perdedores
Robert Kiyosaki

LECCIÓN #2
Por qué la deuda enriquece aún más a los ricos
Ken McElroy

LECCIÓN #3
Por qué los impuestos enriquecen aún más a los ricos
Tom Wheelwright, CPA

LECCIÓN #4
Cómo los colapsos enriquecen aún más a los ricos
Andy Tanner

LECCIÓN #5
Cómo las leyes enriquecen aún más a los ricos
Garrett Sutton, Esq.

LECCIÓN #6
Cómo ser generoso enriquece aún más a los ricos
Kim Kiyosaki

LECCIÓN #7
Cómo retirarse joven
Cecilia Gonzales

LECCIÓN #8
Cómo el fracaso conduce al éxito
Rod Smith

LECCIÓN #9
Enséñales a tus hijos a ser empresarios... no empleados
Fernando, Cecilia y Alexandra Gonzales

LECCIÓN #10
Por qué los ricos no viven por debajo de sus posibilidades
Robert y Kim Kiyosaki con Tom Wheelwright, CPA

Para ver estas lecciones de RDTV, visita:
RichDad.com/RDTV

Lineamientos de los Clubes oficiales*
de Cashflow de Rich Dad

Combina RDTV con el juego CASHFLOW para despertar a tu genio financiero

1. Reserva por lo menos 3 horas para cada evento.
2. Comienza y termina a tiempo. Si la gente se quiere quedar más tiempo, está bien. Quienes necesiten irse habrán cumplido con su acuerdo respecto al horario.
3. Empieza todos los eventos de CASHFLOW permitiéndoles a los participantes tomarse un minuto para presentarse y describir lo que quieren aprender en esa ocasión.
4. Ve la lección indicada en RDTV. Por ejemplo, Lección #3 de "Cómo despertar a tu genio financiero: Por qué los impuestos enriquecen aún más a los ricos". Después de ver la lección pasa hasta 30 minutos comentándola con la gente en tu mesa. [Nota del Cono del aprendizaje: participar en una discusión aumenta el aprendizaje y la retención 70%.]

   PARTICIPANTES NUEVOS

   Si llega una persona nueva, lo mejor es que primero vea el video de introducción y luego se una al grupo.

   El grupo deberá dedicar un momento a darle la bienvenida al recién llegado y permitirle describir qué aprendió del video de introducción.
5. Jueguen CASHFLOW. Terminen el juego 30 minutos antes del final del evento. No se preocupen por completar el juego, siempre podrán hacerlo en otro evento.

---

*El Club Oficial de CASHFLOW obedece los lineamientos y el Código de honor.

Los siguientes 30 minutos discutan sobre lo que aprendieron los participantes en el juego y la forma en que esto se relaciona con la lección en video que vieron al principio del evento

6. Terminen el evento con los comentarios de cierre de líder del club CASHFLOW.

Código de honor

1. Los líderes del club CASHFLOW se comprometen a respaldar la misión de The Rich Dad Company: *elevar el bienestar financiero de la humanidad.*

2. Asegurarse de que los eventos en el Club CASHFLOW sean un santuario para el aprendizaje. Esto significa que no se venderán ni se promoverán inversiones ni oportunidades de negocios. Un evento del club no es el lugar para "buscar novia". Asegúrate de que el evento sea un "espacio seguro" para el aprendizaje y el intercambio de ideas.

3. No darle las respuestas a la gente. Sé paciente. Permite que los participantes aprendan con base en prueba y error, que cometan errores y aprendan de ellos. La verdadera educación es un proceso de descubrimiento, no se trata de memorizar respuestas o de que te digan qué hacer. Es importante equivocarse y aprender de los errores. Los errores sólo se convierten en pecados cuando no los admites.

4. Lo que sucede en el club, se queda en el club.

5. Permite que todos den su punto de vista. Sé amable, diviértete, trata a todos con respeto.

**Los líderes de Clubes CASHFLOW
se comprometen a operar bajo los más altos
estándares legales, morales y éticos.**

Lo que los estadounidenses quieren… realmente

Padre pobre:
"Quiero un empleo seguro."
Padre rico:
"Quiero mi libertad."

El doctor Frank Luntz es uno de los profesionales de la comunicación más respetados en Estados Unidos. La gente lo conoce principalmente como "encuestador" y a menudo lo ve en televisión midiendo el ánimo de los estadounidenses. Frank fue ganador del premio Bola de Cristal de *The Washington Post* debido a que puede "ver" lo que sucede en el corazón y la mente de la gente.

Frank y yo nos conocimos en el cuarto verde de CNBC, la red financiera global televisiva, mientras esperábamos nuestro turno para salir al aire. Frank se ha convertido en un amigo personal y se presenta con regularidad en el Programa de radio de Rich Dad.

Cuando se publicó su libro, *What Americans Really Want… Really* (2009), salí corriendo a comprarlo para leerlo. Su trabajo y su investigación son esenciales para cualquier persona que haga negocios en Estados Unidos.

Seguramente ya notaste que tomé prestadas las palabras de Frank para el subtítulo de este libro.

En *What Americans Really Want... Really,* Frank hace el reporte de una encuesta emblemática que condujo en 2008 para Kaufman Foundation, el laboratorio de ideas empresariales más importante de nuestro país. En la encuesta del doctor Luntz se descubrió que: "Es difícil decir cuál emoción es más fuerte: respeto por los empresarios u odio hacia los directores ejecutivos."

Luntz profundiza sobre por qué los estadounidenses odian a los directores ejecutivos de las corporaciones. En su encuesta le preguntó a la gente común: "Si tuvieras que elegir qué preferirías ser?"

80% Dueño de un pequeño negocio exitoso que tú mismo iniciaste y que cuenta con 100 empleados.

14% Director ejecutivo de una empresa de Fortune 500 con más de 10 000 empleados.

6% No sé/Me niego a contestar.

Las respuestas revelan claramente lo que prefieren los estadounidenses: "Construir algo de la nada es ahora más apreciado que llegar a la cima de la escalera corporativa."

Dicho de otra manera, lo que los estadounidenses realmente quieren, y en una cantidad abrumadora, es ser empresarios. El problema es que nuestro sistema educativo sigue entrenando a la gente para que sea empleada, y por eso el mantra: "Ve a la escuela y consigue un empleo", no tiene nada que ver con lo que la gente realmente quiere.

Olvídate de las escuelas de negocios

El doctor Luntz dice lo siguiente acerca de las escuelas de negocios: "¿Cómo equipar a una generación de estadounidenses para que tengan éxito en una actividad empresarial? Olvídate de las maestrías.

La mayoría de las escuelas de negocios te enseñan a ser exitoso en una corporación de grandes dimensiones en lugar de decirte cómo echar a andar tu propio negocio."

La mayoría de los programas de maestría entrena a los estudiantes para que lleguen a ser empleados, no empresarios. Las habilidades y la actitud mental de un empresario están en la cara opuesta de la moneda y no tiene nada que ver con los ejecutivos de grandes corporaciones que, en realidad, son empleados con maestría que necesitan un cheque de nómina constante, prestaciones y vacaciones pagadas.

El problema es el sistema educativo

Nuestro actual sistema educativo es un problema aún mayor. La principal razón por la que la gente no se vuelve empresaria es porque carece de educación financiera. La mayoría vive limitada por el tamaño de su cheque de nómina. Como no cuentan con educación financiera real, muchos de nuestros "preparadísimos ejecutivos" se han inclinado por el mal y han decidido enriquecerse gracias a una actitud codiciosa, inclemente, inflexible e insensible.

Gracias a la encuesta del doctor Luntz hemos descubierto que hay un creciente disgusto hacia nuestros preparadísimos líderes privados y públicos, y por esa razón, los estadounidenses han empezado a comprender que necesitan convertirse en empresarios, no en empleados.

Dicho llanamente, muchos estadounidenses ya no confían en nuestras escuelas, en los políticos ni en los líderes de corporaciones. Esta tendencia influyó en el surgimiento de un empresario que llegó a ser presidente y que no necesita un cheque de nómina como es el caso de Donald Trump.

Lo que los estadounidenses quieren... realmente

En su encuesta para Kaufman Foundation, el doctor Luntz descubrió que lo que los estadounidenses realmente quieren de la educación es:

81% Que las universidades y las preparatorias desarrollen de forma activa las habilidades empresariales de los estudiantes.

77% Que lo gobiernos estatales y federales estimulen a los empresarios.

70% Cree que el éxito y la salud de la economía dependen de enseñarle a las personas a ser empresarios, no empleados.

¿Va a cambiar el sistema educativo?

Ésta parece ser la pregunta del millón de dólares.

> *P: ¿Nuestro sistema educativo puede proveer la educación empresarial que quieren los estadounidenses?*
>
> R: No, al menos, no en muchos años. Las dos industrias más resistentes al cambio son la de la construcción y la de la educación. Ambas tienen un retraso de cincuenta años. Esto significa que es necesario que pasen cincuenta años antes de que estas industrias adopten nuevas ideas, filosofías o tecnologías. Compara este retraso de medio siglo con el de la industria de la tecnología, en donde todo se renueva cada 1.5 años.

También vale la pena destacar que las industrias de la educación y la construcción tienen altos niveles de sindicalización y una cultura laboral resistente al cambio.

> *P: ¿Por qué tanta gente tiene miedo de ser empresaria?*
>
> R: El índice de fracaso para los empresarios es extremadamente alto: 9 de cada 10 fracasarán en los primeros cinco años del negocio, y 9 de cada 10 de los que sobrevivan, fracasarán en los siguientes cinco años. Eso significa que, diez años después, sólo un empresario de cada 100 continuará de pie.

> *P: ¿Entonces que necesitan los empresarios… realmente?*
>
> R: Si realmente quieren sobrevivir al proceso empresarial, necesitan educación financiera.

Historia de dos maestros

La historia de *Padre Rico, Padre Pobre*, es una historia de dos maestros: uno profundamente instruido que era un empleado, y el otro que era un empresario increíblemente rico que no contaba con educación formal. La principal diferencia entre un empleado y un empresario es la educación financiera.

La otra cara de la moneda

La educación académica es lo opuesto a la educación financiera: son las dos caras de la misma moneda.

Para que las escuelas enseñaran verdaderos temas empresariales, se necesitaría que se desarrollara un modelo completamente distinto. Por ejemplo, en lugar de enseñarles a los estudiantes a no cometer errores, en la escuela para empresarios se les enseñaría a equivocarse intencionalmente como lo hizo Thomas Edison, quien luego aprendió de sus errores.

La Academia de Negocios Estadounidense

Estados Unidos podría ser el líder mundial en educación empresarial si creara la Academia de Negocios Estadounidense para Empresarios. Nuestro país tiene cinco destacadas academias militares que son los campos de entrenamiento de los líderes militares más importantes del mundo. Hablo de la Academia Militar en West Point, Nueva York; la Academia Naval en Annapolis, Maryland; la Academia de la Fuerza Aérea en Colorado Springs, Colorado; la Academia de la Guardia Costera en New London, Connecticut; y mi alma mater: la Academia de la Marina Mercante en Kings Point, Nueva York. Estas escuelas entrenan a los oficiales más connotados de la milicia y a los futuros líderes de nuestro país.

Dwight D. Eisenhower es un ejemplo de gran liderazgo. Se graduó de West Point, fue un general de cinco estrellas y, en mi opinión, también fue el último gran presidente de Estados Unidos. Lo respeto en lo personal por su forma de ser líder en la guerra y en la paz.

Propongo que el gobierno de nuestro país funde la Academia de Negocios Estadounidense para Empresarios, tal vez en la Ciudad de Nueva York o en Silicon Valley. De esa manera entrenaríamos a los individuos más inteligentes del país para que se convirtieran en los líderes empresariales del futuro.

Las diferencias entre los programas de maestría tradicionales y los programas de las academias militares se hacen más evidentes en el Triángulo D-I.

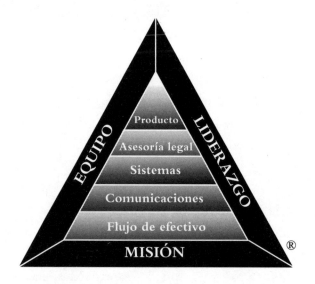

Las escuelas tradicionales se enfocan en preparar a los estudiantes para que cumplan con papeles en el interior del Triángulo D-I. Las escuelas militares se enfocan en los tres elementos en el perímetro: primero, Misión; luego Equipo y trabajo en equipo; y por último, Liderazgo.

En mi primer día en Kings Point nos ordenaron memorizar la Misión de la Academia de la Marina Mercante de Estados Unidos. Para cuando terminó el primer día ya estábamos aprendiendo a guiar y a seguir.

En los seis meses que pasé en el programa de maestría nunca hablamos acerca de la misión. Bueno, ni siquiera se mencionó la palabra. La palabra que más escuché fue dinero.

"Misión" es una palabra espiritual, una palabra de amor. Es la razón para echar a andar un negocio. El dinero es primitivo, "dinero" es una palabra de miedo.

Defensa personal

Mientras tanto, para la gente como tú y como yo, la educación financiera es una forma de defensa personal que nos puede ayudar a protegernos en este mundo en el que reinan la codicia, la corrupción, la ignorancia y la incompetencia.

La educación financiera es como tomar un curso de karate; es un escudo con el que nos protegeremos de la gente en que deberíamos confiar pero que por alguna razón nos ataca.

A continuación te presentaré un resumen de lo que es la educación financiera... realmente.

¿Qué es educación financiera?

1. *Actitud.* Yo diría que por lo menos 80% de la educación financiera es la actitud. Mi Padre pobre siempre decía: "No me interesa el dinero." Si no le interesaba, ¿cómo iba a aprender algo al respecto? A menudo decía: "No me puedo dar ese lujo." Y es que siempre es más fácil decir: "No me puedo dar ese lujo", que averiguar cómo conseguir lo necesario para darnos el lujo. Mi Padre pobre creía que el gobierno debía encargarse de él, pero Estados Unidos va a desmoronarse porque millones de personas tienen esta misma actitud en cuanto a la responsabilidad financiera personal. Por último, también pensaba que los ricos eran codiciosos.

2. *Elige a tus maestros con esmero.* Cuando somos niños y vamos a la escuela, tenemos muy poco control respecto a quién nos dará clase. Ahora que somos adultos, te exhorto a que tomes el tiempo necesario para conocer a fondo a la gente que te va a enseñar respecto al dinero. Por desgracia, la mayoría de los asesores financieros en realidad son vendedores y ni siquiera son ricos. Además, lo único que te enseñan es a

entregarles tu dinero. Recuerda que tu mente es tu activo más valioso, así que ten cuidado y elige con sabiduría a quién le permitirás brindarte la información que guardarás en tu cabeza.

3. *Aprende el lenguaje del dinero.* Aprender a ser rico no es muy distinto a aprender otro idioma o lenguaje. Hace muchos años, cuando tomé aquel curso de tres días sobre inversión en bienes raíces, empecé a aprender el lenguaje del mercado inmobiliario: palabras como tasa de capitalización, ingreso neto de operación y flujo de efectivo descontado. Hoy en día, hago millones de dólares gracias a que, además de inglés, hablo "inmobiliario".

Cuando cambio opciones hablo el lenguaje de la bolsa de valores y uso términos como opción de venta, opción de compra, mercado con alta volatilidad y opciones a largo plazo.

Lo mejor acerca del lenguaje del dinero es que las palabras son gratuitas.

Una de las razones por las que la brecha entre los ricos y todos los demás se hace cada vez más amplia, es porque existen tres tipos de ingreso:

1. Ganado
2. De portafolio
3. Pasivo

La brecha crece porque en las escuelas les enseñan a los alumnos a trabajar, ahorrar e invertir en ingreso ganado u ordinario Los ricos, en cambio, trabajan por ingreso de portafolio y por ingreso pasivo.

4. *¿Qué quieres ser cuando seas grande?* La brecha crece porque la mayoría de los padres y las escuelas motivan a los jóvenes a vivir en el cuadrante E. La gente más adinerada y poderosa vive en el cuadrante I, pero para llegar ahí se necesita educación financiera.

Padre pobre

Padre rico

5. *Los impuestos enriquecen aún más a los ricos:* La gente que vive en el cuadrante I es la que menos paga impuestos... porque es la gente que hace las reglas.

PORCENTAJE DE IMPUESTOS PAGADOS POR CADA CUADRANTE

Las leyes fiscales son justas. Todo mundo puede aprovechar las leyes del cuadrante I, pero por desgracia, si no cuentas con educación financiera, te será imposible hacerlo.

6. *La deuda es dinero.* Existe la deuda buena y la deuda mala. Los ricos usan la primera para adquirir activos, mientras que los pobres utilizan la segunda, por medio de las tarjetas de crédito, sólo para ir cubriendo gastos. La clase media usa la deuda para adquirir pasivos como casas, automóviles y préstamos estudiantiles.

ESTADO FINANCIERO

Ingreso
Gasto
Deuda… para los pobres

BALANCE GENERAL

Activos	Pasivos
Deuda… para los ricos	Deuda… para la clase media

7. *Tu boleta de calificaciones.* Tu banquero jamás te va a pedir tu boleta de calificaciones escolar porque no le interesa en qué escuela estudiaste ni cómo te fue en ella. Lo que él quiere ver es tu estado financiero, es decir, tu boleta de calificaciones de la vida real.

ESTADO FINANCIERO

Ingreso
Padre pobre
Gasto

BALANCE GENERAL

Activos	Pasivos
Padre rico	

Cada vez que alguien dice: "El banco no me quiere prestar dinero", es porque esa persona no tiene un estado financiero fuerte. Si el empresario tiene tres años de estados financieros sólidos y auditados, los banqueros estarán ansiosos por darle todo el dinero que necesite.

Si una persona no cuenta con estados financieros sólidos, lo único que el banquero le querrá dar con gusto será una tarjeta de crédito.

8. *El Cono del aprendizaje.* Si nos situamos en el Cono del aprendizaje de Edgar Dale, verás que mi Padre rico se enfocaba en acciones muy distintas a las de mi Padre pobre.

El Cono del aprendizaje		
Después de dos semanas recordamos		Naturaleza de la participación
90% de lo que decimos y hacemos	Viviendo la experiencia	**PADRE RICO**
90% de lo que decimos y hacemos	Simulando la experiencia	Activa
90% de lo que decimos y hacemos	Haciendo una representación dramática	Activa
70% de lo que decimos	Dando una plática	Activa
70% de lo que decimos	Participando en una discusión	Activa
50% de lo que escuchamos y vemos	Viéndolo en una demostración *in situ*	Pasiva
50% de lo que escuchamos y vemos	Viendo una demostración	Pasiva
50% de lo que escuchamos y vemos	Asistiendo a una exposición	Pasiva
50% de lo que escuchamos y vemos	Viendo una película	Pasiva
30% de lo que vemos	Viendo imágenes	Pasiva
20% de lo que escuchamos	Escuchando palabras	Pasiva
10% de lo que leemos	Leyendo	**PADRE POBRE**

Fuente: *Cono del aprendizaje*, adaptado de Dale (1969).

La educación académica está en la otra cara de la moneda. Es lo contrario a la forma en que los seres humanos aprendemos… realmente.

Hace veinte años

En 1997 publicamos *Padre Rico, Padre Pobre* y formamos The Rich Dad Company. Esta empresa se fundó para compartir educación financiera con la gente del mundo, de la misma manera en que mi Padre rico la compartió con su hijo y conmigo.

Padre rico nos enseñó:

1. Practicando juegos (simulaciones), cometiendo errores y aprendiendo de ellos con el dinerito de juguete que usábamos. Los juegos exigen inteligencia física, la cual es el medio principal de aprendizaje de los seres humanos.

2. Viviendo la experiencia real, trabajando como aprendices en su oficina y visitando sus "casitas verdes". Luego, diez años después, Padre rico nos permitió ser testigos de la compra de su primer "hotel rojo".

3. Usando imágenes sencillas: diagramas de estados financieros, del Cuadrante del flujo de dinero y del Triángulo D-I.

4. Participando en discusiones, enseñándonos a cooperar, respetando las opiniones y la sabiduría de los otros, y no necesitando ser el más inteligente del lugar… porque los negocios son un trabajo de equipo. En la escuela, en cambio, si participas en una discusión o pides ayuda, los maestros dan por hecho que estás haciendo trampa.

5. Aunque siempre fui un estudiante promedio, actualmente hago mucho más dinero que mis inteligentísimos compañeros de clase que llegaron a ser médicos, pilotos de aerolíneas y abogados: los mismos a quienes les enseñaron en la escuela que colaborar es equivalente a hacer trampa.

6. Con aprendizaje inspirado: Padre rico no nos daba las respuestas, en lugar de eso nos inspiraba a aprender y a encon-

trarlas con nuestros medios. Hoy en día paso bastante tiempo en la parte más baja del Cono del aprendizaje leyendo libros y asistiendo a conferencias. La diferencia es que ahora estudio porque quiero aprender, no porque necesite pasar un examen.

Por qué se va a ensanchar la brecha

Desafortunadamente, la brecha entre los ricos y todos los demás continuará ensanchándose. Muchas de las cosas que tenemos ahora, mañana no estarán ahí. Lo único que la gente tiene que hacer es percatarse de la "acelerada aceleración" de la tecnología. Para continuar siendo competitivas, las empresas han empezado a reemplazar a los humanos con robots. Por eso nuestro cuento de hadas comienza con: "Ve a la escuela, consigue un empleo...", pero es sólo eso, un cuento infantil. En lugar de empeñarse en conseguir seguridad en el empleo, la gente necesita enfocarse en la seguridad financiera, la cual requiere de educación financiera real.

Por qué la mayoría de la gente no puede hacerlo

Mucha gente se encuentra con el problema de que la educación financiera real es contradictoria y no tiene mucha lógica. Dicho llanamente, la educación financiera real está al otro lado de la moneda de todo lo que hemos aprendido o escuchado sobre el dinero. Muchos creen que están "haciendo lo correcto", pero en realidad, están "haciendo lo incorrecto." Son los mismos que nos dicen a Tom y a mí: "Aquí no puedes hacer eso". Ellos no pueden hacerlo porque representa todo lo contrario a lo que les enseñaron en casa y en la escuela.

Todo es lo opuesto

1. *Lección número uno de Padre rico: los ricos no trabajan por dinero.* La gente que trabaja por dinero se está quedando rezagada, millones de personas están cayéndose por la brecha.

2. *Los ahorradores son perdedores.* ¿Para qué ahorrar dinero si todo el sistema financiero está diseñado para imprimir billetes?

En términos bancarios, a esta estrategia se le conoce como sistema de reserva fraccionaria, y es la razón por la que los banqueros aman a quienes les piden dinero, no a los ahorradores.

3. *La deuda enriquece aún más a los ricos.* El sistema financiero global está construido sobre la deuda. El dinero sólo se crea cuando la gente pide prestado. La gente que sabe cómo usar la deuda para adquirir activos, es la más rica del mundo.

4. *Los impuestos enriquecen aún más a los ricos.* El sistema fiscal es un programa de incentivos que anima a la gente a convertirse en socia del gobierno y a hacer lo que él quiere o necesita que se haga.

   Los gobiernos no necesitan más empleados en el cuadrante E, ni autoempleados en el cuadrante A, por eso esta gente es la que paga impuestos más altos.

   Los gobiernos necesitan más empresarios en el cuadrante D, e inversionistas profesionales en el cuadrante I, por eso ellos son los que menos impuestos pagan.

5. *Los errores enriquecen aún más a los ricos.* Dios diseñó a los humanos para que aprendieran cometiendo errores. Un bebé no puede aprender a caminar si no cae y luego se levanta. Por eso los juegos y las simulaciones son la mejor manera de "practicar" cometiendo errores, porque te permiten aprender de tus equivocaciones y vivir la experiencia real.

6. *Los colapsos enriquecen aún más a los ricos.* Los colapsos de los mercados financieros son el mejor momento para volverse rico. Cuando Walmart tiene ofertas, los pobres y la clase media van corriendo a buscar gangas. Cuando los mercados financieros colapsan, son los ricos quienes salen disparados a conseguir gangas, mientras los pobres y la clase media se esconden.

7. *Nos convertimos en nuestras palabras.* Los empleados siempre usan términos como: "Empleo seguro, cheque de nómina

constante, aumento salarial, plan médico, prestaciones, vacaciones pagadas y horas extras."

Los empresarios no. Los empresarios deben ser suficientemente inteligentes para proveerles estos términos a sus empleados, y eso exige educación financiera.

8. *Estudia las materias que a las escuelas no les parezcan importantes.* El objetivo principal de las escuelas es enseñarles a los empleados y a los autoempleados profesionales, como los médicos y los abogados.

Para que alguien se convierta en un empresario exitoso, tiene que estudiar las materias que al sistema escolar no le parezcan importantes.

Ventas = Ingreso

Una de las materias que al sistema escolar no le parece importante es la materia de ventas. El hecho es que: ventas = ingreso. Todos los empresarios deben aprender a vender y a mejorar las habilidades que ya tienen en este campo. La principal razón por la que nueve de cada diez empresarios nuevos fracasan, es porque no pueden vender lo suficiente para sobrevivir o crecer.

Donald Trump y yo somos los únicos educadores financieros que le recomiendan a la gente unirse a una compañía de mercadeo en redes. El mercadeo en redes te enseña cuatro habilidades esenciales para ser un empresario exitoso: ventas, liderazgo, manejo del rechazo y gratificación retardada. Saber manejar el rechazo y aprender a esperar las gratificaciones son indicadores de una alta inteligencia emocional (EQ). Los empleados no necesitan este tipo de inteligencia, pero los empresarios sí.

En 1974 salí del Cuerpo de Infantería de Marina y empecé a trabajar en el único empleo real que he tenido. Entre 1974 y 1978 trabajé para Xerox Corporation, sin embargo no lo hice por dinero, lo hice para aprender a vender. En cuanto me convertí en el número uno en ventas y empecé a ganar mucho dinero, renuncié para dar inicio a mi vida como empresario.

En la preparatoria reprobé el primer y el tercer año porque no podía escribir y porque tenía demasiados errores ortográficos. Hasta la fecha hay mucha gente que dice que no sé escribir y, efectivamente, soy mal escritor. No obstante, gano millones de dólares como autor de bestsellers.

Mi negocio son los bienes raíces

En 1973 tomé el primero de muchos seminarios sobre bienes raíces. Ese curso inicial de tres días me hizo multimillonario una y otra vez. Lo más importante es que fue mi boleto a la libertad financiera porque, mi verdadero negocio, son los bienes raíces.

Aprendizaje de por vida

El mayor problema de la educación tradicional es que muchos estudiantes salen de la escuela odiándola. Millones de personas creen que la educación termina en cuanto salen del último grado. Y es que la educación tradicional mata el espíritu de aprendizaje de muchísima gente, lo cual me parece una tragedia socioeconómica.

Yo habría sido una de esas personas, de no ser por mi Padre rico.

Aprender a vender me permitió ingresar al cuadrante D, me inspiró a convertirme en empresario, no para ganar dinero, sino para alcanzar la liberta personal. Aquel cursito de tres días sobre inversión en bienes raíces, fue mi boleto al cuadrante I.

El amor por el aprendizaje

El amor por el aprendizaje y la educación de por vida son los elementos esenciales del éxito en los cuadrantes D e I. Actualmente, Kim, mis asesores y yo, nos reunimos dos veces al año para estudiar excelentes libros escritos por grandes maestros. El mundo se mueve demasiado rápido como para quedarse quieto.

Mi instructor de bienes raíces me dijo: "Tu educación comenzará en cuanto salgas de esta clase."

La mayoría de la gente cree que la educación termina en cuanto salen de la escuela, y ésta es la principal razón por la que la brecha entre los ricos, los pobres y la clase media, se hace cada vez más amplia.

Las buenas calificaciones no son un indicativo del éxito en la vida. De hecho, empeñarse en conseguir buenas calificaciones puede generar un mal funcionamiento personal más adelante. Un médico estadounidense escribió acerca del efecto que tuvo en su vida competir por "una buena calificación". Estudió medicina en Suiza, y ahí se encontró a un grupo nutrido de estadounidenses. El doctor cuenta que muchos de ellos cayeron en shock en cuanto descubrieron que no había calificaciones, ni premios, ni cuadro de honor ni listas de los mejores estudiantes. Las únicas opciones eran aprobar o reprobar. El doctor cuenta que algunos de plano no pudieron con el sistema y se volvieron paranoicos porque pensaron que se trataba de una especie de broma. Algunos más se fueron a otra escuela, a una en la que sí se comparaba y se calificaba a los estudiantes. Quienes se quedaron descubrieron algo que no habían visto en las universidades de Estados Unidos: los estudiantes más inteligentes compartían sus notas con sus compañeros y les ayudaban a pasar el curso. Este mismo doctor escribió que su hijo, que en ese entonces estudiaba medicina en Estados Unidos, le contaba sobre algunos estudiantes que saboteaban a otros. Mencionó el ejemplo de un estudiante que descompuso el microscopio de un compañero para que éste perdiera valiosos minutos tratando de reajustarlo. Los padres también tienen la culpa por exigirle a Johnny o a Suzie que venzan a sus compañeros en las actividades académicas o deportivas.

Y después los estadounidenses nos preguntamos por qué sigue creciendo la brecha. Esta brecha entre ricos y pobres; inteligentes y tontos; comienza en casa y luego se expande cuando vamos a la escuela.

Por eso Padre rico nos enseñó a su hijo y a mí a resolver los problemas económicos en equipo. Ya sabemos que en las escuelas, a eso le llaman hacer trampa. Padre rico hizo mucho énfasis en que sus banqueros nunca le pedían su boleta de calificaciones porque no les importaba de qué escuela se había graduado. También solía decir: "Tu estado financiero es tu boleta de calificaciones cuando sales de la escuela, tu boleta de la vida real."

La brecha entre los ricos y todos los demás se hace cada vez más ancha porque los universitarios no colaboran, porque resuelven sus problemas económicos solos, porque reciben asesoría financiera de la gente de Wall Street, y porque no tienen idea de lo que es un estado financiero.

Acerca del autor

Robert Kiyosaki

Mejor conocido como el autor de *Padre rico, Padre pobre*, el libro #1 de finanzas personales de todos los tiempos, Robert Kiyosaki desafió y cambió la forma en que millones de personas de todo el orbe pensaban acerca del dinero. Robert Kiyosaki es empresario, maestro e inversionista, y cree que el mundo necesita más empresarios que estimulen la creación de empleos.

Debido a sus opiniones respecto al dinero y las inversiones —a menudo en oposición a la sabiduría tradicional—, Robert se ha ganado la fama internacional de ser un autor franco, irreverente y valeroso. Además defiende la educación financiera con pasión y apertura.

Robert y Kim Kiyosaki son los fundadores de Rich Dad, una empresa educativa; asimismo, son los creadores de los juegos CASH-FLOW. En 2014 su empresa aprovechó el enorme éxito global de los juegos de *Padre Rico* para respaldar el lanzamiento de nuevas y sorprendentes opciones de juegos en línea y para celulares.

A Robert se le ha reconocido como un visionario que cuenta con el don de simplificar conceptos complejos: ideas relacionadas con dinero, inversiones, finanzas y economía. Ha compartido su viaje personal hacia la libertad financiera con maneras que apelan a la sensibilidad de lectores de todas las edades y con todo tipo de antecedentes. Sus mensajes y principios fundamentales —como, "tu casa no es un activo", "invierte para obtener flujo de efectivo" y "los ahorradores son perdedores"— desencadenaron una tormenta de crítica. En las últimas dos décadas, sin embargo, su filosofía y sus enseñanzas se han desplegado de una forma perturbadoramente profética en el contexto económico mundial.

Robert nos explica que ese "viejo" consejo de conseguir un buen empleo, ahorrar, salir de deudas, invertir a largo plazo y diversificarse, ya es obsoleto en medio de la rapidez con que se vive en la Era de la Información. La filosofía y mensajes de *Padre Rico* desafían al *statu quo*. Sus enseñanzas alientan a la gente a educarse en el aspecto financiero y a asumir un papel activo en la actividad bursátil para asegurar su futuro.

Además de ser autor de diecinueve libros, incluyendo el aclamado *Padre Rico, Padre Pobre*, Robert también ha participado como invitado en un sinnúmero de programas en medios, en todos los rincones del mundo: de CNN, BBC, Fox News, Al Jazeera GBTV y PBS, a *Larry King Live, Oprah, People, Investors Business Daily, Sydney Morning Herald, The Doctors, Straits Times, Bloomberg,* NPR, *USA TODAY* y cientos más. Sus libros han permanecido en los primeros lugares en ventas de las listas de bestsellers durante dos décadas. Robert sigue enseñando e inspirando a los públicos de todo el mundo.

Sus libros más recientes, son: *La ventaja del ganador: el poder de la educación financiera, Niño Rico, Niño Listo, 8 Lecciones de liderazgo militar para emprendedores, Segunda Oportunidad, Más importante que el dinero,* y *Por qué los ricos se vuelven más ricos.*

Para saber más, visita RichDad.com

Acerca de Tom Wheelwright, CPA

Tom Wheelwright, CPA, es la fuerza creativa detrás de ProVision, la primera firma contable estratégica del mundo. Como fundador y director ejecutivo, Tom ha sido responsable, por más de dos décadas, de la creación e implementación de servicios estratégicos y de consultoría innovadores para el manejo de los impuestos, los negocios y la riqueza de la exclusiva clientela de ProVision.

Tom es un sobresaliente experto en su ramo y autor publicado en colaboraciones y estrategias corporativas fiscales; también es un destacado orador e innovador en la educación sobre la riqueza. Donald Trump lo seleccionó para participar en su Programa de Constructores de Riqueza y dijo que era "lo mejor de lo mejor". Robert Kiyosaki, autor del bestseller *Padre Rico, Padre Pobre*, dice que Tom "sabe colaborar con otros, y cualquier persona que quiera volverse rica necesita tenerlo en su equipo". Tom escribió los capítulos 1 y 21 de *El libro de los bienes raíces* de Robert Kiyosaki, y también tuvo una colaboración de gran importancia en su nuevo libro *Por qué los ricos se vuelven* más ricos. Asimismo, participó en *El juego del dinero* y *La ventaja del ganador*, también de Robert Kiyosaki.

Tom ha escrito varios artículos para importantes periódicos y plataformas en línea, y se ha presentado como orador ante miles de personas en Estados Unidos, Canadá, Europa, Asia, Sudamérica y Australia.

Tom tiene más de 35 años desarrollando innovadoras estrategias fiscales, empresariales y monetarias para sofisticados inversionistas y empresarios de los ámbitos inmobiliario y tecnológico. Le apasiona enseñar estos planes a los miles de personas que asisten a sus conferencias. Ha participado como orador principal y panelista en múltiples mesas redondas, y ha dirigido acaloradas discusiones con las que ha logrado desafiar el *statu quo* de las estrategias fiscales.

Tom tiene una amplia experiencia profesional. Trabajó en Big 4, en donde manejó y dirigió el entrenamiento profesional de miles de contadores del Departamento Nacional de Impuestos de Ernst & Young, en Washington, D.C. También fue asesor fiscal de Pinnacle West Capital, que entonces era parte de la lista Fortune 1 000. Tom también se desempeñó durante catorce años como profesor adjunto del programa de maestría fiscal de la Universidad del Estado de Arizona. Ahí diseñó un curso para enseñar técnicas de planeamiento multiestatal y les dio clases a cientos de estudiantes universitarios.

LIBROS DE ROBERT KIYOSAKI

Padre Rico, Padre Pobre
Qué les enseñan los ricos a sus hijos acerca del dinero,
¡que las clases media y pobre no!

El Cuadrante del flujo de dinero
Guía de Padre Rico hacia la libertad financiera

Guía para invertir
En qué invierten los ricos,
¡la diferencia de las clases media y pobre!

Niño Rico, Niño Listo
Cómo dar a sus hijos una educación financiera sólida

Retírate joven y rico
¡Cómo volverse rico pronto y para siempre!

La profecía de Padre Rico
Por qué la más grande caída del mercado de valores está aún por venir...
¡y cómo puedes prepararte para aprovecharla!

Guía para hacerse rico sin cancelar sus tarjetas de crédito
Convierta la deuda mala en deuda buena

El juego del dinero
Por qué los inversionistas lentos pierden ¡y el dinero rápido gana!

Padre Rico, Padre Pobre para jóvenes
¡Los secretos para ganar dinero que no te enseñan en la escuela!

Escapa de La carrera de la rata
¡Aprende cómo funciona el dinero y vuélvete un niño rico!

Antes de renunciar a tu empleo
10 lecciones que todo emprendedor debe saber
para construir un negocio multimillonario

Incrementa tu IQ financiero
Sé más listo con tu dinero

La conspiración de los ricos
Las 8 nuevas reglas del dinero

La ventaja del ganador
El poder de la educación financiera

El libro de los bienes raíces
Expertos e historias de la vida real

Despierta el genio financiero de tus hijos
¿Por qué los estudiantes de 10 trabajan para estudiantes de 6
y los estudiantes de 6 trabajan para el gobierno?

Segunda oportunidad
Para tu dinero, tu vida y nuestro mundo

8 lecciones de liderazgo militar
para emprendedores

"Si eres empresario o inversionista y estás pagando demasiados impuestos, tu asesor fiscal no es el adecuado."

Tom Wheelwright
Fundador y Director ejecutivo de ProVision

Más herramientas y fuentes en: **TaxFreeWealthAdvisor.com**

Para saber cómo elegir al asesor fiscal adecuado, solicita una consulta GRATUITA en TaxFreeWealthAdvisor.com.

BESTSELLERS DE LA SERIE
ASESORES DE PADRE RICO

Tom Wheelwright
Riqueza libre de impuestos
Cómo construir riqueza masiva mediante la reducción permanente de tus impuestos

Ken McElroy
El ABC de la inversión en bienes raíces
Aprende cómo lograr riqueza y flujo de efectivo
gracias a los bienes raíces

El ABC de la administración de propiedades
Todo lo que necesitas saber para maximizar tu dinero ¡ahora!

Guía avanzada de inversión en bienes raíces:
Cómo identificar los mercados más cotizados y concretar los mejores tratos

Blair Singer
Vendedores perros
No necesitas ser un perro de ataque para tener éxito en las ventas

Equipo Código de Honor
Los secretos de los campeones en los negocios y en la vida

Andy Tanner
Flujo de efectivo del mercado de valores
Cuatro pilares para invertir y prosperar en los mercados de hoy

Garrett Sutton, Esq.
Inicie su propia corporación
La razón por la cual los ricos poseen sus empresas
y los demás trabajan para ellos

Cómo diseñar planes de negocios exitosos
Enfócate en un impresionante plan para construir un negocio millonario

Cómo comprar y vender un negocio
Estrategias para empresarios exitosos

El ABC para salir de las deudas
Estrategias para superar la deuda mala y aprovechar la deuda buena

Dirige tu propia empresa
Cómo operar legalmente y llevar tu empresa al futuro

Lagunas del mercado inmobiliario
Los secretos para invertir con éxito en bienes raíces

Josh y Lisa Lannon
El capitalista social
Pasión y ganancias: un viaje empresarial

Darren Weeks
El arte de reunir capital
Estrategias para empresarios e inversionistas